GRöLS Verlage

„Bücher sind wie Fallschirme. Sie nützen uns nichts, wenn wir sie nicht öffnen."

Gröls Verlag

Redaktionelle Hinweise und Impressum

Das vorliegende Werk wurde zugunsten der Authentizität sehr zurückhaltend bearbeitet. So wurden etwa ursprüngliche Rechtschreibfehler regelmäßig *nicht* behoben, denn kleine Unvollkommenheiten machen das Buch – wie im Übrigen den Menschen – erst authentisch. Mitunter wurden jedoch zum Beispiel Absätze behutsam neu getrennt, um den Lesefluss zu erleichtern.

Um die Texte zu rekonstruieren, werden antiquarische Bücher von Lesegeräten gescannt und dann durch eine Software lesbar gemacht. Der so entstandene Text wird von Menschen gegengelesen und korrigiert – hierbei treten auch Fehler auf. Wenn Sie ebenfalls antiquarische Texte einreichen möchten, finden Sie weitere Informationen auf www.groels.de

Viel Freude bei der Lektüre wünscht Ihnen das Team des Gröls-Verlags.

Adressen

Verleger: Hermann-Josef Gröls,

Im Borngrund 26, 61440 Oberursel

Externer Dienstleister für Distribution & Herstellung:

BoD, In de Tarpen 42, 22848 Norderstedt

Unsere „Edition | Werke der Weltliteratur“ hat den Anspruch, eine der größten und vollständigsten Sammlungen klassischer Literatur in deutscher Sprache zu werden. Nach und nach versammeln wir hier nicht nur die „üblichen Verdächtigen“ von Goethe bis Schiller, sondern auch Kleinode der vergangenen Jahrhunderte, die – zu Unrecht – drohen, in Vergessenheit zu geraten. Wir kultivieren und kuratieren damit einen der wertvollsten Bereiche der abendländischen Kultur. Kleine Auswahl:

Francis Bacon • Neues Organon • **Balzac** • Glanz und Elend der Kurtisanen • **Joachim H. Campe** • Robinson der Jüngere • **Dante Alighieri** • Die Göttliche Komödie • **Daniel Defoe** • Robinson Crusoe • **Charles Dickens** • Oliver Twist • **Denis Diderot** • Jacques der Fatalist • **Fjodor Dostojewski** • Schuld und Sühne • **Arthur Conan Doyle** • Der Hund von Baskerville • **Marie von Ebner-Eschenbach** • Das Gemeindekind • **Elisabeth von Österreich** • Das Poetische Tagebuch • **Friedrich Engels** • Die Lage der arbeitenden Klasse • **Ludwig Feuerbach** • Das Wesen des Christentums • **Johann G. Fichte** • Reden an die deutsche Nation • **Fitzgerald** • Zärtlich ist die Nacht • **Flaubert** • Madame Bovary • **Gorch Fock** • Seefahrt ist not! • **Theodor Fontane** • Effi Briest • **Robert Musil** • Über die Dummheit • **Edgar Wallace** • Der Frosch mit der Maske • **Jakob Wassermann** • Der Fall Maurizius • **Oscar Wilde** • Das Bildnis des Dorian Grey • **Émile Zola** • Germinal • **Stefan Zweig** • Schachnovelle • **Hugo von Hofmannsthal** • Der Tor und der Tod • **Anton Tschechow** • Ein Heiratsantrag • **Arthur Schnitzler** • Reigen • **Friedrich Schiller** • Kabale und Liebe • **Nicolo Machiavelli** • Der Fürst • **Gotthold E. Lessing** • Nathan der Weise • **Augustinus** • Die Bekenntnisse des heiligen Augustinus • **Marcus Aurelius** • Selbstbetrachtungen • **Charles Baudelaire** • Die Blumen des Bösen • **Harriett Stowe** • Onkel Toms Hütte • **Walter Benjamin** • Deutsche Menschen • **Hugo Bettauer** • Die Stadt ohne Juden • **Lewis Caroll** • *und viele mehr….*

Inhalt

Ursprung des deutschen Trauerspiels

Entworfen 1916 - Verfaßt 1925

Walter Benjamin

Damals wie heute meiner Frau gewidmet

Erkenntniskritische Vorrede

Da im Wissen sowohl als in der Reflexion kein Ganzes zusammengebracht werden kann, weil jenem das Innre, dieser das Äußere fehlt, so müssen wir uns die Wissenschaft notwendig als Kunst denken, wenn wir von ihr irgend eine Art von Ganzheit erwarten. Und zwar haben wir diese nicht im Allgemeinen, im Überschwänglichen zu suchen, sondern, wie die Kunst sich immer ganz in jedem einzelnen Kunstwerk darstellt, so sollte die Wissenschaft sich auch jedesmal ganz in jedem einzelnen Behandelten erweisen.

Johann Wolfgang von Goethe: Materialien zur Geschichte der Farbenlehre

Es ist dem philosophischen Schrifttum eigen, mit jeder Wendung von neuem vor der Frage der Darstellung zu stehen. Zwar wird es in seiner abgeschlossenen Gestalt Lehre sein, solche Abgeschlossenheit ihm zu leihen aber liegt nicht in der Gewalt des bloßen Denkens. Philosophische Lehre beruht auf historischer Kodifikation. So ist sie denn auch more geometrico nicht zu beschwören. Wie deutlich es Mathematik belegt, daß die gänzliche Elimination des Darstellungsproblems, als welche jede streng sachgemäße Didaktik sich gibt, das Signum echter Erkenntnis ist, gleich bündig stellt sich ihr Verzicht auf den Bereich der Wahrheit, den die Sprachen meinen, dar. Was an den philosophischen Entwürfen Methode ist, das geht nicht auf in ihrer didaktischen Einrichtung. Und dies besagt nichts anderes, als daß ihnen eine Esoterik eignet, die abzulegen sie nicht vermögen, die zu verleugnen ihnen untersagt ist, die zu rühmen sie richten würde. Die Alternative der philosophischen Form, welche durch die Begriffe von der Lehre und von dem esoterischen Essay gestellt wird, ist's, die der Systembegriff des XIX. Jahrhunderts ignoriert. Soweit er die Philosophie bestimmt, droht diese einem Synkretismus sich zu bequemen, der die Wahrheit in einem zwischen Erkenntnissen gezogenen Spinnennetz einzufangen sucht als käme sie von draußen herzugeflogen. Aber ihr angelernter Universalismus bleibt weit entfernt, die didaktische Autorität der Lehre zu erreichen. Will die Philosophie nicht als vermittelnde Anleitung zum Erkennen, sondern als Darstellung der Wahrheit das Gesetz ihrer Form bewahren, so ist der Übung dieser ihrer Form, nicht aber ihrer Antizipation im System, Gewicht beizulegen. Diese Übung hat sich allen Epochen, denen die unumschreibliche Wesenheit des Wahren vor Augen stand, in einer Propädeutik aufgenötigt, die man mit dem scholastischen Terminus des Traktats darum ansprechen darf, weil er jenen wenn auch latenten Hinweis auf die Gegenstände der Theologie enthält, ohne welche der Wahrheit nicht gedacht werden kann. Traktate mögen lehrhaft zwar in ihrem Ton sein; ihrer innersten Haltung nach bleibt die Bündigkeit einer Unterweisung ihnen versagt, welche wie die Lehre aus eigener Autorität sich zu behaupten vermöchte. Nicht weniger entraten sie der Zwangsmittel des mathematischen Beweises. In ihrer kanonischen Form wird als einziges Bestandstück einer mehr fast erziehlichen als lehrenden Intention das autoritäre Zitat sich einfinden. Darstellung ist der Inbegriff ihrer Methode. Methode ist Umweg. Darstellung als Umweg – das ist denn der methodische Charakter des Traktats. Verzicht auf den unabgesetzten Lauf der Intention ist sein erstes Kennzeichen. Ausdauernd hebt das Denken stets von neuem an, umständlich geht es auf die Sache selbst zurück. Dies unablässige Atemholen ist die eigenste Daseinsform der Kontemplation. Denn indem sie den unterschiedlichen Sinnstufen bei der

Betrachtung eines und desselben Gegenstandes folgt, empfängt sie den Antrieb ihres stets erneuten Einsetzens ebenso wie die Rechtfertigung ihrer intermittierenden Rhythmik. Wie bei der Stückelung in kapriziöse Teilchen die Majestät den Mosaiken bleibt, so bangt auch philosophische Betrachtung nicht um Schwung. Aus Einzelnem und Disparatem treten sie zusammen; nichts könnte mächtiger die transzendente Wucht, sei es des Heiligenbildes, sei's der Wahrheit lehren. Der Wert von Denkbruchstücken ist um so entscheidender, je minder sie unmittelbar an der Grundkonzeption sich zu messen vermögen und von ihm hängt der Glanz der Darstellung im gleichen Maße ab, wie der des Mosaiks von der Qualität des Glasflusses. Die Relation der mikrologischen Verarbeitung zum Maß des bildnerischen und des intellektuellen Ganzen spricht es aus, wie der Wahrheitsgehalt nur bei genauester Versenkung in die Einzelheiten eines Sachgehalts sich fassen läßt. Mosaik und Traktat gehören ihrer höchsten abendländischen Ausbildung nach dem Mittelalter an; was ihren Vergleich ermöglicht, ist echte Verwandtschaft.

Die Schwierigkeit, welche solcher Darstellung innewohnt, beweist nur, daß sie eine eigenbürtige prosaische Form ist. Während der Redende in Stimme und Mienenspiel die einzelnen Sätze, auch wo sie an sich selber nicht standzuhalten vermöchten, stützt und sie zu einem oft schwankenden und vagen Gedankengange zusammenfügt, als entwerfe er eine groß andeutende Zeichnung in einem einzigen Zuge, ist es der Schrift eigen, mit jedem Satze von neuem einzuhalten und anzuheben. Die kontemplative Darstellung hat dem mehr als jede andere zu folgen. Für sie ist es kein Ziel mitzureißen und zu begeistern. Nur wo sie in Stationen der Betrachtung den Leser einzuhalten nötigt, ist sie ihrer sicher. Je größer ihr Gegenstand, desto abgesetzter diese Betrachtung. Ihre prosaische Nüchternheit bleibt diesseits des gebietenden Lehrwortes die einzige philosophischer Forschung geziemende Schreibweise. – Gegenstand dieser Forschung sind die Ideen. Wenn Darstellung als eigentliche Methode des philosophischen Traktates sich behaupten will, so muß sie Darstellung der Ideen sein. Die Wahrheit, vergegenwärtigt im Reigen der dargestellten Ideen, entgeht jeder wie immer gearteten

Projektion in den Erkenntnisbereich. Erkenntnis ist ein Haben. Ihr Gegenstand selbst bestimmt sich dadurch, daß er im Bewußtsein – und sei es transzendental – innegehabt werden muß. Ihm bleibt der Besitzcharakter. Diesem Besitztum ist Darstellung sekundär. Es existiert nicht bereits als ein Sich-Darstellendes. Gerade dies aber gilt von der Wahrheit. Methode, für die Erkenntnis ein Weg, den Gegenstand des Innehabens – und sei's durch die Erzeugung im Bewußtsein – zu gewinnen, ist für die Wahrheit Darstellung ihrer selbst und daher als Form mit ihr gegeben. Diese Form eignet nicht einem Zusammenhang im Bewußtsein, wie die Methodik der Erkenntnis es tut, sondern einem Sein. Immer wieder wird als eine der tiefsten Intentionen der Philosophie in ihrem Ursprung, der Platonischen Ideenlehre, sich der Satz erweisen, daß der Gegenstand der Erkenntnis sich nicht deckt mit der Wahrheit. Erkenntnis ist erfragbar, nicht aber die Wahrheit. Die Erkenntnis richtet sich auf das Einzelne, auf dessen Einheit aber nicht unmittelbar. Die Einheit der Erkenntnis – wenn anders sie bestünde – wäre vielmehr ein nur vermittelt, nämlich auf Grund der Einzelerkenntnisse und gewissermaßen durch deren Ausgleich, herstellbarer Zusammenhang, während im Wesen der Wahrheit die Einheit durchaus unvermittelt und direkte Bestimmung ist. Dieser Bestimmung als einer direkten ist es eigentümlich, nicht erfragt werden zu können. Wäre nämlich die integrale Einheit im Wesen der Wahrheit erfragbar, so müßte die Frage lauten, inwiefern auf sie die Antwort selbst schon gegeben sei in jeder denkbaren Antwort, mit der Wahrheit Fragen entspräche. Und wieder müßte vor der Antwort auf diese Frage die gleiche sich wiederholen, dergestalt, daß die Einheit der Wahrheit jeder Fragestellung entginge. Als Einheit im Sein und nicht als Einheit im Begriff ist die Wahrheit außer aller Frage. Während der Begriff aus der Spontaneität des Verstandes hervorgeht, sind die Ideen der Betrachtung gegeben. Die Ideen sind ein Vorgegebenes. So definiert die Sonderung der Wahrheit von dem Zusammenhange des Erkennens die Idee als Sein. Das ist die Tragweite der Ideenlehre für den Wahrheitsbegriff. Als Sein gewinnen Wahrheit und Idee jene höchste metaphysische Bedeutung, die das Platonische System ihnen nachdrücklich zuspricht.

Hierfür ist vor allem das „Symposion“ dokumentarisch. Insbesondere enthält es zwei in diesem Zusammenhang entscheidende Aussagen. Es entwickelt die Wahrheit – das Reich der Ideen – als den Wesensgehalt der Schönheit. Es erklärt die Wahrheit für schön. Einsicht in die Platonische Auffassung vom Verhältnis der Wahrheit zur Schönheit ist nicht nur ein oberstes Anliegen jedes kunstphilosophischen Versuchs, sondern für die Bestimmung des Wahrheitsbegriffes selbst unersetzlich. Eine systemlogische Auffassung, welche in diesen Sätzen nur den altehrwürdigen Entwurf eines Panegyrikus auf die Philosophie sähe, würde damit sich unweigerlich vom Gedankenkreis der Ideenlehre scheiden. Dieser stellt vielleicht nirgends deutlicher als in den gedachten Behauptungen die Seinsweise der Ideen ins Licht. Von ihnen bedarf zunächst die zweite einer einschränkenden Erläuterung. Wenn die Wahrheit schön genannt wird, so ist dies im Zusammenhange des „Symposions“ zu begreifen, das die Stufenfolgen der erotischen Begehrungen beschreibt. Eros – so muß verstanden werden – wird seinem ursprünglichen Bestreben nicht untreu, wenn er sein Sehnen auf die Wahrheit richtet; denn auch die Wahrheit ist schön. Sie ist es nicht sowohl an sich als für den Eros. Waltet doch das gleiche Verhältnis im menschlichen Lieben: der Mensch ist schön für den Liebenden, an sich ist er es nicht; und zwar deswegen, weil sein Leib in einer höheren Ordnung als der des Schönen sich darstellt. So auch die Wahrheit: schön ist sie nicht sowohl an sich als für den der sie sucht. Haftet ein Hauch von Relativität dem an, so ist nicht im entferntesten darum die Schönheit, die der Wahrheit eignen soll, ein metaphorisches Epitheton geworden. Das Wesen der Wahrheit als des sich darstellenden Ideenreiches verbürgt vielmehr, daß niemals die Rede von der Schönheit des Wahren beeinträchtigt werden kann. In der Wahrheit ist jenes darstellende Moment das Refugium der Schönheit überhaupt. So lange nämlich bleibt das Schöne scheinhaft, antastbar, als es sich frank und frei als solches einbekennt. Sein Scheinen, das verführt, solange es nichts will als scheinen, zieht die Verfolgung des Verstandes nach und läßt seine Unschuld einzig da erkennen, wo es an den Altar der Wahrheit flüchtet. Dieser Flucht folgt Eros, nicht Verfolger, sondern als Liebender;

dergestalt, daß die Schönheit um ihres Scheines willen immer beide flieht: den Verständigen aus Furcht und aus Angst den Liebenden. Und nur dieser kann es bezeugen, daß Wahrheit nicht Enthüllung ist, die das Geheimnis vernichtet, sondern Offenbarung, die ihm gerecht wird. Ob Wahrheit dem Schönen gerecht zu werden vermag? diese Frage ist die innerste im „Symposion“. Platon beantwortet sie, indem er der Wahrheit es zuweist, dem Schönen das Sein zu verbürgen. In diesem Sinne also entwickelt er die Wahrheit als den Gehalt des Schönen. Nicht aber tritt er zutage in der Enthüllung, vielmehr erweist er sich in einem Vorgang, den man gleichnisweise bezeichnen dürfte als das Aufflammen der in den Kreis der Ideen eintretenden Hülle, als eine Verbrennung des Werkes, in welcher seine Form zum Höhepunkt ihrer Leuchtkraft kommt. Diese Beziehung zwischen Wahrheit und Schönheit, die deutlicher als alles andere zeigt, wie unterschieden Wahrheit von dem Gegenstande der Erkenntnis, den man ihr gleichzusetzen sich gewöhnt hat, ist, enthält den Schlüssel des einfachen und dennoch unbeliebten Tatbestandes, der da in der Aktualität auch solcher philosophischer Systeme liegt, deren Erkenntnisgehalt längst die Beziehung zur Wissenschaft eingebüßt hat. Die großen Philosophien stellen die Welt in der Ordnung der Ideen dar. Der Fall ist die Regel, daß die begrifflichen Umrisse, in welchen das geschah, längst brüchig geworden sind. Nichtsdestoweniger behaupten diese Systeme als Entwurf einer Weltbeschreibung wie Platon mit der Ideenlehre, Leibniz mit der Monadologie, Hegel mit der Dialektik sie gab, ihre Geltung. Allen diesen Versuchen ist es nämlich eigen, ihren Sinn auch dann noch festzuhalten, ja sehr oft dann erst potenziert zu entfalten, wenn sie statt auf die empirische Welt bezogen werden auf die der Ideen. Denn als Beschreibung einer Ordnung der Ideen sind diese Gedankenbildungen entsprungen. Je intensiver die Denker das Bild des Wirklichen in ihnen zu entwerfen trachteten, desto reicher mußten sie eine Begriffsordnung ausbilden, die bei dem späteren Interpreten der originären Darstellung der Ideenwelt als der im Grunde gemeinten zugute kommen mußte. Ist Übung im beschreibenden Entwürfe der Ideenwelt, dergestalt, daß die empirische von selber in sie eingeht und in ihr sich löst, die Aufgabe des Philosophen, so gewinnt er die erhobne Mitte zwischen dem Forscher und dem Künstler. Der letztere entwirft ein Bildchen der Ideenwelt und eben darum, weil er es als Gleichnis entwirft, in jeder Gegenwart ein endgültiges. Der Forscher disponiert die Welt zu der Zerstreuung im Bereiche der Idee, indem er sie von innen im Begriffe aufteilt. Ihn verbindet mit dem Philosophen Interesse am Verlöschen bloßer Empirie, dem Künstler die Aufgabe der Darstellung. Allzu nahe hat eine landläufige Anschauung den Philosophen dem Forscher, und dem oft in der minderen Erscheinung, zugeordnet. Nirgends schien in der Aufgabe des Philosophen für Rücksicht auf die Darstellung ein Ort. Der Begriff des philosophischen Stils ist frei von Paradoxie. Er hat seine Postulate. Es sind: die Kunst des Absetzens im Gegensatz zur Kette der Deduktion; die Ausdauer der Abhandlung im Gegensatz zur Geste des Fragments; die Wiederholung der Motive im Gegensatz zum flachen Universalismus; die Fülle der gedrängten Positivität im Gegensatze zu negierender Polemik.

Daß die Wahrheit als Einheit und Einzigkeit sich darstellt, dazu wird ein lückenloser Deduktionszusammenhang der Wissenschaft mitnichten erfordert. Und doch ist gerade diese Lückenlosigkeit die einzige Form, in welcher die Systemlogik auf den Wahrheitsgedanken sich bezieht. Solch systematische Geschlossenheit hat mit der Wahrheit mehr nicht gemein als jede andere Darstellung, die sich in bloßen Erkenntnissen und Erkenntniszusammenhängen ihrer zu vergewissern sucht. Je peinlicher die Theorie der wissenschaftlichen Erkenntnis den Disziplinen nachgeht, desto unverkennbarer stellt deren methodische Inkohärenz sich dar. Mit jedem einzelwissenschaftlichen Bereiche führen neue und unableitbare Voraussetzungen sich ein, in jedem werden die Probleme der ihm vorgelagerten mit derselben Nachdrücklichkeit als gelöst betrachtet, mit der die Unabschließbarkeit ihrer Auflösung in anderem Zusammenhange behauptet wird. Es ist einer der unphilosophischsten Züge jener Wissenschaftstheorie, die nicht von den einzelnen Disziplinen, sondern von vermeintlichen philosophischen Postulaten in ihren Untersuchungen ausgeht, diese Inkohärenz als akzidentiell zu betrachten. Allein es ist diese Diskontinuität der wissenschaftlichen Methode so weit entfernt, ein minderwertiges, vorläufiges Stadium der Erkenntnis zu bestimmen, daß sie vielmehr deren Theorie positiv fördern könnte, wenn nicht die Anmaßung sich dazwischen legte, in einem enzyklopädischen Umfassen der Erkenntnisse der Wahrheit, die sprunglose Einheit bleibt, habhaft zu werden. Nur dort, wo das System in seinem Grundriß von der Verfassung der Ideenwelt selbst inspiriert ist, hat es Geltung. Die großen Gliederungen, welche nicht allein die Systeme, sondern die philosophische Terminologie bestimmen die allgemeinsten: Logik, Ethik und Ästhetik –, haben denn auch nicht als Namen von Fachdisziplinen, sondern als Denkmale einer diskontinuierlichen Struktur der Ideenwelt ihre Bedeutung. – Die Phänomene gehen aber nicht integral in ihrem rohen empirischen Bestände, dem der Schein sich beimischt, sondern in ihren Elementen allein, gerettet, in das Reich der Ideen ein. Ihrer falschen Einheit entäußern sie sich, um aufgeteilt an der echten der Wahrheit teilzuhaben. In dieser ihrer Aufteilung unterstehen die Phänomene den Begriffen. Die sind es, welche an den Dingen die Lösung in die Elemente vollziehen. Die Unterscheidung in Begriffen ist über jedweden Verdacht zerstörerischer Spitzfindigkeit erhaben nur dort, wo sie auf jene Bergung der Phänomene in den Ideen, das Platonische τάφαινόμενα σώζειν es abgesehen hat. Durch ihre Vermittlerrolle leihen die Begriffe den Phänomenen Anteil am Sein der Ideen. Und eben diese Vermittlerrolle macht sie tauglich zu der anderen, gleich ursprünglichen Aufgabe der Philosophie, zur Darstellung der Ideen. Indem die Rettung der Phänomene vermittels der Ideen sich vollzieht, vollzieht sich die Darstellung der Ideen im Mittel der Empirie. Denn nicht an sich selbst, sondern einzig und allein in einer Zuordnung dinglicher Elemente im Begriff stellen die Ideen sich dar. Und zwar tun sie es als deren Konfiguration.

Der Stab von Begriffen, welcher dem Darstellen einer Idee dient, vergegenwärtigt sie als Konfiguration von jenen. Denn in Ideen sind die Phänomene nicht einverleibt. Sie sind in ihnen nicht enthalten. Vielmehr sind die Ideen deren objektive virtuelle Anordnung, sind deren objektive Interpretation. Wenn sie die Phänomene weder durch Einverleibung in sich enthalten, noch sich in Funktionen, in das Gesetz der Phänomene, in die ›Hypothesis‹ verflüchtigen, so entsteht die Frage, in welcher Art und Weise sie denn die Phänomene erreichen. Und zu erwidern ist darauf: in deren Repräsentation. Als solche gehört die Idee einem grundsätzlich anderen Bereiche an als das von ihr Erfaßte. Es kann also nicht als Kriterium ihres Bestandes aufgefaßt werden, ob sie das Erfaßte wie der Gattungsbegriff die Arten unter sich begreift. Denn das ist die Aufgabe der Idee nicht. Ein Vergleich mag deren Bedeutung darstellen. Die Ideen verhalten sich zu den Dingen wie die Sternbilder zu den Sternen. Das besagt zunächst: sie sind weder deren Begriffe noch deren Gesetze. Sie dienen nicht der Erkenntnis der Phänomene und in keiner Weise können diese Kriterien für den Bestand der Ideen sein. Vielmehr erschöpft sich die Bedeutung der Phänomene für die Ideen in ihren begrifflichen Elementen. Während die Phänomene durch ihr Dasein, ihre Gemeinsamkeit, ihre Differenzen Umfang und Inhalt der sie umfassenden Begriffe bestimmen, ist zu den Ideen insofern ihr Verhältnis das umgekehrte, als die Idee als objektive Interpretation der Phänomene – vielmehr ihrer Elemente – erst deren Zusammengehörigkeit zueinander bestimmt. Die Ideen sind ewige Konstellationen und indem die Elemente als Punkte in derartigen Konstellationen erfaßt werden, sind die Phänomene aufgeteilt und gerettet zugleich. Und zwar liegen jene Elemente, deren Auslösung aus den Phänomenen Aufgabe des Begriffes ist, in den Extremen am genauesten zutage. Als Gestaltung des Zusammenhanges, in dem das Einmalig-Extreme mit seinesgleichen steht, ist die Idee umschrieben. Daher ist es falsch, die allgemeinsten Verweisungen der Sprache als Begriffe zu verstehen, anstatt sie als Ideen zu erkennen. Das Allgemeine als ein Durchschnittliches darlegen zu wollen, ist verkehrt. Das Allgemeine ist die Idee. Das Empirische dagegen wird um so tiefer durchdrungen, je genauer es als ein Extremes eingesehen werden kann. Vom Extremen geht der Begriff aus. Wie die Mutter aus voller Kraft sichtlich erst da zu leben beginnt, wo der Kreis ihrer Kinder aus dem Gefühl ihrer Nähe sich um sie schließt, so treten die Ideen ins Leben erst, wo die Extreme sich um sie versammeln. Die Ideen – im Sprachgebrauche Goethes: Ideale – sind die faustischen Mütter. Sie bleiben dunkel, wo die Phänomene sich zu ihnen nicht bekennen und um sie scharen. Die Einsammlung der Phänomene ist die Sache der Begriffe und die Zerteilung, die sich kraft des unterscheidenden Verstandes in ihnen vollzieht, ist um so bedeutungsvoller, als in einem und demselben Vollzuge sie ein Doppeltes vollendet: die Rettung der Phänomene und die Darstellung der Ideen.

Die Ideen sind in der Welt der Phänomene nicht gegeben. Es entsteht also die Frage, welcher Art ihre oben berührte Gegebenheit ist, und ob die Überantwortung jeder Rechenschaft von der Struktur der Ideenwelt an eine vielberufene intellektuelle Anschauung unumgänglich ist. Wenn irgendwo die Schwäche, welche jede Esoterik der Philosophie mitteilt, beklemmend deutlich wird, so ist es in der ›Schau‹, die den Adepten von allen Lehren neuplatonischen Heidentums als philosophische Verhaltungsweise vorgeschrieben wird. Das Sein der Ideen kann als Gegenstand einer Anschauung überhaupt nicht gedacht werden, auch nicht der intellektuellen. Denn noch in ihrer paradoxesten Umschreibung, der als intellectus archetypus, geht sie aufs eigentümliche Gegebensein der Wahrheit, als welches jeder Art von Intention entzogen bleibt, geschweige daß sie selbst als Intention erschiene, nicht ein. Wahrheit tritt nie in eine Relation und insbesondere in keine intentionale. Der Gegenstand der Erkenntnis als ein in der Begriffsintention bestimmter ist nicht die Wahrheit. Die Wahrheit ist ein aus Ideen gebildetes intentionsloses Sein. Das ihr gemäße Verhalten ist demnach nicht ein Meinen im Erkennen, sondern ein in sie Eingehen und Verschwinden. Die Wahrheit ist der Tod der Intention. Eben das kann ja die Fabel von einem verschleierten Bilde, zu Sais, besagen, mit dessen Enthüllung zusammenbricht, wer die Wahrheit zu erfragen gedachte. Nicht eine rätselhafte Gräßlichkeit des Sachverhalts ist's, die das bewirkt, sondern die Natur der Wahrheit, vor welcher auch das reinste Feuer des Suchens wie unter Wassern verlischt. Als ein Ideenhaftes ist das Sein der Wahrheit verschieden von der Seinsart der Erscheinungen. Also erfordert die Struktur der Wahrheit ein Sein, das an Intentionslosigkeit dem schlichten der Dinge gleicht, an Bestandhaftigkeit aber ihm überlegen wäre. Nicht als ein Meinen, welches durch die Empirie seine Bestimmung fände, sondern als die das Wesen dieser Empirie erst prägende Gewalt besteht die Wahrheit. Das aller Phänomenalität entrückte Sein, dem allein diese Gewalt eignet, ist das des Namens. Es bestimmt die Gegebenheit der Ideen. Gegeben aber sind sie nicht sowohl in einer Ursprache, denn in einem Urvernehmen, in welchem die Worte ihren benennenden Adel unverloren an die erkennende Bedeutung besitzen. „In einem gewissen Sinne darf man bezweifeln, ob Platons Lehre von den ›Ideen‹ möglich gewesen wäre, wenn nicht der Wortsinn dem nur seine Muttersprache kennenden Philosophen eine Vergöttlichung des Wortbegriffs, eine Vergöttlichung der Worte, nahegelegt hätte: Platons ›Ideen‹ sind im Grunde, wenn man sie einmal von diesem einseitigen Standpunkt beurteilen darf, nichts als vergöttlichte Worte und Wortbegriffe." Die Idee ist ein Sprachliches, und zwar im Wesen des Wortes jeweils dasjenige Moment, in welchem es Symbol ist. Im empirischen Vernehmen, in welchem die Worte sich zersetzt haben, eignet nun neben ihrer mehr oder weniger verborgenen symbolischen Seite ihnen eine offenkundige profane Bedeutung. Sache des Philosophen ist es, den symbolischen Charakter des Wortes, in welchem die Idee zur Selbstverständigung kommt, die das Gegenteil aller nach außen gerichteten Mitteilung ist, durch Darstellung in seinen Primat wieder einzusetzen. Dies kann, da die Philosophie offenbarend zu reden sich nicht anmaßen darf, durch ein aufs Urvernehmen allererst zurückgehendes Erinnern einzig geschehen. Die platonische Anamnesis steht dieser Erinnerung vielleicht nicht fern. Nur daß es nicht um eine anschauliche Vergegenwärtigung von Bildern sich handelt; vielmehr löst in der philosophischen Kontemplation aus dem Innersten der Wirklichkeit die Idee als das Wort sich los, das von neuem seine benennenden Rechte beansprucht. In solcher Haltung aber steht zuletzt nicht Platon, sondern Adam, der Vater der Menschen als Vater der Philosophie, da. Das adamitische Namengeben ist so weit entfernt Spiel und Willkür zu sein, daß vielmehr gerade in ihm der paradiesische Stand sich als solcher bestätigt, der mit der mitteilenden Bedeutung der Worte noch nicht zu ringen hatte. Wie die Ideen intentionslos im Benennen sich geben, so haben sie in philosophischer Kontemplation sich zu erneuern. In dieser Erneuerung stellt das ursprüngliche Vernehmen der Worte sich wieder her. Und so ist die Philosophie im Verlauf ihrer Geschichte, die so oft ein Gegenstand des Spottes gewesen ist, mit Grund ein Kampf um die Darstellung von einigen wenigen, immer wieder denselben Worten – von Ideen. Die Einführung neuer Terminologien, soweit sie nicht streng im begrifflichen Bereich sich hält, sondern auf die letzten Gegenstände der Betrachtung es absieht, ist daher innerhalb des philosophischen Bereichs bedenklich. Solche Terminologien – ein mißglücktes Benennen, an welchem das Meinen mehr Anteil hat als die Sprache – entraten der Objektivität, welche die Geschichte den Hauptprägungen der philosophischen Betrachtungen gegeben hat. Diese stehen, wie bloße Worte es nie vermögen, in vollendeter Isolierung für sich. Und so bekennen die Ideen das Gesetz, das da besagt: Alle Wesenheiten existieren in vollendeter Selbständigkeit und Unberührtheit, nicht von den Phänomenen allein, sondern zumal voneinander. Wie die Harmonie der Sphären auf den Umläufen der einander nicht berührenden Gestirne, so beruht der Bestand des mundus intelligibilis auf der unaufhebbaren Distanz zwischen den reinen Wesenheiten. Jede Idee ist eine Sonne und verhält sich zu ihresgleichen wie eben Sonnen zueinander sich verhalten. Das tönende Verhältnis solcher Wesenheiten ist die Wahrheit. Deren benannte Vielheit ist zählbar. Denn Diskontinuierlichkeit gilt von den „Wesenheiten..., die ein von den Gegenständen und ihren Beschaffenheiten *toto coelo* verschiedenes Leben führen; deren Existenz sich dadurch nicht dialektisch erzwingen läßt, daß wir einen beliebigen, an einem Gegenstand uns begegnenden ... Komplex herausgreifen und hinzufügen: χαδ'αύτό, sondern deren Zahl gezählt ist und von denen jede einzelne an dem ihr zukommenden Orte ihrer Welt mühsam zu suchen ist, bis man auf sie stößt, als auf einen rocher de bronce, oder bis sich die Hoffnung auf ihre Existenz als trügerisch erweist". Nicht selten hat die Unkunde von dieser ihrer diskontinuierlichen Endlichkeit energische Versuche zur Erneuerung der Ideenlehre, zuletzt noch die der älteren Romantiker, gebrochen. In ihrem Spekulieren nahm die Wahrheit anstelle ihres sprachlichen Charakters den eines reflektierenden Bewußtseins an.

Das Trauerspiel im Sinn der kunstphilosophischen Abhandlung ist eine Idee. Von der literarhistorischen unterscheidet eine solche sich am auffallendsten darin, daß sie Einheit da voraussetzt, wo jener Mannigfaltigkeit zu erweisen obliegt. Die Differenzen und Extreme, welche die literarhistorische Analyse ineinander überführt und als Werdendes relativiert, erhalten in begrifflicher Entwicklung den Rang komplementärer Energien und die Geschichte erscheint nur als der farbige Rand einer kristallinischen Simultaneität. Notwendig werden der Kunstphilosophie die Extreme, virtuell der historische Ablauf. Umgekehrt ist das Extrem einer Form oder Gattung die Idee, die als solche in die Literaturgeschichte nicht eingeht. Trauerspiel als Begriff würde der Reihe ästhetischer Klassifikationsbegriffe sich problemlos einordnen. Anders verhält sich zum Bereich der Klassifikationen die Idee. Sie bestimmt keine Klasse und enthält jene Allgemeinheit, auf welcher im System der Klassifikationen die jeweilige Begriffsstufe ruht, die des Durchschnitts nämlich, nicht in sich. Es konnte auf die Dauer nicht verborgen bleiben, wie mißlich es infolgedessen um die Induktion in kunsttheoretischen Untersuchungen steht. Bei neueren Forschern setzt die kritische Ratlosigkeit ein. Gelegentlich seiner Untersuchung „Zum Phänomen des Tragischen“ sagt Scheler: „Wie ... ist ... vorzugehen? Sollen wir uns allerhand Beispiele des Tragischen, d. h. allerhand Vorkommnisse und Geschehnisse, von denen Menschen den Eindruck des Tragischen aussagen, zusammenstellen und dann induktorisch fragen, was sie denn ›gemeinsam‹ haben? Das wäre eine Art induktorischer Methode, die auch experimentell unterstützt werden könnte. Indes dies würde uns noch weniger weiterführen als die Beobachtung unseres Ich, wenn Tragisches auf uns wirkt. Denn mit welchem Recht sollen wir den Aussagen der Leute das Vertrauen entgegenbringen, es sei auch tragisch, was sie so nennen?“ Es kann zu nichts führen, Ideen induktiv – ihrem ›Umfang‹ nach – aus der populären Redeweise bestimmen zu wollen, um sodann auf die Wesensergründung des umfänglich Fixierten auszugehen. Denn der Sprachgebrauch ist dem Philosophen zwar unschätzbar, wo er als Hinweisung auf Ideen, verfänglich aber, wo er in seiner Interpretation durch laxes Reden oder Denken als förmlicher Begriffsgrund hingenommen wird. Ja, dieser Sachverhalt erlaubt es auszusprechen, daß nur mit äußerster Zurückhaltung der Philosoph der Gepflogenheit landläufigen Denkens, die Worte, um ihrer desto besser sich zu versichern, zu Artbegriffen zu machen, sich nähern darf. Gerade die Kunstphilosophie ist dieser Suggestion nicht selten erlegen. Denn wenn – unter vielen ein drastisches Beispiel – die „Ästhetik des Tragischen" von Volkelt in ihre Untersuchungen Stücke von Holz oder Halbe im gleichen Sinne wie Dramen von Aischylos oder Euripides einbezieht, ohne auch nur zu fragen, ob das Tragische eine gegenwärtig überhaupt zu erfüllende Form oder aber eine geschichtlich gebundene sei, so liegt, aufs Tragische gesehen, in so verschiedenen Materien nicht Spannung, sondern tote Disparatheit vor. Bei der so entstehenden Häufung von Fakten, unter denen bald die ursprünglichen spröderen vom Wust der ansprechenden modernen verdeckt sind, kann der Untersuchung, die, um das ›Gemeinsame‹ zu ergründen, dieser Stapelei sich unterzog, nichts in Händen bleiben, als einige psychologische Daten, die in der Subjektivität, wenn nicht des Forschers so des gleichzeitigen Normalbürgers, das Verschiedengeartete durch die Gleichheit einer ärmlichen Reaktion zur Deckung bringen. In den Begriffen der Psychologie läßt sich vielleicht eine Vielgestaltigkeit von Eindrücken wiedergeben, von der es belanglos bleibt, daß Kunstwerke sie hervorriefen, nicht aber das Wesen eines Kunstgebietes. Dies geschieht vielmehr in einer durchgebildeten Darlegung seines Formbegriffs, dessen metaphysischer Gehalt nicht sowohl im Inneren befindlich als wirkend zu erscheinen und wie das Blut den Körper zu durchpulsen hat.

Das Haften an der Vielgestaltigkeit auf der einen, die Gleichgültigkeit gegen das strenge Denken auf der anderen Seite sind stets die Bestimmungsgründe einer unkritischen Induktion gewesen. Immer handelt es sich um die Scheu vor konstitutiven Ideen – den universaliis in re – wie sie gelegentlich von Burdach mit besonderer Schärfe formuliert worden ist. „Ich habe versprochen, vom Ursprung des Humanismus zu reden, als sei er ein lebendiges Wesen, das als Ganzes irgendwo und irgendwann auf die Welt kam und als Ganzes dann weiter gewachsen ist ... Wir verfahren dabei wie die sogenannten Realisten unter den Scholastikern des Mittelalters, die den allgemeinen Begriffen, den ›Universalien‹, Realität beilegten. In gleicher Weise setzen auch wir – hypostasierend wie die Mythologien der Urzeit – ein Wesen von einheitlicher Substanz und von voller Wirklichkeit und heißen es, als wäre es ein lebendiges Individuum, Humanismus. Wir sollten uns aber hier wie in unzähligen ähnlichen Fällen ... darüber klar werden, daß wir einen abstrakten Hilfsbegriff nur erfinden, um unendliche Reihen mannigfaltiger geistiger Erscheinungen und recht verschiedener Persönlichkeiten uns übersichtlich und faßbar zu machen. Wir können das, nach einem Grundsatz menschlicher Wahrnehmung und Erkenntnis, nur dadurch erreichen, daß wir gewisse Eigentümlichkeiten, die in diesen Reihen von Varietäten uns ähnlich oder übereinstimmend erscheinen, aus dem uns angeborenen systematischen Bedürfnis schärfer sehen und stärker betonen als die Unterschiede ... Diese Marken Humanismus oder Renaissance sind willkürlich, ja irrig, weil sie diesem vielquelligen, vielgestaltigen, vielgeistigen Leben den falschen Schein einer realen Wesenseinheit geben. Und ebenso eine willkürliche, ja irreführende Maske ist der seit Burckhardt und Nietzsche vielbeliebte ›Renaissancemensch‹." Eine Anmerkung des Autors zu dieser Stelle lautet: „Das üble Gegenstück des unausrottbaren ›Renaissancemenschen‹ ist ›der gotische Mensch‹, der heute eine verwirrende Rolle spielt und selbst in der Gedankenwelt bedeutender, verehrungswürdiger Geschichtsforscher (E. Troeltsch!) sein gespenstisches Wesen treibt. Dazu tritt dann noch ›der barocke Mensch‹, als welcher uns z.B. Shakespeare vorgestellt wird." Diese Stellungnahme ist soweit sie gegen die Hypostasierung von Allgemeinbegriffen geht – nicht in allen Fassungen gehören die Universalien zu denen – in ihrem Recht evident. Aber sie versagt gänzlich vor den Fragen einer platonisch auf Darstellung der Wesenheiten gerichteten Wissenschaftstheorie, deren Notwendigkeit sie verkennt. Einzig und allein diese vermag die Sprachform der wissenschaftlichen Darlegungen, wie sie sich außerhalb des Mathematischen bewegen, vor der grenzenlosen und jede noch so subtile Induktionsmethodik zuletzt in ihren Strudel ziehenden Skepsis zu bewahren, der Burdachs Ausführungen nicht begegnen können. Denn sie sind eine private reservatio mentalis, keine methodische Sicherung. Was insbesondere historische Typen und Epochen angeht, so wird man zwar niemals annehmen dürfen, Ideen wie die der Renaissance oder des Barock vermöchten den Stoff begrifflich zu bewältigen, und die Meinung, eine moderne Einsicht in die verschiedenen Geschichtsperioden lasse sich in etwaigen polemischen Auseinandersetzungen beglaubigen, in denen als an den großen Wendepunkten die Epochen gleichsam mit offenem Visier einander begegneten, würde den Gehalt der Quellen verkennen, der von aktualen Interessen nicht von historiographischen Ideen bestimmt zu sein pflegt. Was aber solche Namen als Begriffe nicht vermögen, leisten sie als Ideen, in denen nicht das Gleichartige zur Deckung, wohl aber das Extreme zur Synthese gelangt. Unbeschadet dessen, daß auch begriffliche Analysis nicht unter allen Umständen auf gänzlich auseinanderfallende Erscheinungen stößt und gelegentlich der Umriß einer Synthese in ihr sichtbar wenn auch nicht legitimiert zu werden vermag. So hat gerade vom literarischen Barock, in dem das deutsche Trauerspiel entsprungen ist, Strich mit Recht bemerkt, „daß die Gestaltungsprinzipien durch das ganze Jahrhundert die gleichen geblieben sind“

Burdachs kritische Reflexion ist nicht sowohl im Gedanken an eine positive Revolution der Methode als aus der Besorgnis vor sachlichen Irrtümern im einzelnen vorgetragen. Es darf sich aber letzten Endes die Methodik keinesfalls von bloßen Befürchtungen sachlicher Unzulänglichkeit geleitet, negativ und als ein Warnungskanon präsentieren. Vielmehr muß sie von Anschauungen höherer Ordnung ausgehen als der Gesichtspunkt eines wissenschaftlichen Verismus sie darbietet. Der muß dann notwendig beim einzelnen Problem auf diejenigen Fragen echter Methodik stoßen, die er in seinem wissenschaftlichen Credo ignoriert. Regelmäßig wird deren Lösung über eine Revision der Fragestellung führen, die in der Erwägung formulierbar ist, wie die Frage: Wie es denn eigentlich gewesen sei? sich wissenschaftlich nicht sowohl beantworten als vielmehr stellen lasse. Mit dieser im Vorstehenden vorbereiteten, im folgenden abzuschließenden Erwägung allererst entscheidet sich, ob die Idee eine unerwünschte Abbreviatur ist oder in ihrem sprachlichen Ausdruck den wahren wissenschaftlichen Gehalt vielmehr begründet. Eine Wissenschaft, die sich im Protest gegen die Sprache ihrer Untersuchungen ergeht, ist ein Unding. Worte sind, neben den Zeichen der Mathematik, das einzige Darstellungsmedium der Wissenschaft und sie selber sind keine Zeichen. Denn im Begriff, als welchem freilich das Zeichen entspräche, depotenziert sich eben dasselbe Wort, das als Idee sein Wesenhaftes besitzt. Der Verismus, in dessen Dienst die induktive Methode der Kunsttheorie sich stellt, wird dadurch nicht geadelt, daß am Ende die diskursiven und induktorischen Fragestellungen zu einer „Anschauung" zusammentreten, welche, wie R. M. Meyer mit vielen andern wähnt, als Synkretismus mannigfaltigster Methoden zu runden sich vermöge. Damit steht man wie mit allen naiv-realistischen Umschreibungen der Methodenfrage wieder am Anfang. Denn eben die Anschauung soll ja gedeutet werden. Und das Bild der induzierenden ästhetischen Forschungsweise zeigt die gewohnte trübe Farbe auch hier, indem diese Anschauung nicht die in der Idee gelöste der Sache ist, sondern die subjektiver, in das Werk hineinprojizierter Zustände des Aufnehmenden, auf welche die von R. M. Meyer als Schlußstück seiner Methode gedachte Einfühlung hinausläuft. Diese Methode, als konträrer Gegensatz der im Verlaufe dieser Untersuchung anzuwendenden, „sieht die Kunstform des Dramas und wieder der Tragödie oder Komödie und weiter etwa des Charakter- und des Situationslustspiels als gegebene Größen an, mit denen sie rechnet. Nun sucht sie aus der Vergleichung hervorragender Vertreter jeder Gattung Regeln und Gesetze zu gewinnen, an denen das einzelne Produkt zu messen sei. Und wiederum aus der Vergleichung der Gattungen erstrebt sie allgemeine Kunstgesetze, die für jedes Werk gelten sollen." Die kunstphilosophische ›Deduktion‹ der Gattung würde hiernach auf induktorischem Verfahren verbunden mit dem abstrahierenden beruhen und eine Abfolge dieser Gattungen und

Arten deduktiv nicht sowohl gewonnen als im Schema der Deduktion vorgeführt werden.

Während die Induktion die Ideen zu Begriffen durch den Verzicht auf ihre Gliederung und Anordnung herabwürdigt, vollzieht die Deduktion das gleiche durch deren Projizierung in ein pseudo-logisches Kontinuum. Das philosophische Gedankenreich entspinnt sich nicht in der ununterbrochenen Linienführung begrifflicher Deduktionen, sondern in einer Beschreibung der Ideenwelt. Ihre Durchführung setzt mit jeder Idee von neuem als einer ursprünglichen an. Denn die Ideen bilden eine unreduzierbare Vielheit. Als gezählte – eigentlich aber benannte – Vielheit sind die Ideen der Betrachtung gegeben. Von hier aus ist dem deduzierten Gattungsbegriff der Kunstphilosophie die vehemente Kritik durch Benedetto Croce erwachsen. Mit Recht erblickt er in der Klassifikation als dem Gerüst spekulativer Deduktionen die Grundlage einer oberflächlich schematisierenden Kritik. Und während Burdachs Nominalismus der historischen Epochenbegriffe, sein Widerstand, die Fühlung mit dem Faktum im geringsten zu lockern, auf die Furcht, vom' Richtigen sich zu entfernen, zurückdeutet, führt ein durchaus analoger Nominalismus der ästhetischen Gattungsbegriffe bei Croce, ein analoges Festhalten am Einzelnen, auf die Besorgnis zurück, mit der Entfernung von ihm des Wesenhaften schlechtweg verlustig zu gehen. Gerade das ist mehr als alles andere angetan, den wahren Sinn ästhetischer Gattungsnamen ins rechte Licht zu setzen. Der „Grundriß der Ästhetik" rügt das Vorurteil „von der Möglichkeit, mehrere oder viele besondere Kunstformen zu unterscheiden, von denen jede in ihrem besonderen Begriff und in ihren Grenzen bestimmbar und mit eigenen Gesetzen versehen ist ... Viele Ästhetiker verfassen noch immer Schriften über die Ästhetik des Tragischen oder des Komischen oder der Lyrik oder des Humors und Ästhetiken der Malerei oder der Musik oder der Dichtkunst ...; aber was schlimmer ist, ... die Kritiker haben bei der Beurteilung der Kunstwerke noch nicht völlig die Gewohnheit abgelegt, sie an der Gattung oder der besonderen Kunst, der sie nach ihrer Meinung angehören, zu messen." "Jede beliebige Theorie der Teilung der Künste ist unbegründet. Die Gattung oder die Klasse ist in diesem Fall eine einzige, die Kunst selbst oder die Intuition, während die einzelnen Kunstwerke im übrigen zahllos sind: alle original, keines ins andere übersetzbar ... Zwischen das Universale und das Besondere schiebt sich in philosophischer Betrachtung kein Zwischenelement ein, keine Reihe von Gattungen oder Arten, von ›generalia‹." Diese Darlegung hat den Begriffen ästhetischer Gattungen gegenüber volles Gewicht. Aber sie bleibt auf halbem Wege stehen. Denn so ersichtlich eine Aufreihung von Kunstwerken, die es aufs Gemeinsame abstellt, ein müßiges Unternehmen ist, wo es sich nicht um historische oder stilistische Beispielsammlungen, sondern um deren Wesentliches handelt, so undenkbar bleibt, daß die Kunstphilosophie ihrer reichsten Ideen wie der des Tragischen oder des Komischen je sich entäußere. Denn das sind nicht Inbegriffe von Regeln, nein, selber einem jeden Drama an Dichtigkeit und an Realität zumindest ebenbürtige Gebilde, die gar nicht ihm kommensurabel sind. So erheben sie denn keinerlei Anspruch, eine Anzahl gegebener Dichtungen auf Grund irgendwelcher Gemeinsamkeiten ›unter‹ sich zu begreifen. Denn auch wenn es die reine Tragödie, das reine komische Drama, das nach ihnen benannt werden dürfte, nicht geben sollte, mögen diese Ideen Bestand haben. Dazu hat eine Untersuchung ihnen zu verhelfen, die nicht in ihrem Ausgangspunkt an alles dasjenige, was je als tragisch oder komisch mag bezeichnet worden sein, sich bindet, sondern nach Exemplarischem sich umsieht, und sollte sie auch nur einem versprengten Bruchstück diesen Charakter zubilligen können. ›Maßstäbe‹ für den Rezensenten fördert sie so nicht. Kritik, sowie Kriterien einer Terminologie, das Probestück der philosophischen Ideenlehre von der Kunst, bilden sich nicht unter dem äußeren Maßstab des Vergleiches, sondern immanent, in einer Entwicklung der Formensprache des Werks, die deren Gehalt auf Kosten ihrer Wirkung heraustreibt. Dazu kommt, daß gerade die bedeutenden Werke, sofern in ihnen nicht erstmalig und gleichsam als Ideal die Gattung erscheint, außerhalb von Grenzen der Gattung stehen. Ein bedeutendes Werk – entweder gründet es die Gattung oder hebt sie auf und in den vollkommenen vereinigt sich beides.

In der Unmöglichkeit einer deduktiven Entwicklung der Kunstformen, in der damit gesetzten Entkräftung der Regel als kritischer Instanz – eine Instanz der künstlerischen Unterweisung wird sie immer bleiben –, ist Grund zu einer fruchtbaren Skepsis gelegt. Sie ist dem tiefen Atemholen des Gedankens zu vergleichen, nach dem er ans Geringste sich mit Muße und ohne die Spur einer Beklemmung zu verlieren vermag. Vom Geringsten wird nämlich überall dort die Rede sein, wo die Betrachtung sich in Werk und Form der Kunst versenkt, um ihren Gehalt zu ermessen. Die Hast, die sich an ihnen mit dem Griffe übt, mit dem man fremdes Eigentum verschwinden läßt, ist Routinierten eigen und um nichts besser als die Bonhomie des Banausen. Für die wahre Kontemplation dagegen verbindet sich die Abkehr vom deduktiven Verfahren mit einem immer weiter ausholenden, immer inbrünstigem Zurückgreifen auf die Phänomene, die niemals in Gefahr geraten, Gegenstände eines trüben Staunens zu bleiben, solange ihre Darstellung zugleich die der Ideen und darin erst ihr Einzelnes gerettet ist. Selbstverständlich ist der Radikalismus, der die ästhetische Terminologie einer Anzahl ihrer besten Prägungen berauben, die Kunstphilosophie zum Schweigen bringen würde, auch für Croce nicht letztes Wort. Vielmehr heißt es: „Wenn man den theoretischen Wert der abstrakten Klassifikation leugnet, so heißt das nicht den theoretischen Wert jener genetischen und konkreten Klassifikation leugnen, die übrigens nicht ›Klassifikation‹ ist, die vielmehr Geschichte genannt wird.“ Mit diesem dunklen Satze streift der Autor, nur leider allzusehr beeilt, den Kern der Ideenlehre. Ihn läßt ein Psychologismus, der seine Bestimmung der Kunst als ›Ausdruck‹ durch eine andere, als ›Intuition‹, zersetzt, das nicht gewahren. Es bleibt ihm verschlossen, wie die von ihm als ›genetische Klassifikation‹ bezeichnete Betrachtung mit einer Ideenlehre von den Kunstarten im Problem des Ursprungs übereinkommt. Ursprung, wiewohl durchaus historische Kategorie, hat mit Entstehung dennoch nichts gemein. Im Ursprung wird kein Werden des Entsprungenen, vielmehr dem Werden und Vergehen Entspringendes gemeint. Der Ursprung steht im Fluß des Werdens als

Strudel und reißt in seine Rhythmik das Entstehungsmaterial hinein. Im nackten offenkundigen Bestand des Faktischen gibt das Ursprüngliche sich niemals zu erkennen, und einzig einer Doppeleinsicht steht seine Rhythmik offen. Sie will als Restauration, als Wiederherstellung einerseits, als eben darin Unvollendetes, Unabgeschlossenes andererseits erkannt sein. In jedem Ursprungsphänomen bestimmt sich die Gestalt, unter welcher immer wieder eine Idee mit der geschichtlichen Welt sich auseinandersetzt, bis sie in der Totalität ihrer Geschichte vollendet daliegt. Also hebt sich der Ursprung aus dem tatsächlichen Befunde nicht heraus, sondern er betrifft dessen Vor- und Nachgeschichte. Die Richtlinien der philosophischen Betrachtung sind in der Dialektik, die dem Ursprung beiwohnt, aufgezeichnet. Aus ihr erweist in allem Wesenhaften Einmaligkeit und Wiederholung durcheinander sich bedingt. Die Kategorie des Ursprungs ist also nicht, wie Cohen meint, eine rein logische, sondern historisch. Das Hegelsche ›Desto schlimmer für die Tatsachen‹ ist bekannt. Im Grunde will es besagen: die Einsicht in die Wesenszusammenhänge liegt beim Philosophen und Wesenszusammenhänge bleiben was sie sind, auch wenn sie sich in der Welt der Fakten rein nicht ausprägen. Diese echt idealistische Haltung erkauft ihre Sicherheit, indem sie das Kernstück der Ursprungsidee preisgibt. Denn jeder Ursprungsnachweis muß vorbereitet auf die Frage nach der Echtheit des Aufgewiesenen sein. Kann er sich als echt nicht beglaubigen, so trägt er seinen Titel zu Unrecht. Mit dieser Überlegung scheint für die höchsten Gegenstände der Philosophie die Unterscheidung der quaestio juris von der quaestio facti aufgehoben. Das ist unbestreitbar und unvermeidlich. Die Folgerung jedoch ist nicht, daß unverzüglich jedes frühe ›Faktum‹ als wesenprägendes Moment zu nehmen wäre. Vielmehr beginnt die Aufgabe des Forschers hier, der ein solches Faktum dann erst für gesichert zu halten hat, wenn seine innerste Struktur so wesenhaft erscheint, daß sie als einen Ursprung es verrät. Das Echte – jenes Ursprungssiegel in den Phänomenen – ist Gegenstand der Entdeckung, einer Entdeckung, die in einzigartiger Weise sich mit dem Wiedererkennen verbindet. Im Singulärsten und Verschrobensten der Phänomene, in den ohnmächtigsten und unbeholfensten Versuchen sowohl wie in den überreifen Erscheinungen der Spätzeit vermag Entdeckung es zu Tag zu fördern. Nicht um Einheit aus ihnen zu konstruieren, geschweige ein Gemeinsames aus ihnen abzuziehen, nimmt die Idee die Reihe historischer Ausprägungen auf. Zwischen dem Verhältnis des Einzelnen zur Idee und zum Begriff findet keine Analogie statt: hier fällt es unter den Begriff und bleibt was es war – Einzelheit; dort steht es in der Idee und wird was es nicht war – Totalität. Das ist seine platonische ›Rettung‹.

Die philosophische Geschichte als die Wissenschaft vom Ursprung ist die Form, die da aus den entlegenen Extremen, den scheinbaren Exzessen der Entwicklung die Konfiguration der Idee als der durch die Möglichkeit eines sinnvollen Nebeneinanders solcher Gegensätze gekennzeichneten Totalität heraustreten läßt. Die Darstellung einer Idee kann unter keinen. Umständen als geglückt betrachtet werden, solange virtuell der Kreis der in ihr möglichen Extreme nicht abgeschritten ist. Das Abschreiten bleibt virtuell. Denn das in der Idee des Ursprungs Ergriffene hat Geschichte nur noch als einen Gehalt, nicht mehr als ein Geschehn, von dem es betroffen würde. Innen erst kennt es Geschichte, und zwar nicht mehr im uferlosen, sondern in dem aufs wesenhafte Sein bezogenen Sinne, der sie als dessen Vor- und Nachgeschichte zu kennzeichnen gestattet. Die Vor- und Nachgeschichte solcher Wesen ist, zum Zeichen ihrer Rettung oder Einsammlung in das Gehege der Ideenwelt, nicht reine, sondern natürliche Geschichte. Das Leben der Werke und Formen, das in diesem Schutze allein sich klar und ungetrübt vom menschlichen entfaltet, ist ein natürliches Leben. Ist dies gerettete Sein in der Idee festgestellt, so ist die Präsenz der uneigentlichen nämlich naturhistorischen Vor- sowie Nachgeschichte virtuell. Sie ist nicht mehr pragmatisch wirklich, sondern, als die natürliche Historie, am vollendeten und zur Ruhe gekommenen Status, der Wesenheit, abzulesen. Damit bestimmt die Tendenz aller philosophischen Begriffsbildung sich neu in dem alten Sinn: das Werden der Phänomene festzustellen in ihrem Sein. Denn der Seinsbegriff der philosophischen Wissenschaft ersättigt sich nicht am Phänomen, sondern erst an der Aufzehrung seiner Geschichte. Die

Vertiefung der historischen Perspektive in dergleichen Untersuchungen kennt, sei es ins Vergangene oder ins Künftige, prinzipiell keine Grenzen. Sie gibt der Idee das Totale. Deren Bau, wie die Totalität sie im Kontrast zu der ihr unveräußerlichen Isolierung prägt, ist monadologisch. Die Idee ist Monade. Das Sein, das da mit Vor- und Nachgeschichte in sie eingeht, gibt in der eigenen verborgen die verkürzte und verdunkelte Figur der übrigen Ideenwelt, so wie bei den Monaden der „Metaphysischen Abhandlung" von 1686 in einer jeweils alle andern undeutlich mitgegeben sind. Die Idee ist Monade – in ihr ruht prästabiliert die Repräsentation der Phänomene als in deren objektiver Interpretation. Je höher geordnet die Ideen desto vollkommener die in ihnen gesetzte Repräsentation. Und so könnte denn wohl die reale Welt in dem Sinne Aufgabe sein, daß es gelte, derart tief in alles Wirkliche zu dringen, daß eine objektive Interpretation der Welt sich drin erschlösse. Von der Aufgabe einer derartigen Versenkung aus betrachtet erscheint es nicht rätselhaft, daß der Denker der Monadologie der Begründer der Infinitesimalrechnung war. Die Idee ist Monade – das heißt in Kürze: jede Idee enthält das Bild der Welt. Ihrer Darstellung ist zur Aufgabe nichts Geringeres gesetzt, als dieses Bild der Welt in seiner Verkürzung zu zeichnen.

Die Geschichte der Erforschung des deutschen Literaturbarock leiht der Analysis einer seiner Hauptformen – einer Analysis, die nicht mit der Feststellung von Regeln und Tendenzen, sondern mit der in ihrer Fülle und konkret erfaßten Metaphysik dieser Form allererst einzuhalten hat – einen paradoxen Schein. Ist es doch unverkennbar, daß unter den vielfältigen Hemmungen, denen die Einsicht in die Dichtung dieser Epoche begegnete, eine der gewichtigsten in der wie immer bedeutenden, so doch befangenen Gestalt liegt, die zumal ihrem Drama eignet. Entschiedener als andre appelliert gerade die dramatische Form an den historischen Nachhall. Er ist der barocken versagt geblieben. Die Erneuerung der literarischen Habe Deutschlands, welche mit der Romantik einsetzte, hat die Dichtung des Barock noch bis heute kaum betroffen. Es war vor allem das Drama Shakespeares, das für die dichtenden unter den Romantikern mit seinem Reichtum und mit seiner

Freiheit verdunkelnd vor den gleichzeitigen deutschen Versuchen stand, deren Ernst dem spielenden Theater zudem fremd war. Der werdenden germanischen Philologie ihrerseits galten die durchaus unvolkstümlichen Versuche eines gebildeten Beamtentumes als verdächtig. So bedeutend in Wahrheit die Verdienste dieser Männer um Sprache und Volkstum, so bewußt ihr Anteil an der Bildung einer nationalen Literatur war – in ihrer Arbeit prägte die absolutistische Maxime: alles für, nichts durch das Volk zu leisten, zu deutlich sich aus als daß sie Philologen aus der Schule Grimms und Lachmanns hätte gewinnen können. Nicht zum wenigsten ein Geist, der ihnen, an dem Gerüst des deutschen Dramas Fronenden, verwehrte auf die Stoffschicht deutschen Volkstums irgendwo zurückzugreifen, macht die quälende Gewaltsamkeit ihrer Geste. Spielen doch weder deutsche Sage noch deutsche Geschichte im Barockdrama eine Rolle. Aber auch die Verbreiterung, ja die historisierende Verflachung der germanistischen Studien im letzten Drittel des Jahrhunderts kam der Erforschung des barocken Trauerspieles nicht zugute. Die spröde Form blieb einer Wissenschaft, der Stilkritik und Formenanalyse Hilfsdisziplinen letzten Ranges waren, unzugänglich und zu historisch-biographischen Skizzen konnten die aus unverstandenen Werken trübe blickenden Physiognomien der Autoren die wenigsten verleiten. Ohnehin ist von einer freien oder gar spielerischen Entfaltung des dichterischen Ingeniums in diesen Dramen keine Rede. Vielmehr haben die Dramatiker der Epoche an die Aufgabe, die Form eines weltlichen Dramas überhaupt zu erstellen, sich gewaltsam gebunden gefühlt. Und so oft sie auch, nicht selten in schablonenhaften Reprisen, um diese von Gryphius bis Hallmann sich gemüht haben – das deutsche Drama der Gegenreformation hat niemals jene geschmeidigte, jedem virtuosen Griff sich bietende Form gefunden, die Calderon dem spanischen gab. Gebildet hat es sich – und gerade weil es notwendig dieser seiner Zeit entsprang – in einer höchst gewalttätigen Anstrengung und dies allein würde besagen, daß kein souveräner Genius dieser Form das Gepräge gegeben hat. Dennoch liegt der Schwerpunkt aller barocken Trauerspiele in ihr. Was der einzelne Dichter darin fassen konnte, bleibt ihr unvergleichlich verpflichtet und ihrer Tiefe tut seine Beschränkung nicht Abbruch. Diese Einsicht ist eine Vorbedingung der Erforschung. Unerläßlich freilich bleibt auch dann noch eine Betrachtung, die fähig ist zur Anschauung einer Form überhaupt in dem Sinne sich zu erheben, daß sie anderes in ihr erblickt als eine Abstraktion am Leibe der Dichtung. Die Idee einer Form – soviel wird aus dem Vorangeschickten zu wiederholen erlaubt sein – ist nichts weniger Lebendiges als irgendeine konkrete Dichtung. Ja sie ist als Form des Trauerspiels mit einzelnen Versuchen des Barock verglichen entschieden das Reichere. Und so wie jede, auch die ungebräuchliche, die vereinzelte Sprachform gefaßt zu werden vermag nicht nur als Zeugnis dessen, der sie prägte, sondern als Dokument des Sprachlebens und seiner jeweiligen Möglichkeiten, enthält auch – und weit eigentlicher als jedes Einzelwerk – jedwede Kunstform den Index einer bestimmten objektiv notwendigen Gestaltung der Kunst. Diese Betrachtung blieb der älteren Forschung also schon darum verschlossen, weil Formanalysis und Formgeschichte ihrer Aufmerksamkeit entgingen. Aber nicht darum allein. Vielmehr hat ein sehr unkritisches Haften an der barocken Theorie des Dramas mitgewirkt. Es ist die den Tendenzen der Epoche angeglichene des Aristoteles. In den meisten Stücken war diese Angleichung eine Vergröberung. Ohne nach den erheblichen Bestimmungsgründen dieser Variation zu fahnden, war man allzuschnell bereit, von einem entstellenden Mißverständnis zu reden und von da war es zu der Auffassung, die Dramatiker der Epoche hätten im wesentlichen nichts gegeben, als die unverständige Anwendung ehrwürdiger Präzepte nicht mehr weit. Das Trauerspiel des deutschen Barock erschien als Zerrbild der antiken Tragödie. In dieses Schema wollte ohne Schwierigkeit sich fügen, was einen geläuterten Geschmack in jenen Werken befremdend, ja wohl barbarisch anmutete. Die Fabel ihrer Haupt- und Staatsaktionen entstellte das antike Königsdrama, der Schwulst das edle Pathos der Hellenen und der blutrünstige Schlußeffekt die tragische Katastrophe. So gab das Trauerspiel sich als die unbeholfene Renaissance der Tragödie. Und somit drängte eine weitere Klassifikation sich auf, die vollends jede Sicht auf diese Form vereiteln mußte: das Trauerspiel als Renaissancedrama betrachtet steht in seinen markantesten Zügen als mit ebenso vielen Stilwidrigkeiten behaftet da. Lange blieb diese

Inventarisierung dank der Autorität von stoffgeschichtlichen Registern unberichtigt. Durch sie wird das höchst verdienstliche, die Literatur des Gebietes fundierende Werk von Stachel „Seneca und das deutsche Renaissancedrama“ von jeder nennenswerten Wesenseinsicht, die es denn auch nicht unbedingt erstrebt, streng ausgeschlossen. In seiner Arbeit über den lyrischen Stil des XVII. Jahrhunderts hat Strich diese Äquivokation, die längst die Forschung lähmte, aufgedeckt. „Man pflegt den Stil der deutschen Dichtung im 17. Jahrhundert als Renaissance zu bezeichnen. Wenn man aber unter diesem Namen mehr versteht, als die wesenlose Nachahmung des antiken Apparates, so ist er irreführend und zeugt von dem Mangel an stilgeschichtlicher Orientierung in der Literaturwissenschaft, denn von dem klassischen Geist der Renaissance hat dieses Jahrhundert nichts gehabt. Der Stil seiner Dichtung ist vielmehr barock, auch wenn man nicht nur an Schwulst und Überladung denkt, sondern auf die tieferen Prinzipien der Gestaltung zurückgeht.“ Ein weiterer Irrtum, der in der Geschichte von dieser literarischen Periode sich mit erstaunlicher Beharrlichkeit gehalten hat, hängt mit dem Vorurteil der Stilkritik zusammen. Gemeint ist die angebliche Bühnenfremdheit dieser Dramatik. Es ist dies vielleicht nicht das erstemal, daß die Verlegenheit vor einer sonderbaren Szene zu dem Gedanken avanciert, die habe es nie gegeben, dergleichen Werke hätten nicht gewirkt, die Bühne habe sich ihnen verweigert. Zumindest in der Interpretation des Seneca begegnen Kontroversen, die früheren Diskussionen übers barocke Drama darin gleichen. Wie dem nun sei – für das Barock ist jene hundertjährige Fabel, wie sie von A. W. Schlegel bis auf Lamprecht sich vererbt, sein Drama sei ein Lesestück gewesen, widerlegt. In den heftigen Vorgängen, die die Schaulust herausfordern, spricht gerade das Theatralische mit besonderer Gewalt. Sogar die Theorie betont die szenischen Effekte bei Gelegenheit. Horazens Dictum: Et prodesse volunt et delectare poetae versetzt die Buchnersche Poetik vor die Frage, wie letzteres denn vom Trauerspiele denkbar sei und sie erwidert: von seinem Inhalt nicht, sehr wohl aber von seiner theatralischen Darstellung .

Die Forschung, welche mit so vielfachen Befangenheiten sich diesem Drama gegenüber fand, hat in Versuchen einer objektiven Würdigung, die wohl oder übel der Sache fremd bleiben mußten, die Verwirrungen nur gesteigert, denen nun jede Besinnung auf den Sachverhalt von Anfang an begegnen muß. Daß dabei die Sache so könnte aufgefaßt werden, von der Wirkung des barocken Trauerspiels ihre Übereinstimmung mit den von Aristoteles als Wirkung der Tragödie angesprochenen Gefühlen der Furcht sowie des Mitleids zu erweisen, um zu schließen, es sei echte Tragödie – da doch Aristoteles sich nie hat beifallen lassen zu behaupten, nur Tragödien könnten Furcht und Mitleid hervorrufen – das sollte man wohl nicht für möglich halten. Höchst skurril bemerkt ein älterer Autor: „Durch seine Studien lebte sich Lohenstein so in eine vergangene Welt ein, daß er darüber seine vergaß und in Ausdruck, Denken und Fühlen einem antiken Publikum verständlicher, als dem seiner Zeit gewesen wäre.“ Dringender als die Widerlegung derartiger Extravaganzen mag der Hinweis erfordert werden, daß ein Wirkungszusammenhang nie eine Kunstform bestimmen kann. „Die Vollendung des Kunstwerks in sich selbst ist die ewige unerläßliche Forderung! Aristoteles, der das Vollkommenste vor sich hatte, soll an den Effekt gedacht haben! welch ein Jammer!“ So Goethe. Gleichviel, ob Aristoteles durchaus vor dem Verdacht, den Goethe von ihm wehrt, zu sichern ist – daß die von ihm definierte psychologische Wirkung aus der kunstphilosophischen Debatte über das Drama gänzlich ausscheide, ist ein dringendes Anliegen ihrer Methode. In diesem Sinne erklärt Wilamowitz-Moellendorff: „das sollte man einsehn, daß die χάδαρσις; für das Drama nicht artbestimmend sein kann, und selbst wenn man die affekte, durch welche das drama wirkt, als artbildend anerkennen wollte, so würde das unselige paar furcht und mitleid recht unzureichend bleiben.“ – Noch unglücklicher und weit häufiger noch als der Versuch, das Trauerspiel mit Aristoteles zu retten, ist jener Typus ›Würdingung‹, der da mit Aperçus sehr leichten Kaufes die ›Notwendigkeit ‹ dieses Dramas bewiesen haben will und mit ihr ein anderes, von dem nicht ersichtlich zu sein pflegt, ob das der positive Wert oder die Hinfälligkeit jedweder Bewertung ist. Im Bereich der Geschichte ist die Frage nach der Notwendigkeit seiner Erscheinungen ganz offenkundig allerwege apriorisch. Das falsche Schmuckwort der ›Notwendigkeit‹, mit dem man das barocke Trauerspiel oft dekorierte, schillert in vielen Farben. Es meint nicht nur historische in müßigem Kontrast zum bloßen Zufall, sondern auch die subjektive einer bona fides im Gegensatz zum Virtuosenstück. Daß aber mit der Feststellung, das Werk entspringe notwendig einer subjektiven Disponiertheit seines Autors, nichts gesagt ist, erhellt. Nicht anders steht's um die ›Notwendigkeit‹, die Werke oder Formen als Vorstufen der ferneren Entwicklung in einem problematischen Zusammenhang begreift. „Mag sein Naturbegriff und seine Kunstanschauung zerrissen und zertrümmert sein für immer; was unverwelklich, unverderblich, unverlierbar fortgedeiht, das sind einmal die stofflichen Entdeckungen, und dann noch mehr die technischen Erfindungen des XVII. Jahrhunderts." So rettet noch die jüngste Darstellung die Dichtung dieser Zeit als bloßes Mittel. Die ›Notwendigkeit‹ der Würdigungen steht in einer Sphäre der Äquivokationen und gewinnt ihren Anschein aus dem einzigen ästhetisch erheblichen Begriff der Notwendigkeit. Es ist der, dessen Novalis gedenkt, wo er von der Apriorität der Kunstwerke als einer Notwendigkeit da zu sein, welche sie mit sich führen, spricht. Daß diese einzig einer Analyse, die sie bis in den metaphysischen Gehalt beträfe, sich ergibt, ist augenfällig. Der moderantistischen ›Würdigung‹ entgeht sie. In einer solchen bleibt am Ende auch der neue Cysarzsche Versuch befangen. Wenn frühern Abhandlungen die Motive einer ganz anderen Betrachtungsweise abgingen, so überrascht bei dieser letzten, wie wertvolle Gedanken und präzise Beobachtungen durch das System der klassizistischen Poetik, auf welches sie bewußt bezogen werden, um ihre beste Frucht kommen. Zuletzt spricht hier weniger die klassische ›Rettung‹ denn eine unmaßgebliche Entschuldigung. In älteren Werken pflegt an dieser Stelle der Dreißigjährige Krieg sich einzufinden. Für alle Entgleisungen, die man an dieser Form zu tadeln fand, erscheint er haftbar. „Ce sont, a-t-on dit bien des fois, des pièces écrites par des bourreaux et pour. Mais c'est ce qù'il fallait aux gens de ce tempslà.

Vivant dans une atmosphère de guerres de luttes sanglantes, ils trouvaient ces scènes naturelle; c'était le tablaeau de leur moeurs qu'on leur offrait. Aussi goûtèrent-ils naîvement, brutalement le plaisir qui leur ètait offert."

Dergestalt hatte die Forschung des Jahrhundertendes von einer kritischen Ergründung der Trauerspielform sich hoffnungslos weit entfernt. Der Synkretismus kulturhistorischer, literargeschichtlicher, biographischer Betrachtung, mit dem sie die kunstphilosophische Besinnung zu ersetzen bestrebt war, hat in der neusten Forschung ein Pendant von weniger harmloser Struktur. Wie ein Kranker, der im Fieber liegt, alle Worte, die ihm vernehmbar werden, in die jagenden Vorstellungen des Deliriums verarbeitet, so greift der Zeitgeist die Zeugnisse von früheren oder von entlegenen Geisteswelten auf, um sie an sich zu reißen und lieblos in seinen selbstbefangenen Phantasien einzuschließen. Gehört doch dies zu seiner Signatur: kein neuer Stil, kein unbekanntes Volkstum wäre aufzufinden, das nicht alsbald mit voller Evidenz zu dem Gefühl der Zeitgenossen spräche. Dieser verhängnisvollen pathologischen Suggestibilität, kraft welcher der Historiker durch „Substitution" an die Stelle des Schaffenden sich zu schleichen sucht, als wäre der, eben weil er's gemacht, auch der Interpret seines Werkes, hat man den Namen der ›Einfühlung‹ gegeben, in dem die bloße Neugier unterm Mäntelchen der Methode sich vorwagt. Auf diesem Streifzug ist die Unselbständigkeit der gegenwärtigen Generation zumeist der imposanten Wucht erlegen, mit der ihr das Barock begegnete. Zu einer echten, neue Zusammenhänge nicht zwischen dem modernen Kritiker und seiner Sache, sondern innerhalb der Sache selbst erschließenden Einsicht hat die Umwertung, die mit dem Ausbruch des Expressionismus – wenn auch nicht unberührt von der Poetik der Georgischen Schule – eintrat, bisher nur in den wenigsten Fällen geführt Aber die Geltung der alten Vorurteile ist im Schwinden. Frappante Analogien zu dem gegenwärtigen Stande des deutschen Schrifttums haben immer neuen Anlaß zu einer, wenn auch meist sentimentalen so doch positiv gerichteten Versenkung ins Barocke gegeben. Schon im Jahre 1904 erklärte ein Literaturkritiker dieser Epoche:

„es will mir ... scheinen, als ob das Kunstgefühl noch keiner Periode seit zwei Jahrhunderten mit der ihren Stil suchenden Barockliteratur des siebzehnten Jahrhunderts im Grunde so verwandt gewesen ist, wie das Kunstgefühl unserer Tage. Innerlich leer oder im Tiefsten aufgewühlt, äußerlich von technisch formalen Problemen absorbiert, die sich mit den Existenzfragen der Zeit zunächst sehr wenig zu berühren schienen, – so waren die meisten Barockdichter, und ähnlich sind, so weit man sehen kann, wenigstens die Dichter unserer Zeit, die ihrer Produktion das Gepräge geben." Inzwischen hat die Meinung dieser Sätze, die schüchtern und zu kurz ergriffen ist, in einem sehr viel weitern Sinne sich behauptet. 1915 erschienen als Auftakt des expressionistischen Dramas die „Troerinnen" von Werfel. Nicht zufällig begegnet der gleiche Stoff bei Opitz im Beginn des Barockdramas. In beiden Werken war der Dichter auf das Sprachrohr und die Resonanz der Klage bedacht. Dazu bedurfte es in beiden Fällen nicht weitgespannter künstlicher Entwicklungen, sondern einer am dramatischen Rezitativ sich schulenden Verskunst. Zumal im Sprachlichen ist die Analogie damaliger Bemühung mit der jüngstvergangenen und mit der momentanen augenfällig. Forcierung ist den beiden eigentümlich. Die Gebilde dieser Literaturen wachsen nicht sowohl aus dem Gemeinschaftsdasein auf, als daß sie durch gewaltsame Manier den Ausfall geltender Produkte in dem Schrifttum zu verdecken trachten. Denn wie der Expressionismus ist das Barock ein Zeitalter weniger der eigentlichen Kunstübung als eines unablenkbaren Kunstwollens. So steht es immer um die sogenannten Zeiten des Verfalls. Das höchste Wirkliche der Kunst ist isoliertes, abgeschlossenes Werk. Zu Zeiten aber bleibt das runde Werk allein dem Epigonen erreichbar. Das sind die Zeiten des ›Verfalls‹ der Künste, ihres ›Wollens‹. Darum entdeckte Riegl diesen Terminus gerad an der letzten Kunst des Römerreiches. Zugänglich ist dem Wollen nur die Form schlechtweg doch nie ein wohlgeschaffenes Einzelwerk. In diesem Wollen gründet die Aktualität des Barock nach dem Zusammenbruch der deutschen klassizistischen Kultur. Das Streben nach einem Rustikastil der Sprache, der sie der Wucht des Weltgeschehens gewachsen scheinen ließe, kommt hinzu. Die Übung, Adjektiva, die keinen adverbialen Gebrauch kennen, mit dem Hauptwort zum Block zusammenzupressen, ist nicht von heute. ›Großtanz‹, ›Großgedicht‹ (d.h. Epos) sind barocke Vokabeln. Neologismen finden sich überall. Heute wie damals spricht aus vielen darunter das Werben um neues Pathos. Die Dichter suchten der innersten Bildkraft, aus welcher die bestimmte und doch sanfte Metaphorik der Sprache hervorgeht, sich persönlich zu bemächtigen. Weniger in Gleichnisreden als in Gleichnisworten suchte man seine Ehre, als sei die Sprachschöpfung unmittelbare Angelegenheit der dichterischen Wortfindung. Die barocken Übersetzer fanden Freude an den gewaltsamsten Prägungen wie sie bei Heutigen zumal als Archaismen begegnen, in denen man der Quellen des Sprachlebens sich zu versichern meint. Immer ist diese Gewaltsamkeit Kennzeichen einer Produktion, in welcher ein geformter Ausdruck wahrhaften Gehalts kaum dem Konflikt entbundener Kräfte abzuringen ist. In solcher Zerrissenheit spiegelt die Gegenwart gewisse Seiten der barocken Geistesverfassung bis in die Einzelheiten der Kunstübung. Dem Staatsroman, dem damals wie heute sich angesehene Autoren widmeten, stehen die pazifistischen Bekenntnisse der Literaten zum simple life, zur natürlichen Güte des Menschen heute so gegenüber wie damals das Schäferspiel. Den Literaten, dessen Dasein heute wie je in einer vom tätigen Volkstum getrennten Sphäre sich abspielt, verzehrt von neuem eine Ambition, in deren Befriedigung die damaligen Dichter freilich trotz allem glücklicher waren als die heutigen. Denn Opitz, Gryphius, Lohenstein haben in Staatsgeschäften hin und wieder dankbar entgoltene Dienste zu leisten vermocht. Und daran findet diese Parallele ihre Grenze. Durchgehend fühlte der barocke Literat ans Ideal einer absolutistischen Verfassung sich gebunden, wie die Kirche beider Konfessionen sie stützte. Die Haltung ihrer gegenwärtigen Erben ist, wenn nicht staatsfeindlich, revolutionär, so durch den Mangel jeder Staatsidee bestimmt. Zuletzt ist über mancherlei Analogien die große Differenz nicht zu vergessen: im Deutschland des XVII. Jahrhunderts war die Literatur, so wenig die Nation sie auch beachten mochte, bedeutungsvoll für ihre Neugeburt. Die zwanzig Jahre deutschen Schrifttums dagegen, die zur Erklärung des erwachten Anteils an der Epoche angezogen wurden, bezeichnen einen, wie auch immer vorbereitenden und fruchtbaren, Verfall.

Desto gewaltiger der Eindruck, den die mit verstiegenen Kunstmitteln unternommene Ausprägung verwandter Tendenzen im deutschen Barock gerade jetzt hervorzurufen imstande ist. Einer Literatur gegenüber, die durch den Aufwand ihrer Technik, die gleichförmige Fülle ihrer Produktionen und die Heftigkeit ihrer Wertbehauptungen Welt und Nachwelt gewissermaßen zum Schweigen zu bringen suchte, ist die Notwendigkeit der souveränen Haltung, wie Darstellung von der Idee von einer Form sie aufdringt, zu betonen. Die Gefahr, aus den Höhen des Erkennens in die ungeheuren Tiefen der Barockstimmung sich hinabstürzen zu lassen, bleibt selbst dann unverächtlich. Immer wieder begegnet in den improvisierten Versuchen, den Sinn dieser Epoche zu vergegenwärtigen, das bezeichnende Schwindelgefühl, in das der Anblick ihrer in Widersprüchen kreisenden Geistigkeit versetzt. „Auch die intimsten Wendungen des Barock, auch seine Einzelheiten – vielleicht sie gerade – sind antithetisch." Nur eine von weither kommende, ja sich dem Anblick der Totalität zunächst versagende Betrachtung kann in einer gewissermaßen asketischen Schule den Geist zu der Festigung führen, die ihm erlaubt, im Anblick jenes Panoramas seiner selbst mächtig zu bleiben. Der Gang dieser Schulung ist es, der hier zu beschreiben war.

Trauerspiel und Tragödie

Der ersten Handlung. Erster Eintritt. Heinrich. Isabelle. Der Schauplatz ist der Königl. Saal. *Heinrich.* Ich bin König. *Isabelle.* Ich bin Königin. *Heinrich.* Ich kan und will. *Isahelle.* Ihr könt nicht und must nicht wollen. *Heinrich.* Wer will mirs wehren? *Isahelle.* Mein Verboth. *Heinrich.* Ich bin König. *Isahelle.* Ihr seyd mein Sohn. *Heinrich.* Ehre ich euch schon als Mutter/ so müsset ihr doch wissen/ das ihr nur Stiefmutter seyd. Ich will sie haben. *Isabelle.* Ihr sollt sie nicht haben. *Heinrich.* Ich sage: Ich will sie haben/ die Ernelinde.
Filidor: Ernelinde Oder Die Viermahl Braut

Die notwendige Richtung aufs Extreme, als welche in philosophischen Untersuchungen die Norm der Begriffsbildung gibt, hat für eine Darstellung vom Ursprung des deutschen Barocktrauerspiels zweierlei zu besagen. Erstens weist sie die Forschung an, unbefangen die Breite des Stoffes ins Auge zu fassen. Angesichts der ohnedies nicht allzu großen Fülle der dramatischen Produktion, soll ihr Anliegen nicht darin bestehen, in ihm, wie die Literaturgeschichte mit Recht dies täte, nach Schulen der Dichter, Epochen des œuvres, Schichten der Einzelwerke zu suchen. Vielmehr wird sie überall von der Annahme sich leiten lassen, was diffus und disparat erscheint in den adäquaten Begriffen als Elemente einer Synthesis gebunden zu finden. Sie wird in diesem Sinn die Zeugnisse geringerer Dichter, in deren Werken das Absonderlichste häufig ist, nicht leichter schätzen als die der größeren. Ein anderes ist es eine Form verkörpern, ein anderes sie ausprägen. Ist das erste Sache der erwählten Dichter, so geschieht das zweite oft unvergleichlich markant in den mühseligen Versuchen der schwächeren. Die Form selbst, deren Leben nicht identisch mit dem von ihr bestimmter Werke ist, ja, deren Ausprägung bisweilen umgekehrt proportional zu der Vollendung einer Dichtung stehen kann, wird gerade an dem schmächtigen Leib der dürftigen Dichtung, als ihr Skelett gewissermaßen, augenfällig. Zum zweiten schließt das Studium der Extreme Rücksicht auf die barocke Theorie des Dramas ein. Die Biederkeit der Theoretiker in der Verlautbarung ihrer Vorschriften ist ein besonders reizvoller Zug dieser Literatur und ihre Regeln sind extrem schon aus dem Grund, weil sie mehr oder weniger bindend sich geben. So gehen denn die Exzentrizitäten dieses Dramas zum großen Teil auf die Poetiken zurück, und da sogar die wenigen Schablonen seiner Fabel aus Theoremen wollen abgeleitet sein, so weisen die Handbücher der Dichter als unentbehrliche Quellen der Analyse sich aus. Wären sie kritisch im modernen Sinne, ihr Zeugnis würde belangloser sein. Rückgang auf sie wird nicht allein vom Gegenstand erfordert, sondern handgreiflich durch den Stand der Forschung gerechtfertigt. Sie ist durch Vorurteile der stilistischen Klassifizierung und der ästhetischen Beurteilung bis in die neuere Zeit behindert worden. Die Entdeckung des literarischen Barock ist so spät und unter so zweideutigen Sternen erfolgt, weil eine allzu bequeme Periodisierung ihre Merkmale und Daten aus den Traktaten vergangener Zeiten zu ziehen liebt. Da in Deutschland ein literarisches ›Barock‹ nirgends manifest geworden ist – der Ausdruck begegnet sogar für die bildende Kunst erst im XVIII. Jahrhundert – da die klare, laute, kriegerische Proklamation nicht Sache von Literaten war, denen höfischer Ton als Muster im Sinne lag, so wollte man auch später diesem Blatte der deutschen Literaturgeschichte keine besondere Überschrift zugestehen. „Der unpolemische Sinn ist ein das gesamte Barock scharf kennzeichnendes Merkmal. Jeder sucht möglichst lang, auch wenn er eigener Stimme folgt, den Anschein festzuhalten, als schritte er die Wege der geliebten Lehrer und bewährten Autoritäten.“ Darüber darf auch das gesteigerte Interesse an dem poetischen Disput, wie es gleichzeitig mit den entsprechenden Passionen der römischen Malerakademien aufkam, nicht täuschen. So hat sich die Poetik denn in Variationen der „Poetices libri Septem“ des Julius Caesar Scaliger bewegt, die 1561 erschienen waren. Klassizistische Schemata herrschen: „Gryphius ist der unbestrittene Altmeister, der deutsche Sophokles, hinter dem Lohenstein als deutscher Seneca einen sekundären Platz einnimmt, und nur mit Einschränkung wird ihnen Hallmann, der deutsche Aischylus, an die Seite gestellt.“ Und einer renaissancehaften Fassade der Poetiken entspricht unleugbar etwas in den Dramen. Ihre stilistische Originalität, so viel darf vorgreifend bemerkt werden, ist in den Einzelheiten ungleich größer als im ganzen. Was dieses angeht, eignet in der Tat, wie Lamprecht schon hervorhebt, eine Schwerfälligkeit und trotz allem auch eine Einfalt der Handlung, die an das bürgerliche Stück der deutschen Renaissance von fern gemahnt. Im Licht ernsthafter Stilkritik jedoch, der nicht erlaubt ist, das Ganze anders denn in seiner Bestimmtheit durchs Detail ins Auge zu fassen, treten die renaissancefremden, um nicht zu sagen die barocken Züge allerorten, von der Sprache und dem Gehaben der Handelnden bis zur Bühneneinrichtung und Stoffwahl hervor. Zugleich erhellt und wird zu zeigen sein, daß auf die hergebrachten Texte der Poetik Akzente fallen, die die barocke Interpretation ermöglichen, ja wie die Treue gegen sie barocken Intentionen besser diente als Revolte. Der Wille zur Klassizität ist fast der einzige – und doch durch seine Wildheit, seine Rücksichtslosigkeit wie sehr sie überbietende – echtbürtiger Renaissance eigene Zug einer Dichtung gewesen, welche sehr unvermittelt sich vor formale Aufgaben gestellt sah, denen sie durch keine Schulung gewachsen war. Jeder Versuch, antiker Form sich nähernd, mußte, unangesehen des im Einzelfalle Erreichten, durch die Gewaltsamkeit das Unternehmen für höchst barocke Ausgestaltung disponieren. Die Vernachlässigung der stilistischen Analyse solcher Versuche durch die Literaturwissenschaft ist aus dem Verdikt, das über die Epoche des Schwulsts, der Sprachverderbnis, der Gelehrtenpoesie von ihr gefällt ward, zu erklären. Sofern sie es durch die Erwägung zu beschränken suchte, die Schule der Aristotelischen Dramaturgie sei nun einmal ein notwendiges Durchgangsstadium für die renaissancistische Dichtung Deutschlands gewesen, begegnete sie einem Vorurteil mit einem zweiten. Beide hängen zusammen, weil die These von der Renaissanceform des deutschen Dramas im XVII. Jahrhundert gestützt wird durch den Aristotelismus der Theoretiker. Wie lähmend die Aristotelischen Definitionen sich der Besinnung auf den Wert der Dramen widersetzten, ward bemerkt. An dieser Stelle ist hervorzuheben, daß der Einfluß der Aristotelischen Doktrin aufs Drama des Barock im Terminus der ›Renaissancetragödie‹ überschätzt wird.

Die Geschichte des neueren deutschen Dramas kennt keine Periode, in der die Stoffe der antiken Tragiker einflußloser gewesen wären. Dies allein zeugt gegen die Herrschaft des Aristoteles. Zu seinem Verständnis fehlte alles und der Wille nicht zum wenigsten. Denn ernsthafte Unterweisung technischer und stofflicher Art, wie sie vor allem der niederländischen Klassik und dem Jesuitentheater seit Gryphius immer wieder entnommen wurde, suchte man bei dem griechischen Autor selbstverständlich nicht. Das Wesentliche war, durch die Anerkennung seiner Autorität die Fühlung mit der Renaissancepoetik des Scaliger und damit die Legitimität der eigenen Unternehmungen zu behaupten. Zudem war Mitte des XVII. Jahrhunderts die Aristotelische Poetik noch nicht das einfache und imposante Dogmengefüge, mit dem Lessing sich auseinandersetzte.

Trissino, erster Kommentator der „Poetik", zieht zunächst zur Ergänzung der temporalen Einheit die der Handlung heran: Einheit der Zeit gilt als ästhetisch nur, wenn sie auch die der Handlung mit sich führt. An diese Einheiten haben Gryphius und Lohenstein sich gehalten – vom „Papinian" könnte die der Handlung sogar bestritten werden. Mit diesem isolierten Faktum ist das Inventar ihrer vom Aristoteles bestimmten Züge abgeschlossen. Eine genauere Bedeutung gibt die damalige Theorie der Einheit der Zeit nicht. Die Harsdörffersche, vom Herkömmlichen sonst nicht unterschieden, erklärt denn auch eine Handlung von vier bis fünf Tagen noch als statthaft. Einheit des Orts, die erst seit Castelvetro in der Diskussion erscheint, kommt fürs barocke Trauerspiel nicht in Frage; auch das Jesuitentheater kennt sie nicht. Beweiskräftiger noch ist die Indifferenz, mit der die Handbücher der Aristotelischen Theorie von der tragischen Wirkung begegnen. Nicht als ob dieser Teil der „Poetik", dem noch deutlicher als dem andern die Bestimmtheit durch den kultischen Charakter des griechischen Theaters an der Stirn geschrieben steht, dem Verständnis des XVII. Jahrhunderts besonders zugänglich gewesen sein müßte. Doch je unmöglicher das Eindringen in diese Lehre, in der die Theorie der Läuterung durch die Mysterien wirkte, sich erwies, desto freieren Spielraum hätte die Interpretation gehabt. Diese ist ebenso schmächtig in ihrem Gedankengehalt wie schlagend in der Beugung der antiken Intention. Furcht und Mitleid denkt sie nicht als Anteil am integralen Ganzen der Aktion, sondern als den am Schicksal der markantesten Figuren. Furcht weckt das Ende des Bösewichts, Mitleid dasjenige des frommen Helden. Birken scheint auch diese Definition noch zu klassisch und statt Furcht und Mitleid setzt er Gottes Ehre und die Erbauung der Mitbürger als Zweck der Trauerspiele ein. „Wir Christen sollen/ gleichwie in allen unsren Verrichtungen/ also auch im Schauspielschreiben und Schauspielen das einige Absehen haben/ daß Gott damit geehret/ und der Neben-Mensch zum Guten möge belehrt werden." Die Tugend seiner Beschauer hat das Trauerspiel zu ertüchtigen. Und gab es eine, welche seinen Helden obligat und seinem Publikum erbaulich war, so ist es die alte ἀπάδεια. Die Bindung der stoischen Ethik an die Theorie der neuen Tragödie war in Holland vollzogen worden, und Lipsius hatte bemerkt, nur als ein tätiger Impuls, die fremden Leiden und Bekümmernisse zu erleichtern, nicht aber als ein pathologischer Zusammenbruch beim Anblick eines fürchterlichen Schicksals, nicht als pusillanimitas sondern nur als misericordia sei das Aristotelische ελεος zu verstehen. Kein Zweifel, solche Glossen stehen neben der Beschreibung, die Aristoteles von der Betrachtung der Tragödien bietet, wesensfremd. So ist es denn immer wieder das einzige Faktum des königlichen Helden, das der Kritik den Anlaß gab, das neue Trauerspiel auf die alte Tragödie der Griechen zu beziehen. Und nicht sachgemäßer als mit der in der Sprechweise des Trauerspiels selbst verlautbarten berühmten Definition des Opitz wird daher die Erkundung seiner Sonderart einsetzen können.

„Die Tragödie ist an der majestet dem Heroischen gedichte genieße / ohne das sie selten leidet/ das man geringen Standes personen und schlechte sachen einführe: weil sie nur von königlichem willen/ todschlägen/ verzweiffelungen/ kinder und vätermörden / brande/ blutschanden/ kriege und auffruhr/ klagen/ heulen/ seuffzten und dergleichen handelt.“ Diese Definition mag der moderne Ästhetiker zunächst allzu hoch aus dem Grunde nicht schätzen wollen, weil sie nur eine Umschreibung des tragischen Stoffkreises zu sein scheint. Und so ist sie denn nie als bedeutsam gewertet worden. Indessen jener Schein trügt. Opitz spricht es nicht aus – ist es doch seiner Zeit das Selbstverständliche –, daß die genannten Vorfälle nicht so sehr Stoff als Kern der Kunst im Trauerspiele sind. Das geschichtliche Leben wie es jene Epoche sich darstellte ist sein Gehalt, sein wahrer Gegenstand. Es unterscheidet sich darin von der Tragödie. Denn deren Gegenstand ist nicht Geschichte, sondern Mythos, und die tragische Stellung wird den dramatis personae nicht durch den Stand – das absolute Königtum – sondern durch die vorgeschichtliche Epoche ihres Daseins – vergangenes Heroentum – angewiesen. Im Sinn des Opitz ist es nicht die Auseinandersetzung mit Gott und Schicksal, die Vergegenwärtigung einer uralten Vergangenheit, die Schlüssel des lebendigen Volkstums ist, sondern die Bewährung der fürstlichen Tugenden, die Darstellung der fürstlichen Laster, die Einsicht in den diplomatischen Betrieb und die Handhabung aller politischen

Machinationen, welche den Monarchen zur Hauptperson des Trauerspiels bestimmt. Der Souverän als erster Exponent der Geschichte ist nahe daran für ihre Verkörperung zu gelten. Auf primitive Weise kommt der Anteil am aktuellen welthistorischen Verlauf in der Poetik allenthalben zu Worte. „Wer Tragödien schreiben wil", heißt es in Rists „Alleredelster Belustigung", „muß in Historien oder Geschicht-Büchern so wol der Alten/ als Neuen/ trefflich seyn beschlagen/ er muß die Welt- und Staats-Händel/ als worinn die eigentliche Politica bestehet / gründlich wissen ... wissen/ wie einem Könige oder Fürsten zu muthe sey/ so wol zu Krieges- als Friedens-Zeiten/ wie man Land und Leute regieren/ bey dem Regiment sich erhalten / allen schädlichen Rathschlägen steuren/ was man für Griffe müsse gebrauchen/ wann man sich ins Regiment dringen/ andere verjagen/ ja wol gar auß dem Wege räumen wolle. In Summa/ die Regier-Kunst muß er so fertig/ als seine Mutter-Sprache verstehen." Man glaubte, im geschichtlichen Ablauf selbst das Trauerspiel mit Händen zu greifen; es bedürfe nichts weiter als die Worte zu finden. Und selbst in diesem Verfahren wollte man sich nicht frei fühlen. Mag auch Haugwitz der unbegabteste unter den Autoren barocker Trauerspiele, ja schlechtweg und als der einzige wirklich unbegabt gewesen sein, so hieße es doch die Technik des Trauerspiels verkennen, wollte man ein Zeugnis in den Noten zur „Maria Stuarda" einem Mangel an Können zuschreiben. Dort beklagt er, bei Abfassung des Werks nur eine Quelle – des Franziscus Erasmus „Hohen Trauersaal" – zur Hand gehabt zu haben, so daß er sich „an deß Übersetzers deß Francisci Worte allzusehr habe binden müssen". Dieselbe Einstellung führt bei Lohenstein zum Corpus der Anmerkungen, das mit dem der Dramen an Umfang wetteifert, und im Beschlüsse derer zum „Papinian" bei Gryphius, dem auch hier an Geist und Prägung überlegenen, zu den Worten: „Und so viel vor diesesmal. Warum aber so viel? Gelehreten wird dieses umsonst geschrieben, ungelehrten ist es noch zu wenig." – Wie die Benennung ›tragisch‹ heutzutag so und mit mehr Recht – galt das Wort ›Trauerspiel‹ im XVII. Jahrhundert vom Drama und historischen Geschehen gleichermaßen. Sogar der Stil bezeugt, wie nahe sich im zeitgenössischen Bewußtsein beide standen. Was man als Bombast in den Bühnenwerken zu verwerfen pflegt – in vielen Fällen ließe es sich besser nicht als mit den Worten beschreiben, in denen Erdmannsdörffer den Ton der historischen Quellen in jenen Jahrzehnten kennzeichnet: „In allen Schriftstücken, die von Krieg und Kriegsnoth sprechen, gewahrt man eine zur stehenden Manier gewordene Überschwänglichkeit fast winselnder Klagetöne; eine fortwährend, so zu sagen, händeringende Ausdrucksweise ist allgemein gebräuchlich geworden. Während das Elend, so groß es war, doch seine wechselnden Grade hatte, kennt für die Beschreibung desselben das Schriftthum der Zeit fast keine Nüancen." Die radikale Konsequenz der Angleichung der theatralischen an die historische Szenerie wäre gewesen, daß für das Dichten selbst vor allen andern der Mandatar historischen Vollzuges selber wäre aufgerufen worden. So beginnt denn Opitz die Vorrede der „Troerinnen": „Trawerspiele tichten ist vorzeiten Keyser/ Fürsten/ grosser Helden wnd Weltweiser Leute thun gewesen. Aus dieser zahl haben Julius Cesar in seiner Jugend den Oedipus/ Augustus den Achilles wnd Ajax/ Mecenas den Prometheus/ Cassius Serverus Parmensis, Pomponius Secundus/ Nero wnd andere sonsten was dergleichen vor sich genommen." Klai folgt Opitz und meint „es sei unschwer zu erweisen, wie selbst das Trauerspieldichten nur der Kaiser, Fürsten, großer Helden und Weltweisen, nicht aber schlechter Leute Thun gewesen". Ohne gerade so sich zu versteigen hat auch Harsdörffer, Klais Freund und Lehrer, in einem etwas nebelhaften Schematismus der Entsprechungen von Stand und Form – bei dem man ebensowohl an den Gegenstand wie an den Leser, an den Akteur wie an den Autor denken mag – unter den Ständen dem bäurischen das Schäferspiel, dem bürgerlichen das Lustspiel, dem fürstlichen jedoch nebst dem Roman das Trauerspiel gewidmet. Die umgekehrte Folgerung aus diesen Theorien fiel doch bei weitem noch skurriler aus. Die Staatsintrige spielte in den literarischen Konflikt; Hunold und Wernicke bezichtigen bei den Königen von Spanien beziehungsweise von England sich gegenseitig.

Der Souverän repräsentiert die Geschichte. Er hält das historische Geschehen in der Hand wie ein Szepter. Diese Auffassung ist alles andere als ein Privileg der Theatraliker. Staatsrechtliche Gedanken liegen ihr zugrunde. In einer letzten Auseinandersetzung mit den juristischen Lehren des Mittelalters bildete sich im XVII. Jahrhundert ein neuer Souveränitätsbegriff. Der alte Schulfall des Tyrannenmordes behauptete sich im Brennpunkt dieses Streites. Unter den Arten der Tyrannis, welche die frühere Staatslehre unterschied, ist die des Usurpators von jeher besonders kontrovers erörtert worden. Die Kirche hatte ihn preisgegeben, darüber jedoch, ob von dem Volke oder vielmehr vom Gegenkönig oder auch einzig von der Kurie das Signal, ihn zu beseitigen, gegeben werden könne, ging die Debatte. Die kirchliche Stellungnahme hatte ihre Aktualität nicht verloren; gerade in einem Jahrhundert der Religionskämpfe hielt der Klerus an einer Lehre fest, welche Waffen gegen feindliche Fürsten ihm in die Hand gab. Deren theokratischen Anspruch verwarf der Protestantismus; in der Ermordung Heinrichs IV. von Frankreich stellte er die Folgen dieser Lehre an den Pranger. Und mit dem Erscheinen der galikanischen Artikel im Jahre 1682 fiel die letzte Position der theokratischen Staatslehre; die absolute Unverletzlichkeit des Souveräns war vor der Kurie durchgefochten worden. Diese extreme Lehre von der fürstlichen Gewalt ist in ihren – trotz der Gruppierung der Parteien gegenreformatorischen – Ursprüngen geistvoller und tiefer gewesen als ihre neuzeitliche Umbildung. Wenn der moderne Souveränitätsbegriff auf eine höchste, fürstliche Exekutivgewalt hinausläuft, entwickelt der barocke sich aus einer Diskussion des Ausnahmezustandes und macht zur wichtigsten Funktion des Fürsten, den auszuschließen. Wer herrscht ist schon im vorhinein dafür bestimmt, Inhaber diktatorischer Gewalt im Ausnahmezustand zu sein, wenn Krieg, Revolte oder andere Katastrophen ihn heraufführen. Diese Setzung ist gegenreformatorisch. Aus dem reichen Lebensgefühl der Renaissance emanzipiert sich ihr Weltlich-Despotisches, um das Ideal einer völligen Stabilisierung, einer ebensosehr kirchlichen als staatlichen Restauration in allen Konsequenzen zu entfalten. Und ihrer eine ist die Forderung eines Fürstentums, dessen staatsrechtliche Stellung die Kontinuität jenes in Waffen und Wissenschaften, Künsten und Kirchentum blühenden Gemeinwesens verbürgt. In der theologisch-juristischen Denkweise, die so kennzeichnend für das Jahrhundert ist, spricht die verzögernde Überspannung der Transzendenz, die all den provokatorischen Diesseitsakzenten des Barock zugrunde liegt. Denn antithetisch zum Geschichtsideal der Restauration steht vor ihm die Idee der Katastrophe. Und auf diese Antithetik ist die Theorie des Ausnahmezustands gemünzt. So wird denn nicht nur auf die größere Stabilität politischer Verhältnisse im XVIII. Jahrhundert zu verweisen sein, will man erklären, wie „das lebhafte Bewußtsein von der Bedeutung des Ausnahmefalles, das im Naturrecht des 17. Jahrhunderts herrscht" im folgenden verlorengeht. Wenn nämlich „für Kant ... das Notrecht überhaupt kein Recht mehr" war, so hängt das mit seinem theologischen Rationalismus zusammen. Der religiöse Mensch des Barock hält an der Welt so fest, weil er mit ihr sich einem Katarakt entgegentreiben fühlt. Es gibt keine barocke Eschatologie; und eben darum einen Mechanismus, der alles Erdgeborne häuft und exaltiert, bevor es sich dem Ende überliefert. Das Jenseits wird entleert von alledem, worin auch nur der leiseste Atem von Welt webt und eine Fülle von Dingen, welche jeder Gestaltung sich zu entziehen pflegten, gewinnt das Barock ihm ab und fördert sie auf seinem Höhepunkt in drastischer Gestalt zu Tag, um einen letzten Himmel zu räumen und als Vakuum ihn in den Stand zu setzen, mit katastrophaler Gewalt dereinst die Erde in sich zu vernichten. Denselben Sachverhalt, nur transponiert, berührt die Einsicht, der barocke Naturalismus sei „die Kunst der geringsten Abstände ... In jedem Fall dient das naturalistische Mittel zur Verkürzung der Distanzen ... Um desto sicherer in die Überhobenheit der Form und in die Vorhöfe des Metaphysischen zurückzuschnellen, sucht es den Kontrapost im Bezirk der lebhaftesten gegenständlichen Aktualität." Die exaltierten Formen des barocken Byzantinismus verleugnen denn auch nicht die Spannung zwischen Welt und Transzendenz. Sie klingen unruhig und der saturierte Emanatismus ist ihnen fremd. Die Vorrede der „Heldenbriefe" sagt: „Wie ich denn der tröstlichen Zuversicht lebe/ es werde meine Kühnheit/ daß ich etlicher erlauchten Häuser/ die ich unterthänigst ehre/ auch dafern es nicht wieder Gott were/ anzubeten bereit bin, längstverrauchte Liebes Regungen zuerfrischen mich unterstanden/ nicht allzufeindseelig angesehen werden." Unübertrefflich Birken: je höher die Personen stehen, desto besser macht sich ihr Lob, „als welches fürnemlich Gott und frommen ErdGöttern gebühret". Ist das nicht ein kleinbürgerliches Widerspiel zu Rubens Herrscheraufzügen? „Der Fürst erscheint in ihnen nicht nur als der Held eines antiken Triumphes, sondern wird zugleich mit göttlichen Wesen in unmittelbare Verbindung gebracht, von ihnen bedient und von ihnen gefeiert: so wird ihm selbst eine Vergottung zuteil. Irdische und himmlische Gestalten spielen in seinem Gefolge durcheinander und ordnen sich derselben Idee der Glorifikation unter." Aber diese bleibt heidnisch. Monarch und Märtyrer entgehen nicht im Trauerspiel der Immanenz. – Zur theologischen Hyperbel tritt eine sehr beliebte kosmologische Argumentation. In unzähligen Wiederholungen durchzieht der Vergleich des Fürsten mit der Sonne die Literatur der Epoche. Dabei ist es zumal auf die Einzigkeit dieser entscheidenden Instanz abgesehen. „Wer iemand auf den thron | An seine seiten setzt, ist würdig, daß man cron | Und purpur ihm entzieh. Ein fürst und eine sonnen | Sind vor die welt und reich." "Der Himmel kan nur eine Sonne leiden/ | Zwey können nicht im Thron' und Eh-Bett weiden" spricht die „Ehrsucht" in Hallmanns „Mariamne". Wie leicht die weitere Ausdeutung dieser Metaphorik aus der juristischen Fixierung der Herrscherstellung im Innern zum überschwänglichen Ideal der Weltherrschaft, das der barocken theokratischen Passion so sehr entsprach wie unvereinbar war mit seiner staatspolitischen Vernunft, überging, lehrte eine sehr merkwürdige Ausführung in Saavedra Fajardos „Abris Eines Christlich-Politischen Printzens/ In CI Sinn-Bildern". Zu einem allegorischen Kupfer, der eine Sonnenfinsternis mit der Inschrift „Praesentia nocet" (sc. lunae) darstellt, wird erklärt, daß Fürsten ihre gegenseitige Nähe meiden müssen. „Die Fürsten die erhalten vntereinander gute freundtschafft/ vermittelst deroselbigen bedienten vnd brieffen; wo sie sich aber wollen wegen einiger Sachen selbsten vnter einander bereden/ alsobaldt entstehen nur auß dem angesicht allerhand verdacht vnd wiederwillen/ dan es findet einer in dem anderen das jenige nit/ was er ihm eingebildet/ auch niemandt auß ihnen ermist sich selbsten/ weil gemeiniglich keiner auß ihnen nit ist/ welcher nit mehr/ als ihm von rechts wegen zukombt/ seyn will. Die Fürstliche zusammenkunfft vnd gegenwart ist ein immerwehrender krieg/ in welchem man nur vmb die gepreng streitet/ vnd wil ein jeder den Vorzug haben/ vnd streitet mit dem anderen vmb den Sieg."

Mit Vorliebe wandte man sich der Geschichte des Ostens zu, wo das absolute Kaisertum in einer dem Abendlande unbekannten Machtentfaltung begegnete. So greift in „Catharina" Gryphius auf den Schah von Persien und Lohenstein im ersten und im letzten seiner Dramen aufs Sultanat zurück. Die Hauptrolle aber spielt das theokratisch fundierte Kaisertum von Byzanz. Damals begann „die systematische Aufdeckung und Erforschung der byzantinischen Literatur ... mit den großen Ausgaben der byzantinischen Historiker, die ... unter den Auspizien Ludwigs XIV durch gelehrte Franzosen wie Du Cange, Combefis, Maltrait u. a. veranstaltet wurden" Diese Historiker, Cedrenus und Zonaras vor allem, wurden viel gelesen und vielleicht nicht nur um der blutigen Berichte willen, die sie von den Schicksalen des oströmischen Kaisertums gaben, sondern auch aus Anteil an den exotischen Bildern. Die Wirkung dieser Quellen hat sich im Laufe des XVII. Jahrhunderts und bis ins XVIII. hinein gesteigert. Denn je mehr gegen den Ausgang des Barock der Tyrann des Trauerspiels zu jener Charge wurde, die ein nicht unrühmliches Ende in Stranitzkys wiener Possentheater fand, desto brauchbarer erwiesen sich die von Untaten strotzenden Chroniken Ostroms. Da heißt es denn: „Man hänge brenne, man rädere, es trieffe in bluth und ersauffe im Styx wer Uns beleidiget, (wirfft alles über ein hauffen und geht zornig ab)." Oder: „Es blühe die gerechtigkeit, es hersche die grausambkeit, es triumphire Mord und tyranney, damit Wenceslaus auf bluthschaumenden leichen statt der stuffen auf seinen Sieghafften thron steigen könne." Dem nordischen Beschluß der Haupt- und Staatsaktionen in der Oper entspricht dies wienerische Ende in der Parodie. „Eine neue Tragoedie, Betitult: Bernardon Die Getreue Prinzeßin Pumphia, Und Hanns-Wurst Der tyrannische Tartar-Kulikan, Eine Parodie in lächerlichen Versen" führt mit der Person des hasenfüßigen Tyrannen und der in die Ehe sich rettenden Keuschheit die Motive des großen Trauerspiels ad absurdum. Noch sie vertrüge fast als Motto eine

Stelle des Gracian, aus der erhellt, wie peinlich an Schablone und Extrem die Fürstenrolle in den Trauerspielen sich zu binden hat. „Könige mißt man nach keinem Mittelmaße. Man rechnet sie entweder unter die gar guten/ oder unter die gar bösen."

Den ›gar bösen‹ gilt das Tyrannendrama und die Furcht, den ›gar guten‹ das Märtyrerdrama und das Mitleid. Diese Formen wahren ihr kurioses Nebeneinander nur so lange, als die Betrachtung den juristischen Aspekt barocken Fürstentums übergeht. Folgt sie den Hinweisen der Ideologie, erscheinen sie als strenges Komplement. Tyrann und Märtyrer sind im Barock die Janushäupter des Gekrönten. Sie sind die notwendig extremen Ausprägungen des fürstlichen Wesens. Das ist, was den Tyrannen angeht, leicht ersichtlich. Die Theorie der Souveränität, für die der Sonderfall mit der Entfaltung diktatorischer Instanzen exemplarisch wird, drängt geradezu darauf, das Bild des Souveräns im Sinne des Tyrannen zu vollenden. Das Drama vollends läßt sich angelegen sein, die Geste der Vollstreckung zum Charakteristikum des Herrschenden zu machen und ihn mit Worten und Gehaben des Tyrannen selbst dort einzuführen, wo die Verhältnisse darauf nicht drängen; genau wie der volle Ornat, Krone und Szepter nur ausnahmsweise der Bühnenerscheinung des Herrschenden wird gefehlt haben. Diese Norm des Herrschertums wird – und das ist der barocke Zug im Bilde – sogar durch die erschreckendste Entartung der fürstlichen Person nicht eigentlich entstellt. Die Prunkreden mit ihren unaufhörlichen Varianten der Maxime „Der purpur muß es decken" gelten zwar als provokatorisch, aber das Gefühl neigt sich ihnen selbst da noch bewundernd zu, wo sie Brudermord wie im „Papinian" des Gryphius, Blutschande wie in Lohensteins "Agrippina", Untreue wie in seiner „Sophonisbe", Gattenmord wie in der „Mariamne" des Hallmann zu decken haben. Gerade die Gestalt des Herodes, wie sie das europäische Theater in diesen Zeiten allenthalben aufstellt, ist für die Konzeption des Tyrannen bezeichnend. Seine Geschichte lieh der Darstellung königlicher Vermessenheit die packendsten Züge. Es webte ein schreckliches Geheimnis nicht erst für dieses Zeitalter um den König. Ehe er als wahnwitziger Selbstherrscher ein Emblem der verstörten

Schöpfung wurde, war er noch grauenvoller, als der Antichrist, dem frühen Christentume gegenwärtig. Tertullian – er ist nicht der einzige – spricht von einer Sekte der Herodianer, die den Herodes als Messias verehrten. Sein Leben ist nicht Dramenstoff allein gewesen. Gryphius' lateinisches Jugendwerk, die Herodesepen, zeigt aufs deutlichste, was das Interesse jener Menschen fesselte: der Souverän des XVII. Jahrhunderts, der Gipfel der Kreatur, ausbrechend in der Raserei wie ein Vulkan und mit allem umliegenden Hofstaat sich selber vernichtend. Die Malerei gefiel sich in dem Bild, wie er, zwei Säuglinge in Händen haltend um sie zu zerschmettern, vom Wahnsinn befallen wird. Deutlich bekundet sich der Geist der Fürstendramen darin, daß in dieses typische Ende des Judenkönigs die Züge der Märtyrertragödie verwoben sind. Denn wird im Herrscher da, wo er die Macht am rauschendsten entfaltet, die Offenbarung der Geschichte und zugleich die ihren Wechselfällen Einhalt tuende Instanz erkannt, so spricht für den im Machtrausch sich verlierenden Cäsaren dieses Eine: er fällt als Opfer eines Mißverhältnisses der unbeschränkten hierarchischen Würde, mit welcher Gott ihn investiert, zum Stande seines armen Menschenwesens.

Die Antithese zwischen Herrschermacht und Herrschvermögen hat für das Trauerspiel zu einem eigenen, nur scheinbar genrehaften Zug geführt, dessen Beleuchtung einzig auf dem Grunde der Lehre von der Souveränität sich abhebt. Das ist die Entschlußunfähigkeit des Tyrannen. Der Fürst, bei dem die Entscheidung über den Ausnahmezustand ruht, erweist in der erstbesten Situation, daß ein Entschluß ihm fast unmöglich ist. So wie die Malerei der Manieristen Komposition in ruhiger Belichtung gar nicht kennt, so stehen die theatralischen Figuren der Epoche im grellen Scheine ihrer wechselnden Entschließung. In ihnen drängt sich nicht sowohl die Souveränität auf, welche die stoischen Redensarten zur Schau stellen, als die jähe Willkür eines jederzeit umschlagenden Affektsturms, in dem zumal Lohensteins Gestalten wie zerrißne, flatternde Fahnen sich bäumen. Auch sind sie Grecoschen in der Kleinheit des Kopfes, wenn diesen Ausdruck bildlich zu verstehen gestattet ist, nicht unähnlich. Denn nicht Gedanken, sondern schwankende physische

Impulse bestimmen sie. Es paßt zu solcher Art „daß die Dichtung der Zeit, auch die zwanglose Epik, selbst flüchtigste Gebärden vielfach glücklich auffängt, während sie dem menschlichen Antlitz gegenüber hilflos bleibt".

– An Sophonisbe sendet Masinissa, durch den Disalces, einen Boten, Gift, das sie der römischen Gefangenschaft entziehen soll: „Disalces geh/ und wirff mir mehr kein Wort nicht ein. | Jedoch/ halt! Ich vergeh/ ich zitter/ ich erstarre! | Geh immer! es ist nicht mehr Zeit zu zweiffeln. Harre! | Verzieh! Ach! schaue/ wie mir Aug' und Hertze bricht! | Fort! immer fort! der Schluß ist mehr zu ändern nicht." An der entsprechenden Stelle der „Catharina" fertigt Chach Abas den Iman Kuli mit dem Befehl zur Hinrichtung der Catharina ab und schließt: „Lass dich nicht eher schauen | Als nach volbrachtem werck! Ach was beklämmt vor grauen | Die abgekränckte brust! Verzeuch! geh hin! ach nein! | Halt inn! komm her! ja geh! es muss doch endlich seyn." Auch in der wiener Posse jenes Komplement der blutigen Tyrannei, der Wankelmut: „Pelifonte: Nu! so lebe sie dann, sie lebe, – doch nein, – – ia, ia, sie lebe... Nein, nein, sie sterbe, sie vergehe, man entseele sie... Gehe dann, sie soll leben." So, kurz unterbrochen von anderen, der Tyrann.

Immer von neuem fasziniert im Untergang des Tyrannen der Widerstreit, in welchem Ohnmacht und Verworfenheit seiner Person mit der Überzeugung von der sakrosankten Gewalt seiner Rolle im Gefühl des Zeitalters liegen. Es war ihm dergestalt durchaus verwehrt, dem Ende des Tyrannen eine platte moralische Satisfaktion im Stile der Hans Sachsschen Dramen zu entnehmen. Wenn nämlich jener nicht nur als Person in seinem eigenen, sondern als Herrscher im Namen der geschichtlichen Menschheit scheitert, so spielt sein Untergang als ein Gericht sich ab, in dessen Urteil auch der Untertan sich mitbetroffen fühlt. Was beim Herodesdrama die genauere Betrachtung lehrt, das liegt bei Werken wie dem „Leo Armenius", „Carolus Stuardus", „Papinian", die ohnedies an Märtyrertragödien grenzen oder zu ihnen zu zählen sind, auf der Hand. Es ist denn auch nicht zuviel, wenn man in allen Dramendefinitionen der Handbücher im Grunde die Beschreibung des

Märtyrerdramas erkennt. Sie haben es nicht sowohl auf die Taten des Helden als auf sein Dulden, ja öfters nicht sowohl auf Seelenqualen als auf die Pein des körperlichen Ungemachs, das ihn ereilt, abgesehen. Dennoch ist das Märtyrerdrama nirgends bündig, wenn nicht in einem Satze Harsdörffers, gefordert worden. „Der Held ... sol ein Exempel seyn aller vollkomenen Tugenden/ und von der Untreue seiner Freunde/ und Feinde betrübet werden; jedoch dergestalt/ daß er sich in allen Begebenheiten großmütig erweise und den Schmertzen/ welcher mit Seufftzen/ Erhebung der Stimm und vielen Klagworten hervorbricht/ mit Tapferkeit überwinde.“ Der ›von der Untreue seiner Freunde und Feinde‹ Betrübte – es könnte von der Passionsgestalt Christi gesagt sein. Wie Christus als König im Namen der Menschheit litt, so nach der Anschauung barocker Dichter Majestät schlechtweg. „Tollat qui te non noverit“ lautet die Inschrift des LXXI. Blattes in Zincgrefs „Emblematum ethico-politicorum centuria“. Im Vordergrunde einer Landschaft zeigt es eine gewaltige Krone. Darunter die Verse: „Ce fardeau paroist autre à celuy qui le porte, | Qu'à ceux qu'il esblouyt de son lustre trompeur, Ceuxcy n'en ont jamais conneu la pesanteur, | Mais l'autre scait expert quel tourment il apporte.“ So nahm man denn nicht Anstand, Fürsten gelegentlich ausdrücklich mit dem Märtyrertitel zu begaben. „Carolus der Märtyrer“, „Carolus Martyr“ steht unter dem Titelkupfer der „Königlichen Verthätigung für Carl I.“. In unübertroffener Art, verwirrend freilich, spielen diese Antithesen in Gryphius erstem Trauerspiele ineinander. Die erhabne Stellung des Kaisers auf der einen Seite und die verruchte Ohnmacht seines Handelns auf der anderen lassen es im Grunde unentschieden, ob ein Tyrannendrama oder eine Märtyrerhistorie vorliegt. Gryphius hätte gewiß sich zur erstern Meinung bekannt; Stachel scheint die zweite für selbstverständlich zu halten. In diesen Dramen ist es die Struktur, die jene stoffliche Schablone außer Kurs setzt. Nirgends freilich mehr als im „Leo Armenius“ zum Nachteil einer deutlich konturierten sittlichen Erscheinung. – Es bedarf also nicht eben tiefer Nachforschung, um zu gewahren, wie in jedem Tyrannendrama ein Element der Märtyrertragödie verborgen liegt. Weit weniger leicht entdeckt sich das Moment des Tyrannendramas in der Märtyrerhistorie.

Die Vorbedingung dafür bleibt das Wissen um jenes sonderbare Bild, das im Barock – zum mindesten im literarischen – vom Märtyrer das hergebrachte war. Mit religiösen Konzeptionen hat es nichts gemein, der Immanenz entzieht sich der vollkommene Märtyrer sowenig wie das Idealbild des Monarchen. Im Drama des Barock ist er ein radikaler Stoiker und legt sein Probestück aus Anlaß eines Kronstreits oder Religionsdisputes ab, an dessen Ende Folter und Tod ihn erwarten. Bleibt das Besondere, das die Frau als Opfer des Vollzugs in manche dieser Dramen – so in die „Catharina von Georgien" des Gryphius, in Hallmanns „Sophia" und in „Mariamne", in Haugwitz' „Maria Stuarda" – einführt. Der rechten Einschätzung der Märtyrertragödie ist es ausschlaggebend. Sache des Tyrannen ist die Restauration der Ordnung im Ausnahmezustand: eine Diktatur, deren Utopie immer bleiben wird, die eherne Verfassung der Naturgesetze an Stelle schwankenden historischen Geschehns zu setzen. Zu einer entsprechenden Fixierung aber will auch die stoische Technik für einen Ausnahmezustand der Seele, die Herrschaft der Affekte, ermächtigen. Auch sie sucht eine widerhistorische Neuschöpfung – in der Frau die Behauptung der Keuschheit –, welche nicht minder als die diktatorische Verfassung des Tyrannen von dem harmlosen ersten Schöpfungsstande entfernt ist. Wie hier die bürgerliche Devotion so ist die physische Askese dort das Wahrzeichen. Daher behauptet die keusche Fürstin im Märtyrerdrama den ersten Platz.

Während unter dem Terminus des Tyrannendramas auch angesichts seiner extremsten Gestaltungen niemals die theoretische Debatte ist eröffnet worden, gehört die Diskussion der Märtyrertragödie wie bekannt zum eisernen Bestände der deutschen Dramaturgie. Alle Bedenken, die aus dem Aristoteles, aus der verpönten Scheußlichkeit der Fabel und nicht zuletzt aus sprachlichen Motiven gegen die Trauerspiele des Jahrhunderts gang und gäbe waren, verblassen vor der Süffisanz mit der seit hundertfünfzig Jahren die Autoren in dem Begriff der Märtyrertragödie sie verwerfen. Nicht in der Sache, in der Lessingschen Autorität wird man den Grund dieser Einhelligkeit zu suchen haben. Bedenkt man die Beharrlichkeit, mit der Literaturgeschichten seit jeher die kritische Erörterung der Werke an längst verflossene Kontroversen binden, so kann die Geltung Lessings nicht verwundern. Und eine psychologische Betrachtungsweise, die nicht von der Sache selbst, sondern von ihrer Wirkung auf den zeitgenössischen Normalbürger ausgeht, dessen Verhältnis zu Bühne und Publikum bis auf die Rudimente einer gewissen Aktionslüsternheit erstorben ist, konnte da keine Korrektur vollziehen. Denn der ärmliche Affektrest der Spannung, der diesem Typus als einzige Evidenz von Theatralischem geblieben ist, kommt in der Vorführung der Märtyrergeschichte nicht auf seine Kosten. Seine Enttäuschung hat sodann die Sprache des gelehrten Protestes angenommen und mit der Feststellung des Mangels innerer Konflikte, der Abwesenheit des tragischen Verschuldens den Wert dieser Dramen endgültig zu fixieren geglaubt. Hinzu kommt die Bewertung der Intrige. Vom sogenannten Gegenspiel der klassischen Tragödie ist sie durch Isolierung der Motive, Szenen, Typen unterschieden. So wie Tyrannen, Teufel oder Juden sich auf der Bühne des Passionstheaters in abgrundtiefer Grausamkeit und Bosheit zeigen, ohne irgendwie sich aufklären oder entwickeln, ohne anderes als ihre niederträchtigen Pläne bekennen zu dürfen, liebt auch das Drama des Barock den Gegenspielern in grelles Licht gestellte Sonderszenen einzuräumen, in denen Motivierung die geringste Rolle zu spielen pflegt. Die barocke Intrige vollzieht sich, man darf es sagen, wie ein Dekorationswechsel auf offener Bühne, so wenig ist die Illusion in ihr gemeint, so aufdringlich die Ökonomie dieser Gegenhandlung betont. Nichts instruktiver als die Unbefangenheit, mit der entscheidende Motive der Intrige sich ihren Platz in Noten suchen müssen. Da räumt Herodes im Mariamne-Drama Hallmanns ein: „Wahr ists: Wir hatten ihm/ die Fürstin zu entleiben/ Im Fall uns ja Anton möcht' unverseh'ns auffreiben/ Höchstheimlich anbefohl'n.“ Und in der Anmerkung wird mitgeteilt: „Nehmlich aus allzugrosser Liebe gegen sie/ damit sie keinem nach seinem Tode zu theil würde.“ Heranzuziehn – wenn nicht als Beispiel der gelockerten Intrige, so doch der unbekümmerten Komposition wäre auch der „Leo Armenius“. Die Kaiserin Theodosia selbst bewegt den Fürsten zur Verschiebung der Exekution an Balbus dem Aufrührer, die da zum Tode des Kaisers Leo führt. In ihrer langen Klage um den Gatten gedenkt sie doch mit keinem Worte ihres Einspruchs. Ein schlagendes Motiv bleibt außer acht. – Die ›Einheit‹ einer schlechtweg historischen Handlung zwang das Drama in einen eindeutigen Verlauf, und gefährdete es. Denn so sicher ein solcher Verlauf aller pragmatischen Geschichtsdarstellung zugrunde zu legen ist, so gewiß beansprucht die Dramatik von Natur Geschlossenheit, um die Totalität, die allem äußeren Zeitverlauf versagt ist, zu gewinnen. Die Nebenhandlung, sei es parallel, sei's im Kontraste zum Hauptvorgang, garantiert ihr dies. Allein nur Lohenstein beliebt sie öfter; sonst schloß man sie aus und meinte um so sicherer, Geschichte schlecht und recht zur Schau zu stellen. Die nürnberger Schule lehrt es bieder, die Schauspiele seien Trauerspiele deshalb genannt worden, „weil vorzeiten in der Heidenschaft meistteils Tyrannen das Regiment geführet/ und darum gewönlich auch ein grausames Ende genommen“. So ist denn Gervinus' Urteil über den dramatischen Aufbau des Gryphius, „daß ... die Scenen nur so hinlaufen, um die Handlungen zu erklären und fortzuführen; auf dramatische Wirkung sind sie nirgends gestellt“, im ganzen zutreffend, wenn auch, zumindest für „Cardenio und Celinde“ einzuschränken. Vor allem aber ist es von Belang, daß solche wenn auch wohlgegründeten doch isolierten Feststellungen zu Fundamenten der Kritik nicht taugen. Die dramatische Form des Gryphius und seiner Zeitgenossen steht nicht schon darum, weil sie das Dramatische der späteren nicht ausprägt, jenen nach. Ihr Wert bestimmt sich in einem Zusammenhange von eigener Bündigkeit.

In ihm ist der Verwandtschaft des barocken Dramas mit kirchlich-mittelalterlichen zu gedenken, wie sie sich im Passionscharakter zeigt. Doch hat sich die Verweisung vom Verdacht müßigen Analogisierens, das die Stilanalyse nicht fördert, sondern verdunkelt, angesichts der Aperçus einer Literatur, die unter Herrschaft der Einfühlung steht, zu reinigen. In diesem Sinne wäre zu bemerken, die Darstellung der mittelalterlichen Elemente im Drama des Barock und seiner Theorie sei hier zu lesen als ein Prolegomenon zu weitern Auseinandersetzungen von mittelalterlicher und barocker Geisteswelt, wie sie in anderem

Zusammenhang begegnen werden. Daß mittelalterliche Theorien im Zeitalter der Religionskriege wieder aufleben, daß in „Staat und Wirtschaft, in Kunst und Wissenschaft“ vorerst noch das Mittelalter herrschend blieb, daß seine Oberwindung, ja Benennung im Lauf des XVII. Jahrhunderts erst erfolgt, das alles ist längst ausgesprochen worden. Wendet der Blick gewissen Einzelheiten sich zu, so überrascht die Fülle der Belege. Selbst eine rein statistische Kompilation aus der Poetik der Epoche kommt zum Schluß, der Kern der Tragödiendefinitionen sei „genau derselbe, wie in den grammatikalischen und lexikalischen Werken des Mittelalters“. Und was besagt es gegen die schlagende Verwandtschaft jener Opitzschen Definition mit der kurrenten mittelalterlichen eines Boethius oder Placidus, wenn Scaliger, der sonst mit ihnen wohlverträglich ist, mit Beispielen gegen ihre Unterscheidung von tragischer und komischer Dichtung, die ja bekanntlich über das Dramatische hinausgriff, auftrat. Sie lautet in dem Text des Vincenz von Beauvais: „Est autem Comoedia poesis, exordium triste laeto fine commutans. Tragoedia vero poesis, a laeto principio in tristem finem desinens.“ Ob dieses traurige Ereignis in verteilter Rede oder in prosaischem Fluß sich gibt, gilt als ein beinah wesenloser Unterschied. Demgemäß hat Franz Joseph Mone überzeugend die Bindung zwischen mittelalterlichem Schauspiel und mittelalterlicher Chronik dargetan. Es zeigt sich, „daß die Weltgeschichte von den Chronikschreibern als ein großes Trauerspiel angesehen“ wurde „und die Weltchroniken mit den altdeutschen Schauspielen zusammen hängen. In so fern nämlich der jüngste Tag der Schluß jener Chroniken ist, wie das Ende des Dramas der Welt, so hängt die christliche Geschichtsschreibung freilich mit dem christlichen Schauspiele zusammen, und es kommt hier darauf an, die Äußerungen der Chronikschreiber zu beachten, welche diesen Zusammenhang deutlich angeben. Otto von Freisingen sagt (praefat ad Frid. imp.): cognoscas, nos hanc historiam ex amaritudine animi scripsisse, ac ob hoc non tam rerum gestarum seriem quam earundem miseriam in modum tragoediae texuisse. Er wiederholt dieselbe Ansicht in der praefat. ad Singrimum: in quibus (libris) non tam historias quam aerumnosas mortalium calamitatum tragoedias prudens lector invenire poterit. Die Weltgeschichte war also dem Otto eine Tragödie, zwar nicht der Form aber dem Inhalt nach.“ Fünfhundert Jahre später, bei Salmasius, ist es dieselbe Anschauungsweise: „Ce qui restoit de la Tragedie iusques à la conclusion a esté le personnage des Independans, mais on a veu les Presbyteriens iusques au quatriesme acte et au delà, occuper auec pompe tout le theatre. Le seul cinquiesme et dernier acte est demeure pour le partage des Independans; qui ont paru en cette scene, apres auoir sifflé et chasse les premiers acteurs. Peut estre que ceux-là n'auroient pas fermé la scene par vne si tragique et sanglante catastrophe.“ Hier, weitab von dem Gehege der hamburgischen, geschweige der nachklassischen Dramaturgie, in der ›Tragödie‹, die das Mittelalter vielleicht mehr noch in die dürftige Überlieferung der antiken Dramenstoffe hineininterpretierte, als in seinen Mysterien realisiert sah, eröffnet sich die Formwelt des barocken Trauerspiels.

Indessen: wo das christliche Mysterium wie die christliche Chronik das Ganze des Geschichtsverlaufs, den welthistorischen als einen heilsgeschichtlichen, vor Augen stellen, hat die Haupt- und Staatsaktion mit einem bloßen Teile des pragmatischen Geschehns zu tun. Die Christenheit oder Europa ist aufgeteilt in eine Reihe von europäischen Christentümern, deren geschichtliche Aktionen nicht mehr in der Flucht des Heilsprozesses zu verlaufen beanspruchen. Die Verwandtschaft des Trauerspiels mit dem Mysterium wird in Frage gestellt durch die ausgangslose Verzweiflung, die das letzte Wort des säkularisierten christlichen Dramas sein zu müssen scheint. Denn niemand wird die stoische Moralität, in welche das Martyrium des Helden mündet, oder die Gerechtigkeit, die das Wüten der Tyrannen auf Wahnsinn hinausführt, für ausreichend erachten, die Spannung einer eigenen Dramenwölbung zu begründen. Eine massive Schicht von ornamentaler, wahrhaft barocker Stukkatur verdeckt ihren Schlüsselstein und einzig die präzise Erforschung ihrer Bogenspannung errechnet ihn. Es ist die Spannung einer heilsgeschichtlichen Frage, wie die Säkularisierung des Mysterienspiels, die nicht unter den Protestanten der schlesischen und nürnberger Schule allein, sondern genau so unter den Jesuiten und

Calderon sich vollzog, ins Ungemessene sie sich dehnen ließ. Denn wenn die Verweltlichung der Gegenreformation in beiden Konfessionen sich durchsetzte, so verloren darum nirgends die religiösen Anliegen ihr Gewicht: nur die religiöse Lösung war es, die das Jahrhundert ihnen versagte, um an deren Stelle eine weltliche ihnen abzufordern oder aufzuzwingen. Unter dem Joch dieses Zwanges, dem Stachel jener Forderung durchlitten diese Geschlechter ihre Konflikte. Von allen im tiefsten zerrissenen und zwiespältigen Zeiten der europäischen Geschichte ist das Barock die einzige, die in eine Periode unerschütterter Herrschaft des Christentums fiel. Die mittelalterliche Straße der Empörung, die Häresie, war ihr verstellt; teils eben weil das Christentum mit Nachdruck die Autorität behauptete, vor allem jedoch, weil in den heterodoxen Nuancen der Lehrmeinung und Lebensführung die Inbrunst eines weltlich neuen Willens auch nicht entfernt zum Ausdruck kommen konnte. Da dergestalt nicht Rebellion noch Unterwerfung religiös vollziehbar war, richtete sich die gesammelte Kraft der Epoche auf eine gänzliche Umwälzung des Lebensgehaltes unter orthodoxer Wahrung der kirchlichen Formen. Das mußte dahin führen, den eigentlichen, unmittelbaren Ausdruck den Menschen allerwege zu verlegen. Denn dieser hätte auf die unzweideutige Bekundung des epochalen Willens und auf eben jene Auseinandersetzung mit dem christlichen Leben geführt, der später die Romantik unterlag. Und man umging sie ebenso im positiven wie im negativen Sinne. Denn eine geistige Verfassung herrschte, die, so exzentrisch sie die Akte der Verzückung zu erheben wußte, in ihnen weniger die Welt verklärt, als einen Wolkenhimmel über ihre Fläche streichen ließ. Die Maler der Renaissance wissen den Himmel hoch zu halten, in den Gemälden des Barock bewegt die Wolke sich dunkel oder strahlend auf die Erde zu. Nicht als irreligiöses heidnisches Zeitalter – als eine Spanne laienhafter Freiheit des Glaubenslebens erscheint die Renaissance gegen das Barock, während der hierarchische Zug des Mittelalters mit der Gegenreformation seine Herrschaft in einer Welt antritt, der der unmittelbare Weg ins Jenseits versagt war. Burdachs neue, gegen die Burckhardtschen Vorurteile gerichtete Bestimmung von Renaissance und Reformation rückt per contrarium diese entscheidenden

Züge der Gegenreformation erst ins rechte Licht. Nichts war ihr ferner als Erwartung einer Endzeit, ja auch nur eines Zeitenumschwungs, wie sie als Kraft der Renaissancebewegung durch Burdach sichtbar geworden sind. Ihr geschichtsphilosophisches Ideal war die Akme: ein goldenes Zeitalter des Friedens und der Künste, dem alle apokalyptischen Züge fremd sind, verfaßt und in aeternum garantiert durchs Schwert der Kirche. Bis in die überlebende geistliche Dramatik erstreckt sich der Einfluß dieser Gesinnung. So nehmen die Jesuiten „nicht mehr das ganze Heilsdrama zum Vorwurf, immer seltener auch die Passion, sie greifen lieber zu Stoffen des Alten Testamentes und drücken ihre missionarische Absicht besser aus in der Heiligenlegende". Offenkundiger mußte das profane Drama von der Geschichtsphilosophie der Restauration betroffen werden. Es stand historischen Stoffen gegenüber – die Initiative von Dichtern, die wie Gryphius das aktuale Geschehen, wie Lohenstein und Hallmann Haupt- und Staatsaktionen des Ostens zum Vorwurf nahmen, war gewaltig. Gebannt aber blieben diese Versuche von vornherein in eine strenge Immanenz und ohne Ausblick auf das Jenseits der Mysterien, in der Entfaltung ihres gewiß reichen Apparates auf die Darstellung von Geistererscheinungen und Herrscherapotheosen beschränkt. In dieser Beklemmung erwuchs das deutsche Barockdrama. Was Wunder, daß es in verschrobener, darum jedoch nur intensiverer Form geschah. Vom deutschen Drama der Renaissance lebte fast nichts in ihm weiter; der temperierten Munterkeit, der moralistischen Schlichtheit dieser Stücke hatten schon Opitz' „Troerinnen" abgesagt. Artistischen Wert und metaphysisches Gewicht hätten Gryphius und Lohenstein von ihren Dramen noch weit nachdrücklicher beansprucht, wenn nicht jedwede Unterstreichung des Metiers, von Widmungen und Lobgedichten abgesehen, verpönt gewesen wäre.

Die werdende Formensprache des Trauerspiels kann durchweg als Entfaltung der kontemplativen Notwendigkeiten gelten, die in der theologischen Situation der Epoche beschlossen liegen. Und deren eine, wie der Ausfall aller Eschatologie sie mit sich bringt, ist der Versuch, Trost im Verzicht auf einen Gnadenstand im Rückfall auf den bloßen

Schöpfungsstand zu finden. Hier wie in anderen Lebenssphären des Barock ist die Umsetzung der ursprünglich zeitlichen Daten in eine räumliche Uneigentlichkeit und Simultaneität bestimmend. Sie führt tief ins Gefüge dieser Dramenform hinein. Wo das Mittelalter die Hinfälligkeit des Weltgeschehens und die Vergänglichkeit der Kreatur als Stationen des Heilswegs zur Schau stellt, vergräbt das deutsche Trauerspiel sich ganz in die Trostlosigkeit der irdischen Verfassung. Kennt es eine Erlösung, so liegt sie mehr in der Tiefe dieser Verhängnisse selbst als im Vollzuge eines göttlichen Heilsplans. Die Abkehr von der Eschatologie der geistlichen Spiele kennzeichnet das neue Drama in ganz Europa; nichtsdestoweniger ist die besinnungslose Flucht in eine unbegnadete Natur spezifisch deutsch. Denn Spaniens Drama – das höchste jenes europäischen Theaters – in welchem die barocken Züge so viel glänzender, so viel markanter, so viel glücklicher sich im katholisch kultivierten Land entfalten, löst die Konflikte eines gnadenlosen Schöpfungsstandes gewissermaßen spielerisch verkleinert im höfischen Umkreise eines als säkularisierte Heilsgewalt sich erweisenden Königtums. Die stretta des dritten Aktes mit ihrem indirekten gleichsam spiegel-, kristall- oder marionettenhaften Einschluß der Transzendenz verbürgt dem Calderonschen Drama einen Ausgang, der deutschen Trauerspielen überlegen ist. Es kann den Anspruch, an den Gehalt des Daseins zu rühren, nicht verleugnen. Wenn dennoch das weltliche Drama an der Grenze der Transzendenz innehalten muß, sucht es auf Umwegen, spielhaft, ihrer sich zu vergewissern. Nirgends ist das deutlicher als im „Leben ein Traum“, wo es im Grunde eine dem Mysterium adäquate Ganzheit ist, in der der Traum als Himmel waches Leben überwölbt. Sittlichkeit ist in ihm zuständig: „Doch sey's Traum, sey's Wahrheit eben: | Recht thun muß ich; war' es Wahrheit, | Deßhalb, weil sie's ist; und wär' es | Traum, um Freunde zu gewinnen, | Wenn die Zeit uns wird erwecken.“ Nirgend anders als bei Calderon wäre denn auch die vollendete Kunstform des barocken Trauerspiels zu studieren. Nicht zum wenigsten die Genauigkeit, mit der ›Trauer‹ und ›Spiel‹ aufeinander sich stimmen können, macht seine Geltung – Geltung des Worts wie die des Gegenstandes – aus. – Die Geschichte des Spielbegriffs in der deutschen

Ästhetik kennt drei Perioden: Barock, Klassik, Romantik. Ist es dabei dem ersten überwiegend ums Produkt, so ist's der zweiten um die Produktion zu tun; der dritten um beides. Die Anschauung des Lebens selbst als eines Spiels, die a fortiori so das Kunstwerk nennen muß, ist der Klassik fremd. Schillers Theorie des Spieltriebs hatte es auf die Entstehung und Wirkung der Kunst abgesehen, nicht auf die Struktur ihrer Werke. ›Heiter‹ können sie sein, wo das Leben ›ernst‹ ist, spielerisch aber nur sich darstellen, wo auch das Leben vor einer auf das Unbedingte gerichteten Intensität seinen letzten Ernst verloren hat. Das ist, in wie verschiedener Weise auch immer, für Barock und Romantik der Fall gewesen. Und zwar für beide derart, daß in den Formen und Stoffen weltlicher Kunstübung diese Intensität ihren Ausdruck sich zu schaffen hatte. Ostentativ betonte sie das Spielmoment im Drama und ließ nur weltlich verkleidet als Spiel im Spiel die Transzendenz zu ihrem letzten Worte kommen. Nicht immer ist die Technik offenkundig, indem die Bühne selber auf der Bühne aufgeschlagen oder gar der Zuschauer-Raum in den der Bühne einbezogen wird. Doch stets liegt nur in einer paradoxen Reflexion von Spiel und Schein für das eben damit ›romantische‹ Theater der profanen Gesellschaft die heilende und lösende Instanz. Jene Absichtlichkeit, von der Goethe gesagt hat, daß ihr Schein jedem Kunstwerk eigne, zerstreut im idealen romantischen Trauerspiel des Calderon die Trauer. Denn in der Machination hat die neue Bühne den Gott. Für die barocken Trauerspiele der Deutschen ist es kennzeichnend, daß jenes Spiel in ihnen nicht mit dem Glänze der spanischen noch mit der Durchtriebenheit der späteren romantischen Produktionen sich abrollt. Das Motiv, von dem die stärksten Prägungen die Lyrik des Andreas Gryphius fand, haben sie dennoch. Nachhaltig ist es von Lohenstein in der Widmung zur „Sophonisbe" variiert worden. „Wie nun der Sterblichen ihr gantzer Lebens-Lauf | Sich in der Kindheit pflegt mit Spielen anzufangen/ | So hört das Leben auch mit eitel Spielen auf. | Wie Rom denselben Tag mit Spielen hat begangen/ | An dem August gebohrn; so wird mit Spiel und Pracht | Auch der Entleibten Leib in sein Begräbnüs bracht/ | ... Der blinde Simson bringt sich spielend in das Grab; | Und unsre kurtze Zeit ist nichts als ein Getichte. | Ein Spiel/ in dem bald der tritt auf/ bald jener ab; | Mit

Thränen fängt es an/ mit Weinen wirds zu nichte. | Ja nach dem Tode pflegt mit uns die Zeit zu spieln/ | Wenn Fäule/ Mad' und Wurm in unsern Leichen wühln." Gerade im monströsen Verlauf der „Sophonisbe" ist die spätere Entwicklung des Spielhaften wie es durch das hochbedeutende Medium des Puppentheaters ins Groteske einerseits, ins Subtile auf der anderen Seite eingeht, vorgebildet. Die abenteuerlichen Wendungen sind dem Dichter bewußt: „Die für den Ehmann itzt aus Liebe sterben wil, | Hat in zwey Stunden sein' und ihrer Hold vergessen. | Und Masinissens Brunst ist nur ein Gaukelspiel, | Wenn er der, die er früh für Liebe meint zu fressen, | Den Abend tödlich Gift als ein Geschencke schickt, | Und, der erst Buhler war, als Hencker sie erdrückt. | So spielet die Begierd und Ehrgeitz in der Welt!" Unter solchem Spiel braucht nicht ein zufälliges, es darf ebensowohl ein berechnendes und planmäßiges und somit eins von Puppen gedacht werden, die Ehrgeiz und Begierde an ihrem Faden halten. Unbestreitbar allerdings bleibt, daß im XVII. Jahrhundert das deutsche Drama noch nicht zur Entfaltung jenes kanonischen Kunstmittels gekommen ist, kraft dessen das romantische Drama von Calderon bis Tieck immer von neuem zu umrahmen und zu verkleinern verstand: der Reflexion. Kommt die doch nicht allein in der romantischen Komödie als eines ihrer vornehmsten Kunstmittel zur Geltung, sondern ebenso in ihrer sogenannten Tragödie, dem Schicksalsdrama. Dem Drama Calderons vollends ist sie, was der gleichzeitigen Architektur die Volute. Ins Unendliche wiederholt sie sich selbst und ins Unabsehbare verkleinert sie den Kreis, den sie umschließt. Gleich wesentlich sind diese beiden Seiten der Reflexion: die spielhafte Reduzierung des Wirklichen wie die Einführung einer reflexiven Unendlichkeit des Denkens in die geschloßne Endlichkeit eines profanen Schicksalsraums. Denn die Welt der Schicksalsdramen – soviel sei hier vorgreifend bemerkt – ist eine in sich geschlossene. Sie war es zumal bei Calderon, in dessen Herodesdrama „Eifersucht das größte Scheusal" man das früheste Schicksalsdrama der Weltliteratur hat sehen wollen. Es war die sublunarische Welt im strengen Sinne, eine Welt der elenden oder prangenden Kreatur, an der ad maiorem dei gloriam und zur Augenweide der Beschauer die Regel des Schicksals planvoll und überraschend zugleich sich bestätigen sollte.

Nicht umsonst hat ein Mann wie Zacharias Werner, ehe er in die katholische Kirche flüchtete, sich am Schicksalsdrama versucht. Dessen nur scheinbar heidnische Weltlichkeit ist in Wahrheit das profane Komplement des kirchlichen Mysteriendramas. Was aber auch die theoretisch gerichteten Romantiker so magisch an Calderon fesselte, daß man ihn trotz Shakespeare vielleicht ihren Dramatiker χατ' ἐξοχήν nennen darf, das ist die beispiellose Virtuosität der Reflexion, die seine Helden jederzeit bei der Hand haben, um in ihr die Schicksalsordnung wie einen Ball in Händen zu wenden, der bald von dieser, bald von jener Seite zu betrachten ist. Was anders haben die Romantiker zuletzt ersehnt, als das in den goldenen Ketten der Autorität verantwortungslos reflektierende Genie? Doch gerade diese beispiellose spanische Vollendung, die, so hoch sie künstlerisch steht, rechnerisch immer noch um eine Stufe höher zu stehen scheint, läßt die Statur des Barockdramas, die aus der Einfriedung der reinen Dichtung sich erhebt, vielleicht in mancher Hinsicht weniger klar hervortreten als das deutsche Drama, in welchem eine Grenznatur viel weniger in dem Primate des Artistischen verhüllt als in demjenigen des Moralischen verraten wird. Der Moralismus des Luthertums, immer bestrebt, wie so nachdrücklich seine Berufsethik es bekundet, die Transzendenz des Glaubenslebens an die Immanenz des täglichen zu binden, hat niemals die entschiedene Konfrontation der menschlich-irdischen Verlegenheit mit fürstlich-hierarchischer Potenz, auf der die Auflösung so vieler Calderonscher Dramen ruht, erlaubt. Der Schluß der deutschen Trauerspiele ist daher wie minder formvoll so auch weniger dogmatisch, er ist – moralisch, sicherlich nicht künstlerisch – verantwortlicher als der spanische. Demungeachtet ist es anders gar nicht denkbar, als daß die Untersuchung mannigfach Zusammenhänge trifft, die für die gehaltvolle und gleich verschlossene Form des Calderon belangvoll sind. Je weniger im folgenden der Ort sich für Exkurse und Verweise bietet, um so entschiedner hat die Untersuchung die grundsätzliche Relation zum Trauerspiel des Spaniers klarzustellen, dem das gleichzeitige Deutschland nichts an die Seite zu setzen hat.

Die Ebene des Schöpfungsstands, der Boden, auf dem das Trauerspiel sich abrollt, bestimmt ganz unverkennbar auch den Souverän. So hoch er über Untertan und Staat auch thront, sein Rang ist in der Schöpfungswelt beschlossen, er ist der Herr der Kreaturen, aber er bleibt Kreatur. Und gerade dies an Calderon zu exemplifizieren sei gestattet. Spricht doch nichts weniger als eine spezifisch spanische Meinung aus den folgenden Worten des standhaften Prinzen Don Fernando. Sie führen das Motiv des Königsnamens in der Schöpfung durch. „Selbst beym Vieh und wilden Thieren | Steht auf solcher würd'gen Stufe | Dieser Name, daß das Recht | Der Natur ihm heißet huld'gen | Mit Gehorsam: wie wir lesen, | Daß der Löw', in ungebundnen | Staaten des Gewildes König, | Der, wann er die Stirne runzelt, | Sie mit straub'gem Haarwuchs krönet, | Milde sey, und nie verschlungen | Hab' als Raub den Unterwürf'gen. | In dem salz'gen Schaum der Fluthen | Mahlen dem Delphin, der König | Unter Fischen ist, die Schuppen, |Die er silbern träg und golden, | Auf die dunkelblauen Schultern | Kronen, und man sah wohl schon | Aus der wüsten Wuth des Sturmes | Ihn ans Land die Menschen retten, | Daß sie nicht im Meer verversunken ... | Ist nun unter Thieren, Fischen, | Vögeln, Pflanzen, Steinen, kundig | Solche Königs-Majestät | Des Erbarmens: billig muß es | Auch bey Menschen gelten, Herr.“ – Der Versuch, dem Königtum im Schöpfungsstande seinen Ursprung anzuweisen, begegnet selbst in der juristischen Theorie. So drangen die Gegner des Tyrannenmordes darauf, als „parricidi“ Königsmörder in Verruf zu bringen. Claudius Salmasius, Robert Silmer und manche anderen leiteten „die Machtstellung des Königs von der Weltherrschaft ab, welche Adam als Herr der ganzen Schöpfung erhielt, die sich auf bestimmte Familienhäupter vererbte, um schließlich in einer Familie, wenn auch in begrenztem Umfange, erblich zu werden. Ein Königsmord ist daher so viel wie ein Vatermord.“ Der Adel sogar konnte so sehr als Naturphänomen erscheinen, daß Hallmann in den „Leichreden“ dem Tod mit der Klage: „Ach daß du auch vor privilegirte Personen keine eröffnete Augen noch Ohren hast!“ begegnen darf. Der schlichte Untertan, der Mensch, ist denn ganz folgerecht Tier: „das göttliche Thier“, „das kluge Thier“, , „ein fürwitzig und kitzliches Thier“. So die Wendungen bei Opitz, Tscherning und Buchner. Und andererseits Butschky: “Was ist ... ein Tugendhafter Monarch anders/ als ein Himmlisches Thier.“ Dazu die schönen Verse bei Gryphius: „Ihr, die des höchsten bild verlohren, | Schaut auf das bild, das euch gebohren! | Fragt nicht, warum es in dem stall einzieh! | Er sucht uns, die mehr viehisch als ein vieh.“ Dies letzte weisen die Despoten in ihrem Wahnsinn. Wenn den Antiochus des Hallmann jähes Grauen, das ihm der Anblick eines Fischkopfes bei der Tafel weckt, in Wahnsinn stürzt, Hunold seinen Nebucadnezar in Tiergestalt vorführt – der Schauplatz präsentiert „eine wüste Einöde. Nebucadnezar an Ketten mit Adlers Federn und Klauen bewachsen unter vielen wilden Thieren ... Er geberdet sich seltsam ... Er brummet und stellt sich übel“ – so ist es in der Überzeugung, daß im Herrscher, der hocherhabenen Kreatur, das Tier mit ungeahnten Kräften aufstehen kann.

Auf solchem Grunde hat das spanische Theater ein eigenes bedeutendes Motiv entwickelt, das wie kein anderes gestattet, den beschränkten Ernst des deutschen Trauerspiels als nationell bedingten zu erkennen. Die beherrschende Rolle der Ehre in den Verwicklungen der comedia de capa y espada wie auch im Trauerspiele aus dem kreatürlichen Stande der dramatischen Person hervorgehen zu sehn, kann überraschen. Und doch ist es nicht anders. Die Ehre ist, wie Hegel definiert, „das schlechthin verletzliche“. “Die persönliche Selbständigkeit, für welche die Ehre kämpft, zeigt sich nicht als die Tapferkeit für ein Gemeinwesen, und für den Ruf der Rechtschaffenheit in demselben oder der Rechtlichkeit im Kreise des privaten Lebens; sie streitet im Gegenteil nur für die Anerkennung und die abstrakte Unverletzlichkeit des einzelnen Subjekts.“ Diese abstrakte Unverletzlichkeit ist aber doch nur die allerstrengste Unverletzlichkeit der physischen Person, in welcher als der Unbescholtenheit von Fleisch und Blut auch die abgezogensten Forderungen des Ehrenkodex ihren Urgrund haben. Daher denn die Ehre durch die Schande eines Verwandten nicht weniger als durch die Schmach betroffen wird, die dem eigenen Leibe widerfährt. Und der Name, welcher die scheinbar abstrakte Unverletzlichkeit der Person in seiner eigenen bezeugen will, ist doch im Zusammenhange des kreatürlichen Lebens, anders als in dem der Religion, an und für sich nichts und nur der Schild, der die verwundbare Physis des Menschen zu decken bestimmt ist. Der Ehrlose ist vogelfrei: die Schmach entdeckt, indem sie zur Abstrafung des Geschmähten herausfordert, ihren Ursprung in einem physischen Defekt. Im spanischen Drama ist durch eine beispiellose Dialektik des Ehrbegriffs die kreatürliche Blöße der Person wie nirgends sonst einer überlegenen, ja versöhnenden Darstellung fähig geworden. Das blutige Supplizium, unter dem das Ende des kreatürlichen Lebens im Märtyrerdrama sich vollzieht, hat sein Gegenstück in dem Kalvarienwege der Ehre, die, wie immer geschunden, am Ende eines Calderonschen Dramas durch königlichen Machtspruch oder ein Sophisma wieder sich aufzurichten vermag. Im Wesen der Ehre hat das spanische Drama dem kreatürlichen Leibe seine adäquate kreatürliche Spiritualität und damit einen Kosmos des Profanen entdeckt, der deutschen Dichtern des Barock, ja selbst den späteren Theoretikern sich nicht erschloß. Die gedachte motivische Verwandtschaft ist ihnen doch nicht entgangen. So schreibt Schopenhauer: „Der in unsern Tagen so oft besprochene Unterschied zwischen klassischer und romantischer Poesie scheint mir im Grunde darauf zu beruhen, daß jene keine anderen, als die rein menschlichen, wirklichen und natürlichen Motive kennt; diese hingegen auch erkünstelte, konventionelle und imaginäre Motive als wirksam geltend macht: dahin gehören die aus dem Christlichen Mythos stammenden, sodann die des ritterlichen, überspannten und phantastischen Ehrenprincips ... Zu welcher fratzenhaften Verzerrung menschlicher Verhältnisse und menschlicher Natur diese Motive aber führen, kann man sogar an den besten Dichtern der romantischen Gattung ersehen, z.B. an Calderon. Von den Autos gar nicht zu reden, berufe ich mich nur auf Stücke wie No siempre el peor es cierto (Nicht immer ist das Schlimmste gewiß) und El postrero duelo de Espaňia (Das letzte Duell in Spanien) und ähnliche Komödien de capa y espada: zu jenen Elementen gesellt sich hier noch die oft hervortretende scholastische Spitzfindigkeit in der Konversation, welche damals zur Geistesbildung der höhern Stände gehörte.“ In den Geist des spanischen Dramas ist Schopenhauer nicht eingedrungen, wiewohl er – an andrer

Stelle – das christliche Trauerspiel hoch über die Tragödie erheben wollte. Und nah liegt die Versuchung, sein Befremden aus jener dem Germanen so entlegenen Amoralität der spanischen Betrachtung herzuleiten. Auf ihrem Grunde spielten spanische Tragödien und Komödien ineinander.

Sophistische Probleme, ja Lösungen, wie sie dort sich finden, begegnen nicht im schwerfälligen Räsonnement der deutschen protestantischen Dramatiker. Ihrem lutherischen Moralismus aber hatte die Geschichtsauffassung der Zeit die engsten Grenzen gesteckt. Das ständig wiederholte Schauspiel fürstlicher Erhebung und des Falls, das Dulden ehrenfester Tugend stand den Dichtern nicht sowohl als Moralität, denn als die in ihrer Beharrlichkeit wesenhafte, als die naturgemäße Seite des Geschichtsverlaufs vor Augen. Wie jede innige Verschmelzung von historischen und von moralischen Begriffen dem vorrationalistischen Abendlande fast ebenso unbekannt wie gänzlich der Antike fremd gewesen ist, so bestätigt dies sich für das Barock insbesondere in einer chronistisch auf die Weltgeschichte eingestellten Intention. Soweit sie sich in die Details versenkte, kam sie, im Sinne eines mikroskopischen Verfahrens, nur zu der peinlichen Verfolgung des politischen Kalküls in der Intrige. Das Drama des Barock kennt die historische Aktivität nicht anders denn als verworfene Betriebsamkeit von Ränkeschmieden. Nirgends begegnet in den zahlreichen Rebellen, die einem in der christlichen Märtyrerhaltung erstarrten Monarchen gegenübertreten, ein Hauch revolutionärer Überzeugung. Mißvergnügen – das ist ihr klassisches Motiv. Abglanz sittlicher Würde liegt einzig auf dem Souverän und dies von keiner andern als der gänzlich geschichtsfremden des Stoikers. Denn diese Haltung, nicht aber die Heilserwartung des christlichen Glaubenshelden ist es, die in den Hauptpersonen des barocken Dramas überall begegnet. Unter den Einwänden gegen die Märtyrerhistorie ist der gewiß der fundierteste, der jeden Anspruch auf geschichtlichen Gehalt ihr streitig macht. Nur trifft er eine falsche Theorie von dieser Form und nicht sie selbst. Im folgenden Satz Wackernagels kommt hinzu, daß er als Folgerung so unzulänglich, wie die Behauptung, die ihr dienen sollte, treffend ist. Es „soll ja die Tragödie nicht bloß bewähren daß dem Göttlichen gegenüber alles Menschliche unhaltbar sey, sondern auch daß es so seyn müße; sie darf also die Gebrechen nicht verschweigen die der nothwendige Grund des Unterganges sind. Führte sie eine Strafe vor ohne Schuld, so würde sie ... der Geschichte widersprechen, die dergleichen nicht kennt, und aus der doch die Tragödie die Offenbarungen jener tragischen Grundidee zu entnehmen hat.“ Vom zweifelharten Optimismus der Geschichtsauffassung abgesehen – im Sinn der Märtyrerdramatik ist nicht sittliche Vergehung, sondern der Stand des kreatürlichen Menschen selber der Grund des Unterganges. Diesen typischen Untergang, der so verschieden von dem außerordentlichen des tragischen Helden ist, haben die Dichter im Auge gehabt, wenn sie – mit einem Wort, das die Dramatik planvoller als die Kritik gehandhabt hat – ein Werk als ›Trauerspiel‹ bezeichnet haben. So ist's – ein Beispiel, dessen Autorität vergessen lasse, wie fern es übrigens dem Gegenstande liegt – nicht Zufall, wenn die „Natürliche Tochter“, die weit entfernt ist, von der weltgeschichtlichen Gewalt des revolutionären Vorgangs, welchen sie umspielt, bewegt zu werden, ein „Trauerspiel“ heißt. Insofern aus dem staatspolitischen Ereignis zu Goethe nur das Grauen eines periodisch nach Art von Naturgewalten sich regenden Zerstörungswillens sprach, stand er dem Stoff wie ein Poet des XVII. Jahrhunderts gegenüber. Der antikische Ton drängt das Ereignis in eine gewissermaßen naturhistorisch verfaßte Vorgeschichte; um dessentwillen übertrieb der Dichter ihn, bis er in einem lyrisch ebenso unvergleichlichen wie dramatisch hemmenden Spannungsverhältnis zur Aktion stand. Das Ethos des historischen Dramas ist diesem Goetheschen Werke genau so fremd, wie nur einer barocken Staatsaktion, ohne daß freilich, wie in dieser, der historische Heroismus zugunsten des stoischen abgedankt hätte. Vaterland, Freiheit und Glaube sind dieser nur die beliebig vertauschbaren Anlässe zur Bewährung der privaten Tugend. Am weitesten geht Lohenstein. Kein Dichter hat wie er von dem Kunstgriff Gebrauch gemacht, der auftauchenden ethischen Reflexion durch eine Metaphorik, die Geschichtliches mit dem Naturgeschehen analogisiert, die Spitze abzubrechen. Außerhalb der stoischen Ostentation ist jede sittlich motivierte Haltung oder Diskussion mit einer Grundsätzlichkeit verbannt, die mehr noch als die Greuel eines Vorgangs den Lohensteinschen Dramen ihren gegen die preziöse Diktion so grell sich abhebenden Gehalt verleiht. Als Johann Jacob Breitinger 1740 in der „Critischen Abhandlung von der Natur, den Absichten und dem Gebrauche der Gleichnisse" mit dem berühmten Dramatiker abrechnete, verwies er auf dessen Manier, moralischen Grundsätzen durch Naturbeispiele, die doch in Wahrheit ihnen Abbruch tun, scheinbaren Nachdruck zu verleihen. Dies Gleichniswesen kommt zu seiner angemessensten Bedeutung erst, wo eine sittliche Vergehung schlicht und bieder durch die Berufung aufs natürliche Verhalten sich verantwortet. „Man weicht den Bäumen aus die auf dem Falle stehen", , mit diesen Worten nimmt Sofia von Agrippina, der ihr Ende naht, den Abschied. Nicht als ein Kennzeichen der redenden Person, sondern als die Maxime eines dem hochpolitischen Geschehn angemessenen Naturverhaltens sind diese Worte aufzufassen. Groß war der Bilderschatz, der den Autoren zur schlagenden Auflösung historisch-sittlicher Konflikte in die Demonstrationen der Naturgeschichte zur Verfügung stand. Breitinger bemerkte: „Dieses Prangen mit einer physicalischen Gelahrtheit ist unserm Lohenstein so was eigenes, daß er euch allemahl ein solches Geheimniß der Natur entdecket, so oft er sagen will, etwas sey seltsam, unmöglich, es werde eher, weniger, niemahls, geschehen ... Wenn ... der Arsinoe Vater beweisen will, daß es unanständig sey, daß seine Tochter sich mit einem geringern, als einem Königlichen Printz verlobe, so schließt er auf folgende Art: ›Ich versehe mich zu Arsinoen, wenn ich sie anders für meine Tochter halten soll, sie werde nicht von der Art, des den Pöbel abbildenden Epheus seyn, welcher so bald eine Haselstaude, als einen Dattelbaum umarmet. Dann, edle Pflantzen kehren ihr Haupt gegen dem (!) Himmel; die Rosen schliessen ihr Haupt nur der anwesenden Sonne auf; die Palmen vertragen sich mit keinem geringen Gewächse: Ja der todte Magnetstein folget keinem geringern, als dem so hochgeschäzten Angel-Sterne. Und Polemons Haus (ist der Schluß) sollte sich zu den Nachkommen des knechtischen Machors abneigen.‹") Über solchen Stellen wie sie zumal in rhetorischen Schriften, Hochzeitsgedichten und Grabreden, unabsehbar sich dehnen, muß es mit

Erich Schmidt dem Leser wahrscheinlich werden, daß Kollektaneen allgemein zum Handwerkszeug jener Dichter gehört haben. Sie haben nicht nur Realien, sondern nach Art der mittelalterlichen ›Gradus ad Parnassum‹ poetische Floskeln enthalten. Wenigstens läßt dergleichen mit Sicherheit sich aus Hallmanns "Leichreden" schließen, die für eine Anzahl entlegner Schlagworte – Genofeva, Quäker u. a. – stereotype Wendungen bereit haben. An die Gelehrsamkeit der Autoren stellte die Praxis der naturhistorischen Gleichnisse nicht minder als der minutiöse Umgang mit den Geschichtsquellen hohe Anforderungen. So nehmen die Dichter an dem Bildungsideal des Polyhistors teil, wie Lohenstein in Gryphius es verwirklicht sah. „Herr Gryphens ... | Hielt für gelehrt-seyn nicht/ in einem etwas missen/ | In vielen etwas nur/ in einem alles wissen."

Die Kreatur ist der Spiegel, in dessen Rahmen allein die moralische Welt dem Barock sich vor Augen stellte. Ein Hohlspiegel; denn das war nur mit Verzerrungen möglich. Da im Sinne des Zeitalters alles historische Leben der Tugend abging, so wurde sie bedeutungslos auch für das Innere der dramatischen Personen selbst. Sie ist nie uninteressanter erschienen als in den Helden dieser Trauerspiele, in denen nur der physische Schmerz des Martyriums dem Anruf der Geschichte erwidert. Und wie das Innenleben der Person im Kreaturzustand, sei es auch unter Todesqualen, sich mystisch genugzutun hat, so trachten die Autoren auch historisches Geschehen einzufrieden. Die Folge der dramatischen Aktionen rollt sich wie in den Schöpfungstagen ab, da nicht Geschichte sich ereignete. Die Natur der Schöpfung, die das historische Geschehn in sich zurücknimmt, ist gänzlich von der Rousseauschen verschieden. Den Sachverhalt berührt's, doch nicht in seinen Fundamenten, wenn man meint: „Immer noch ist die Tendenz aus Widerspruch entstanden ... Wie ist jener machtvoll-gewaltsame Versuch des Barock zu begreifen, in galanter Schäferei etwas wie Synthese heterogenster Elemente zu erschaffen? Antithetische Natursehnsucht im Gegensatze zu harmonischer Naturverbundenheit galt gewiß auch hier. Aber das Gegenerleben war ein anderes, das Erleben nämlich der tötenden Zeit, der unausweichlichen

Vergänglichkeit, des Sturzes aus den Höhen. Fern von hohen Dingen soll darum das Dasein des beatus ille allem Wechsel weit entrückt sein. So ist Natur für den Barock ein Weg nur aus der Zeit, die Problematik späterer Zeiten ist ihm fremd." Vielmehr: zumal im Schäferspiel macht das Besondere barocker Landschaftsschwärmereien sich ersichtlich. Denn nicht die Antithese von Geschichte und Natur, sondern restlose Säkularisierung des Historischen im Schöpfungsstande hat in der Weltflucht des Barock das letzte Wort. Dem trostlosen Laufe der Weltchronik tritt nicht Ewigkeit sondern die Restauration paradiesischer Zeitlosigkeit entgegen. Die Geschichte wandert in den Schauplatz hinein. Und gerade Schäferspiele streuen die Geschichte wie Samen in den Mutterboden aus. „An einem Ort, wo eine denkwürdige Begebenheit sich ereignet haben soll, lässt der Schäfer Verse zur Erinnerung in einem Felsen, Stein oder Baum zurück. Die Denksäulen der Helden, welche wir in den überall von diesen Schäfern erbauten Tempeln des Nachruhms bewundern können, prangen sämmtlich mit panegyristischen Inschriften." "Panoramatisch" hat man, mit einer ausgezeichneten Prägung, die Geschichtsauffassung des XVII. Jahrhunderts genannt. „Die ganze Geschichtsauffassung dieser malerischen Zeit bestimmt sich durch solche Zusammenlegung alles Gedächtniswürdigen." Wenn die Geschichte sich im Schauplatz säkularisiert, so spricht daraus dieselbe metaphysische Tendenz, die gleichzeitig in der exakten Wissenschaft auf die Infinitesimalmethode führte. In beiden Fällen wird der zeitliche Bewegungsvorgang in einem Raumbild eingefangen und analysiert. Das Bild des Schauplatzes, genau: des Hofes, wird Schlüssel des historischen Verstehns. Denn der Hof ist der innerste Schauplatz. Harsdörffer hat im „Poetischen Trichter" eine uferlose Menge von Vorschlägen zur allegorischen – und im übrigen kritischen – Darstellung des vor allem andern der Betrachtung würdigen Hoflebens zusammengetragen. In Lohensteins interessanter Vorrede zur „Sophonisbe" heißt es geradezu: „Kein Leben aber stellt mehr Spiel und Schauplatz dar, | Als derer, die den Hof fürs Element erkohren." Dasselbe Wort bleibt denn freilich in Kraft, wenn die heldische Größe zu Fall kommt, der Hofstaat zum Blutgerüste sich verengt, „und diß, was sterblich heißt, wird auf den schauplatz gehn“. Im Hof erblickt das Trauerspiel den ewigen, natürlichen Dekor des Geschichtsverlaufes. Es war schon seit der Renaissance und nach Vitruvius festgelegt, daß für das Trauerspiel „stattliche Paläste/ und Fürstliche Garten-Gebäude/ die Schauplätze“) sind. Während das deutsche Theater für gewöhnlich befangen an dieser Vorschrift haftet – in Gryphius' Trauerspielen gibt es keine landschaftliche Szenerie – liebt die spanische Bühne es, die ganze Natur als dem Gekrönten pflichtig in sich einzubeziehen und dabei eine förmliche Dialektik des Schauplatzes zu entfalten. Denn andererseits ist die gesellschaftliche Ordnung und ihre Repräsentation, der Hof, bei Calderon ein Naturphänomen höchster Stufe, dessen erstes Gesetz die Ehre des Herrschers ist. Mit der ihm eigenen, immer wieder frappierenden Sicherheit sieht A. W. Schlegel auf den Grund der Sache, wenn er von Calderon sagt: „Seine Poesie, was auch scheinbar ihr Gegenstand sein möge, ist ein unermüdlicher Jubel-Hymnus auf die Herrlichkeiten der Schöpfung; darum feiert er mit immer neuem freudigem Erstaunen die Erzeugnisse der Natur und der menschlichen Kunst, als erblicke er sie eben zum ersten Male in noch unabgenutzter Festpracht. Es ist Adams erstes Erwachen, gepaart mit einer Beredsamkeit und Gewandtheit des Ausdrucks, mit einer Durchdringung der geheimsten Naturbeziehungen, wie nur hohe Geistesbildung und reife Beschaulichkeit sie verschaffen kann. Wenn er das Entfernteste, das Größte und Kleinste, Sterne und Blumen zusammenstellt, so ist der Sinn aller seiner Metaphern der gegenseitige Zug aller erschaffnen Dinge zu einander wegen ihres gemeinschaftlichen Ursprungs.“ Der Dichter liebt es, spielerisch die Ordnung der Geschöpfe zu vertauschen: ein „Höfling ... des Berges“ heißt Sigismund im „Leben ein Traum“; vom Meer als einem „buntkrystallnen Thiere“ wird gesprochen. Und auch im deutschen Trauerspiel drängt mehr und mehr der natürliche Schauplatz in das dramatische Geschehn sich ein. Zwar Gryphius hat nur in der Übersetzung der „Gebrœders“ des Vondel dem neuen Stile nachgegeben und einen Priesterreyen dieses Dramas auf den Jordan und die Nymphen verteilt. . Im dritten Akte der „Epicharis“ jedoch führt Lohenstein den Reyen des Tiber und der sieben Hügel vor. Nach Art der ›stillen Vorstellungen‹ des Jesuitentheaters mengt sich, wenn man so sagen darf, der Schauplatz in die „Agrippina“ ein: die Kaiserin, von Nero auf ein Schiff geladen, das durch einen versteckten Mechanismus auf hoher See zerfällt, wird im Reyen unter dem Beistande der Meernixen gerettet. Ein „Reyen der Syrenen“ begegnet in der „Maria Stuarda“ des Haugwitz und Hallmann hat mehrere Stellen der gleichen Art. Ausführlich hat er in „Mariamne“ die Teilnahme des Berges Sion an dem Vorgang durch ihn selbst begründen lassen. „Hier/ Sterbliche/ wird euch der wahre Grund gewehrt/ | Warumb auch Berg und Zungen-lose Klippen | Eröffnen Mund und Lippen. | Denn/ wenn der tolle Mensch sich selber nicht mehr kennt/ | Und durch blinde Rasereyen auch dem Höchsten Krieg ansaget/ | Werden Berge/ Flüß' und Sternen zu der Rache auffgejaget/ | So bald der Feuer-Zorn des grossen Gottes brennt. | Unglückliche Sion! Vorhin des Himmels Seele/ | Itzt eine Folter-Höle! | Herodes! ach! ach! ach! | Dein Wütten/ Blut-Hund/ macht/ daß Berg' auch müssen schreyen/ | Und dich vermaledeyen! | Rach! Rach! Rach!“ Wenn Trauerspiel und Pastorale, wie dergleichen Passagen beweisen, in der Naturauffassung sich decken, so kann nicht wunder nehmen, daß im Lauf der Entwicklung, die in Hallmann zum Gärungspunkt kommt, beide gegeneinander sich auszugleichen getrachtet haben. Ihre Antithese besteht nur auf der Oberfläche; latent erstreben sie sich zu verbinden. So nimmt Hallmann „schäferliche Motive in das ernste Schauspiel, z. B. den stereotypen Preis des Hirtenlebens, das Tassosche Satyrmotiv in Sophia und Alexander, andererseits überträgt er tragische Szenen, wie heroische Abschiedsszenen, Selbstmorde, göttliche Strafgerichte über Gute und Böse, Geisterscheinungen in das Schäferspiel“. Selbst außerhalb dramatischer Historien, in der Lyrik, begegnet eine Projektion des zeitlichen Verlaufes in den Raum. Die Gedichtbücher der nürnberger Poeten bringen, wie weiland die alexandrinische Gelehrtenpoesie, „Thürme… Brunnen, Reichsäpfel, Orgeln, Lauten, Stundengläser, Wagschalen, Kränze, Herzen“ als graphischen Umriß ihrer Gedichte.

Bei der Auflösung des Barockdramas hat die Vorherrschaft dieser Tendenzen ihre Rolle gespielt. Allmählich – in der Hunoldschen Poetik ist das besonders deutlich zu verfolgen – trat das Ballett an seine Stelle.

›Verwirrung‹ ist schon in der Theorie der nürnberger Schule ein terminus technicus der Dramaturgie. Lope de Vegas auch in Deutschland gespieltes Drama „Der verwirrte Hof" ist in seinem Titel typisch. Bei Birken heißt es: „Die Zier, von Heldenspielen ist/ wann alles ineinander verwirrt/ und nicht nach der Ordnung/ wie in Historien/ erzehlet/ die Unschuld gekränkt/ die Bosheit beglückt vorgestellt/ endlich aber alles wieder entwickelt und auf einen richtigen Ablauf hinausgeführt wird." ›Verwirrung‹ ist nicht nur moralisch, sondern auch pragmatisch zu verstehen. Im Gegensatz zu einem zeitlichen und sprunghaften Verlauf, wie die Tragödie ihn vorstellt, spielt das Trauerspiel sich im Kontinuum des Raumes – choreographisch darf man's nennen – ab. Der Veranstalter seiner Verwicklung, der Vorläufer des Ballettmeisters, ist der Intrigant. Als dritter Typus tritt er neben den Despoten und den Märtyrer. Seine verworfnen Berechnungen erfüllen den Betrachter der Haupt- und Staatsaktionen mit um so größerem Interesse, als er in ihnen nicht allein die Beherrschung des politischen Getriebes, sondern ein anthropologisches, selbst physiologisches Wissen erkennt, das ihn passionierte. Der überlegne Intrigant ist ganz Verstand und Wille. Darin entspricht er einem Ideal, das Machiavelli zum ersten Mal gezeichnet hatte und das in der dichterischen und theoretischen Literatur des XVII. Jahrhunderts energisch ausgebildet wurde, ehe es zu der Schablone herabsank, als die der Intrigant der wiener Parodien oder der bürgerlichen Trauerspiele auftritt. „Machiavelli hat das politische Denken auf seine anthropologischen Prinzipien gegründet. Die Gleichförmigkeit der Menschennatur, die Macht der Animalität und der Affekte, vor allem der Liebe und der Furcht, ihre Grenzenlosigkeit – dies sind die Einsichten, auf welche jedes folgerichtige politische Denken und Handeln und die politische Wissenschaft selbst gegründet werden muß. Die mit Tatsachen rechnende positive Phantasie des Staatsmannes hat in diesen Erkenntnissen, die den Menschen als eine Naturkraft begreifen und Affekte dadurch überwinden lehren, daß sie andere Affekte ins Spiel bringen, ihre Grundlage." Die menschlichen Affekte als berechenbares Triebwerk der Kreatur – das ist im Inventar der Kenntnisse, welche die weltgeschichtliche Dynamik in staatspolitische Aktion umzuprägen hatten, das letzte Stück. Es ist zugleich der Ursprung einer Metaphorik, die in dichterischer Sprache dieses Wissen so wach zu halten sich bemühte wie Sarpi oder Guicciardini unter den Historikern es taten. Diese Metaphorik macht nicht halt im Politischen. Neben eine Wendung wie: „In der Uhr der Herrschaft sind die Räthe wohl die Räder/ der Fürst aber muß nichts minder der Weiser und das Gewichte ... seyn" darf man die Worte des „Lebens" aus dem zweiten Reyen der „Mariamne" stellen: „Mein güldnes Licht hat Gott selbst angezündet/ | Als Adams Leib ein gangbar Uhrwerk ward." Ebendort: „Mein klopffend Hertz' entflammt/ weil mir das treue Blut | Ob angebohrner Brunst an alle Adern schläget/ | Und einem Uhrwerck gleich sich durch den Leib beweget." Und von der Agrippina wird gesagt: „Nun liegt das stoltze Thier, das aufgeblasne Weib | Die in Gedancken stand: Ihr Uhrwerck des Gehirnes | Sey mächtig umbzudrehn den Umkreiß des Gestirnes." Kein Zufall, daß die Uhr diese Redewendungen mit ihrem Bilde beherrscht. In dem berühmten Uhrengleichnis des Geulincx, das den psychophysischen Parallelismus nach Art des Ganges zweier fehlerloser und gleichgestellter Uhren schematisiert, gibt der Sekundenanzeiger sozusagen den Takt für das Geschehn in beiden Welten an. Auf lange hinaus – noch in den Texten der Bachschen Kantaten bemerkbar – scheint das Zeitalter von dieser Vorstellung fasziniert. Das Bild der Zeigerbewegung ist, wie Bergson erwiesen hat, für die Darstellung der qualitätslosen wiederholbaren Zeit der mathematischen Naturwissenschaft unersetzlich. In ihr spielt nicht allein das organische Leben des Menschen sondern auch das Treiben des Höflings und das Handeln des Souveräns sich ab, der nach dem okkasionalistischen Bilde des waltenden Gottes jederzeit unmittelbar ins Staatsgetriebe eingreift, um die Daten des historischen Verlaufs in einer gleichsam räumlich auszumessenden, regelrechten und harmonischen Abfolge anzuordnen. „Le Prince développe toutes les virtualités de l'Etat par une sorte de création continue. Le prince est le Dieu cartésien transposé dans le monde politique." Im Ablauf des politischen Geschehens schlägt die Intrige den Sekundentakt, der es bannt und fixiert. – Die illusionslose Einsicht des Höflings ist ihm selbst ebenso tiefe Quelle der Trübsal als sie durch den Gebrauch, den er von ihr jederzeit zu machen imstande ist, für andere gefährlich werden kann. In diesem Zeichen nimmt das Bild dieser Figur seine düstersten Züge an. Wer das Leben des Höflings durchschaut, der erkennt erst durchaus, warum der Hof die unvergleichliche Szenerie des Trauerspieles ist. Der „Cortegiano" des Antonio de Guevara hat die Bemerkung, „Kain sei der erste Hofmann gewesen, weil er durch Gottes Fluch keine eigene Heimstätte" gehabt hätte. Im Sinn des spanischen Autors ist dies gewiß nicht der einzige kainitische Zug des Höflings; der Fluch, mit welchem Gott den Mörder schlug, ruht oft genug auch auf ihm. Während aber im spanischen Drama der Glanz des Herrschertums immerhin das erste Kennzeichen des Hofstaates war, so ist das deutsche Trauerspiel ganz auf den düstern Ton der Intrige gestimmt. „Was ist der hof nunmehr als eine mördergruben, Als ein verräther-platz, ein wohnhauß schlimmer buben?" klagt im „Leo Armenius" der Michael Balbus. Lohenstein stellt in der Widmung des „Ibrahim Bassa" den Intriganten Rusthan gewissermaßen als Exponent des Schauplatzes dar und nennt ihn „einen Ehr-vergessenden Hof-Heuchler und Mord-stifftenden Ohrenbläser". In solchen und ähnlichen Beschreibungen wird der an Macht, Wissen und Wollen ins Dämonische gesteigerte Hofbeamte, der Geheim-Rat vorgeführt, dem der Zutritt in das Kabinett des Fürsten, wo Anschläge der hohen Politik entworfen werden, offen steht. Darauf ist angespielt, wenn Hallmann in einer eleganten Wendung der „Leichreden" bemerkt: „Allein mir/ als einem Politico, wil nicht anstehen/ das geheime Cabinet der Himmlischen Weißheit zu beschreiten." Das Drama der deutschen Protestanten betont die infernalischen Züge dieses Rates; im katholischen Spanien dagegen tritt er mit der Würde des sosiego auf, „der katholisches Ethos mit antiker Ataraxie in einem Ideal des kirchlichen und weltlichen Höflings verquickt". . Und zwar ist es die unvergleichliche Zweideutigkeit seiner geistigen Souveränität, in welcher die durchaus barocke Dialektik seiner Stellung gründet. Geist – so lautet die These des Jahrhunderts – weist sich aus in Macht; Geist ist das Vermögen, Diktatur auszuüben. Dieses Vermögen erfordert ebenso strenge Disziplin im Innern wie skrupelloseste Aktion nach außen. Seine Praxis führte über den Weltlauf eine Ernüchterung mit sich, deren Kälte nur mit der hitzigen Sucht des

Machtwillens an Intensität sich vergleichen läßt. Die derart errechnete Vollkommenheit weltmännischen Verhaltens weckt in der aller naiven Regungen entkleideten Kreatur die Trauer. Und diese seine Stimmung erlaubt es, an den Höfling die paradoxe Forderung zu stellen oder gar es von ihm auszusagen, daß er ein Heiliger sei, wie Gracian dies tut. Die schlechthin uneigentliche Einlösung der Heiligkeit in der Stimmung der Trauer gibt dann den schrankenlosen Kompromiß mit der Welt frei, der den idealen Hofmann des spanischen Autors kennzeichnet. Die schwindelnde Tiefe dieser Antithetik in einer Person zu ermessen, konnten die deutschen Dramatiker nicht wagen. Vom Höfling kennen sie die beiden Gesichter: den Intriganten als den bösen Geist ihres Despoten und den treuen Diener als den Leidensgenossen der gekrönten Unschuld.

Unter allen Umständen mußte der Intrigant eine beherrschende Stelle in der Ökonomie des Dramas einnehmen. Denn die Kenntnis des Seelenlebens, in dessen Beobachtung er allen andern es zuvortut, mitzuteilen, war nach der Theorie des Scaliger, die hier mit dem Interesse des Barock sich wohl vertrug und hierin Geltung behauptete, der eigentliche Zweck des Dramas. Der moralischen Absicht der Renaissancepoeten trat im Bewußtsein der neuen Generationen die wissenschaftliche zur Seite. „Docet affectus poeta per actiones, vt bonos amplectamur, atque imitemur ad agendum: malos aspernemur ob abstinendum. Est igitur actio docendi modus: affectus, quem docemur ad agendum. Quare erit actio quasi exemplar, aut instrumentum in fabula, affectus vero finis. At in ciue actio erit finis, affectus erit eius forma." Dieses Schema, in welchem Scaliger die Darstellung der Handlung als des Mittels derjenigen der Affekte als des Zieles der dramatischen Veranstaltung untergeordnet zu wissen wünscht, kann in gewisser Hinsicht einen Maßstab zur Feststellung barocker Elemente im Gegensatz zu denen einer früheren Dichtungsweise geben. Für die Entwicklung im XVII. Jahrhundert nämlich ist es kennzeichnend, daß die Darstellung der Affekte immer nachdrücklicher, die konturierte Ausprägung der Handlung aber, wie sie im Renaissancedrama nirgends fehlt, immer unsicherer wird. Das Tempo des Affektlebens beschleunigt sich dermaßen, daß ruhige Aktionen, gereifte Entscheidungen seltner und seltner begegnen. Empfindung und Wille liegen nicht nur in der plastischen Erscheinung der barocken Menschennorm im Streite – wie Riegl das so schön am Zwiespalt zwischen Haupt- und Körperhaltung bei dem Giuliano und der Nacht der Mediceergräber zeigt) – sondern auch in ihrer dramatischen. Auffallend ist's zumal bei dem Tyrannen. Sein Wille wird im Verlauf der Entwicklung von der Empfindung mehr und mehr gebrochen: zuletzt tritt der Wahnsinn ein. Wie sehr über der Vorführung der Affekte die Handlung, die ihre Grundlage sein soll, zurücktreten konnte, erweisen Lohensteins Trauerspiele, wo in einem didaktischen Furor die Leidenschaften in wilder Jagd einander ablösen. Dies wirft ein Licht auf die Beharrlichkeit, mit der die Trauerspiele des XVII. Jahrhunderts in einen begrenzten Stoffkreis sich einschließen. Unter gegebenen Bedingungen galt es, mit Vorgängern und Zeitgenossen sich zu messen und immer zwingender und drastischer die leidenschaftlichen Exaltationen vorzutragen. – Ein Fundament von dramaturgischen Realien, wie die politische Anthropologie und Typologie der Trauerspiele es darstellt, ist Vorbedingung zur Befreiung aus den Verlegenheiten eines Historismus, der seinen Gegenstand als notwendige aber wesenlose Übergangserscheinung erledigt. Im Zusammenhange dieser Realien kommt die besondere Bedeutung des barocken Aristotelismus, der eine oberflächliche Betrachtung irre zu führen bestimmt ist, zur Geltung. Als diese „wesensfremde Theorie“ durchdrang die Interpretation, aus deren Kraft das Neue durch die Geste einer Unterwerfung die bündigste Autorität sich sichert, die Antike. Die Macht der Gegenwart in deren Medium zu erschauen, war dem Barock gegeben. Daher verstand es seine eigenen Formen als ›naturgemäß‹ und nicht sowohl als Gegensatz denn als die Überwindung und Erhöhung der Rivalin. Auf dem Triumphwagen des barocken Trauerspiels ist die antike Tragödie die gefesselte Sklavin.

Trauerspiel und Tragödie. (Zweiter Teil)

Hier in dieser Zeitligkeit
    Ist bedecket meine Crohne
Mit dem Flohr der Traurigkeit;
    Dorten/ da sie mir zum Lohne
Aus Genaden ist gestellet/
    Ist sie frey/ und gantz umhellet.
Johann Georg Schiebel: Neuerbauter Schausaal

Es sind die Elemente der griechischen Tragödie – die tragische Fabel, der tragische Held und der tragische Tod – die man, wie immer unter den Händen verständnisloser Nachahmer entstellt, im Trauerspiel, und zwar als wesentliche, hat wiedererkennen wollen. Andererseits – und das hätte in der kritischen Geschichte der Kunstphilosophie weit mehr Belang – hat man in der Tragödie, in der der Griechen nämlich, eine frühe Form des Trauerspiels, wesensverwandt der spätern, sehen wollen. Die Philosophie der Tragödie ist demgemäß ohne alle Beziehung auf historische Sachgehalte in einem System von allgemeinen Sentiments, das man in den Begriffen ›Schuld‹ und ›Sühne‹ logisch unterbaut sich dachte, als Theorie der sittlichen Weltordnung durchgeführt worden. Diese Weltordnung wurde, der naturalistischen Dramatik zuliebe, in der Theorie der dichtenden und philosophierenden Epigonen der zweiten Hälfte des XIX. Jahrhunderts mit ganz erstaunlicher Naivität natürlicher Kausalverknüpfung angenähert und somit das tragische Schicksal zu einer Verfassung, „die sich in dem Zusammenwirken des Einzelnen mit der gesetzmäßig geordneten Umwelt zum Ausdruck bringt“. So jene „Ästhetik des Tragischen“, die eine förmliche Kodifikation der genannten Vorurteile ist und auf der Annahme beruht, das Tragische vermöge voraussetzungslos in gewissen faktischen Konstellationen, wie das Leben sie kennt, zur Gegebenheit gebracht werden. Nichts anderes will es besagen, wenn „die moderne Weltanschauung“ als das Element bezeichnet wird, „in dem allein das Tragische seine ungehemmt kraftvolle und folgerichtige Entwicklung finden kann". "So muß die moderne Weltanschauung denn auch über den tragischen Helden, dessen Schicksale von den wunderbaren Eingriffen einer transzendenten Macht abhängen, urteilen, daß er in eine unhaltbare, einer geläuterten Einsicht nicht standhaltende Weltordnung hineingestellt ist, und daß die von ihm dargestellte Menschlichkeit den Charakter des Eingeengten, Belasteten, Unfreien an sich trägt." Diese so ganz vergebliche Bemühung, das Tragische als allgemeinmenschlichen Gehalt zu vergegenwärtigen erklärt zur Not, wie seiner Analyse mit Vorbedacht der Eindruck kann zugrunde gelegt werden, „den wir moderne Menschen empfangen, wenn wir die Gestalten, die alte Völker und vergangene Zeiten dem tragischen Schicksal in ihren Dichtungen gegeben haben, künstlerisch auf uns wirken lassen". Nichts ist in Wahrheit problematischer, als die Kompetenz der ungeleiteten Gefühle des ›modernen Menschen‹, zumal im Urteil über die Tragödie. Und diese Einsicht ist nicht nur in der vierzig Jahre vor der „Ästhetik des Tragischen" erschienenen „Geburt der Tragödie" mit Gründen belegt, sondern durch das bloße Faktum, daß die moderne Bühne keine Tragödie, die der der Griechen ähnelt, aufweist, höchlich nahgelegt. Mit der Verleugnung dieses Sachverhalts bekunden solche Lehren von dem Tragischen die Anmaßung, Tragödien müßten heut noch zu verfassen sein. Sie ist ihr wesentliches, ihr verborgenes Motiv und eine Theorie des Tragischen, geeignet dies Axiom der kulturellen Hoffart zu erschüttern, war eben dadurch verdächtig. Geschichtsphilosophie ward ausgeschieden. Wenn aber ihre Perspektiven als unerläßliches Stück einer Tragödienlehre sich erweisen sollten, so leuchtet ein, daß diese dort nur zu erwarten ist, wo eine Forschung in den Stand der eigenen Epoche Einsicht aufweist. Dies ist denn auch der archimedische Punkt, den neuere Denker, insbesondere Franz Rosenzweig und Georg Lukács, in Nietzsches Jugendwerk ergriffen haben. „Vergebens wollte unsere demokratische Zeit eine Gleichberechtigung zum Tragischen durchsetzen; vergeblich war jeder Versuch, den seelisch Armen dieses Himmelreich zu öffnen."

Mit seiner Einsicht in die Bindung der Tragödie an die Sage und in die Unabhängigkeit des Tragischen vom Ethos hat Nietzsches Werk dergleichen Thesen unterbaut. Um die zögernde, man möchte sagen mühselige Nachwirkung dieser Einsichten zu erklären, bedarf es nicht des Hinweises auf die Befangenheit der folgenden Forschergeneration. Vielmehr trug Nietzsches Werk in seiner schopenhauerschen und wagnerschen Metaphysik die Stoffe in sich, die sein Bestes versehren mußten. Bereits in der Bestimmung des Mythos sind sie wirksam. „Er führt die Welt der Erscheinung an die Grenzen, wo sie sich selbst verneint und wieder in den Schooß der wahren und einzigen Realität zurückzuflüchten sucht ... So vergegenwärtigen wir uns, an den Erfahrungen des wahrhaft ästhetischen Zuhörers, den tragischen Künstler selbst, wie er, gleich einer üppigen Gottheit der individuatio, seine Gestalten schafft, in welchem Sinne sein Werk kaum als ›Nachahmung der Natur‹ zu begreifen wäre – wie dann aber sein ungeheurer dionysischer Trieb diese ganze Welt der Erscheinungen verschlingt, um hinter ihr und durch ihre Vernichtung eine höchste künstlerische Urfreude im Schooße des Ur-Einen ahnen zu lassen.“ Der tragische Mythos gilt, wie diese Stelle hinreichend deutlich macht, Nietzsche als rein ästhetisches Gebilde und das Widerspiel von apollinischer und dionysischer Kraft bleibt ebensowohl, als Schein und Auflösung des Scheines, in die Bereiche des Ästhetischen gebannt. Mit dem Verzicht auf eine geschichtsphilosophische Erkenntnis des Mythos der Tragödie hat Nietzsche die Emanzipation von der Schablone einer Sittlichkeit, die man dem tragischen Geschehen aufzulegen pflegte, teuer erkauft. Die klassische Formulierung dieses Verzichts: „Denn dies muß uns vor allem, zu unserer Erniedrigung und Erhöhung, deutlich sein, daß die ganze Kunstkomödie durchaus nicht für uns, etwa unsrer Besserung und Bildung wegen, aufgeführt wird, ja daß wir ebensowenig die eigentlichen Schöpfer jener Kunstwelt sind: wohl aber dürfen wir von uns selbst annehmen, daß wir für den wahren Schöpfer derselben schon Bilder und künstlerische Projectionen sind und in der Bedeutung von Kunstwerken unsre höchste Würde haben – denn nur als ästhetisches Phänomen ist das Dasein und die Welt ewig gerechtfertigt: – während freilich unser

Bewußtsein über diese unsre Bedeutung kaum ein andres ist, als es die auf Leinwand gemalten Krieger von der auf ihr dargestellten Schlacht haben." Der Abgrund des Ästhetizismus tut sich auf, an den diese geniale Intuition zuletzt alle Begriffe verlor, so daß Götter und Heroen, Trotz und Leid, die Pfeiler des tragischen Baus, in nichts sich verflüchtigen. Wo die Kunst dergestalt die Mitte des Daseins bezieht, daß sie den Menschen zu ihrer Erscheinung macht anstatt gerade ihn als ihren Grund – nicht als ihren Schöpfer, sondern sein Dasein als den ewigen Vorwurf ihrer Bildungen – zu erkennen, entfällt die nüchterne Besinnung überhaupt. Und ob mit der Entsetzung des Menschen aus der Mitte der Kunst das Nirwana, der entschlummernde Wille zum Leben, an seine Stelle tritt, wie bei Schopenhauer, oder die „Menschwerdung der Dissonanz" es ist, die wie, bei Nietzsche, die Erscheinungen der Menschenwelt so auch den Menschen erschaffen hat, es bleibt der gleiche Pragmatismus. Denn was verschlägt es, ob der Wille zum Leben oder zu seiner Vernichtung vorgeblich jedes Kunstwerk inspiriere, da es als Ausgeburt des absoluten Willens mit der Welt sich selber entwertet. Der in den Tiefen der bayreuther Kunstphilosophie behauste Nihilismus vereitelte – es war nicht anders möglich – den Begriff der harten, der geschichtlichen Gegebenheit der griechischen Tragödie. „Bilderfunken ... lyrische Gedichte, die in ihrer höchsten Entfaltung Tragödien und dramatische Dithyramben heißen" – in Visionen des Chors und der Zuschauermenge löst die Tragödie sich auf. So führt Nietzsche denn aus, man müsse „sich immer gegenwärtig halten, daß das Publicum der attischen Tragödie sich selbst in dem Chore der Orchestra wiederfand, daß es im Grunde keinen Gegensatz von Publicum und Chor gab: denn alles ist nur ein großer erhabener Chor von tanzenden und singenden Satyrn oder von solchen, welche sich durch diese Satyrn repräsentiren lassen ... Der Satyrchor ist zu allererst eine Vision der dionysischen Masse" – d. i. der Zuschauer – „wie wiederum die Welt der Bühne eine Vision dieses Satyrchors ist." Solch extreme Betonung des apollinischen Scheins, eine Voraussetzung der ästhetischen Auflösung der Tragödie, ist unhaltbar. Philologisch „fehlt ... für den tragischen chor im cultus jede anknüpfung". Und: der Ekstatiker, sei es die Masse, sei's ein Einzelner, ist wenn nicht starr, so nur in leidenschaftlichster Aktion zu denken; den Chor, der da gemessen und erwägend eingreift, zugleich als Subjekt der Visionen anzusetzen ist unmöglich, von einem Chor, der, selber die Erscheinung einer Masse, ein Träger weiterer Visionen würde, ganz zu schweigen. Vor allem sind die Chöre und das Publikum durchaus nicht Einheit. Das wird, soweit der Abgrund zwischen beiden, die Orchestra, durch ihr Vorhandensein es nicht belegt, zu sagen bleiben.

Nietzsches Untersuchung hat von der epigonalen Tragödientheorie sich abgekehrt ohne sie zu widerlegen. Denn mit ihrem Kernstück, der Lehre von tragischer Schuld und tragischer Sühne sich auseinanderzusetzen, fand er keine Veranlassung, weil er allzu bereitwillig das Feld moralischer Debatten ihr preisgab. Indem er eine solche Kritik verabsäumte, blieb ihm der Zugang zu den geschichts- oder religionsphilosophischen Begriffen, in denen zuletzt die Entscheidung über das Wesen der Tragödie sich ausprägt, verschlossen. Wo immer die Erörterung einsetzt, kann sie ein Vorurteil nicht schonen, das wie es scheint unangefochten steht. Es ist die Annahme, Handlungen und Verhaltungsweisen, die bei erdichteten Personen begegnen, seien für die Erörterung moralischer Probleme so zu nutzen wie das Phantom für anatomische Belehrung. Dem Kunstwerk, das man so leichthin sonst als naturgetreue Wiedergabe kaum zu fassen wagt, traut man bedenkenlos die exemplarische Kopie moralischer Phänomene zu, ohne die Frage nach deren Abbildbarkeit auch nur aufzuwerfen. Es steht dabei durchaus nicht die Bedeutung moralischer Sachverhalte für die Kritik eines Kunstwerks, sondern ein anderes, ein doppeltes vielmehr, in Frage. Eignet den Handlungen, Verhaltungsweisen, wie sie ein Kunstwerk darstellt, moralische Bedeutung als den Abbildern der Wirklichkeit? Und: Sind es moralische Einsichten, als in denen zuletzt der Gehalt eines Werks adäquat zu erfassen ist? Die Bejahung – vielmehr die Ignorierung – dieser beiden Fragen verleiht der landläufigen Interpretation und Theorie des Tragischen so wie nichts anderes ihr Gepräge. Und eben die Verneinung dieser Fragen ist's, mit der sich die Notwendigkeit erschließt, den moralischen Gehalt tragischer Poesie nicht als ihr letztes Wort, sondern als Moment ihres integralen

Wahrheitsgehaltes zu fassen: nämlich geschichtsphilosophisch. Gewiß ist die Negierung jener ersten Frage um soviel eher in anderen Zusammenhängen zu begründen als die der zweiten Angelegenheit vorwiegend einer Kunstphilosophie. Doch soviel leuchtet auch für jene ein: Erdichtete Personen existieren nur in der Dichtung. Sie sind wie Gobelinsüjets in ihren Webgrund ins Ganze ihrer Dichtung so verwoben, daß sie als Einzelne aus ihr auf keine Weise können ausgehoben werden. Die menschliche Gestalt der Dichtung, ja der Kunst schlechtweg, steht darin anders als die wirkliche, an der die in so vieler Hinsicht nur scheinbare Isolierung des Leibes wahrnehmungsmäßig gerade als der Ausdruck moralischer Vereinsamung mit Gott ihren untrügerischen Gehalt hat. ›Du sollst dir kein Bildnis machen‹ – das gilt nicht der Abwehr des Götzendienstes allein. Mit unvergleichlichem Nachdruck beugt das Verbot der Darstellung des Leibs dem Anschein vor, es sei die Sphäre abzubilden, in der das moralische Wesen des Menschen wahrnehmbar ist. Alles Moralische ist gebunden ans Leben in seinem drastischen Sinn, dort nämlich, wo es im Tode als Stätte der Gefahr schlechtweg sich innehat. Und dieses Leben, welches uns moralisch, das heißt in unserer Einzigkeit, betrifft, erscheint vom Standpunkt jeder Kunstgestaltung aus als negativ oder sollte doch so erscheinen. Denn ihrerseits kann Kunst in keinem Sinn es zugestehn, sich zum Gewissensrat in ihren Werken promoviert und das Dargestellte statt der Darstellung selbst beachtet zu sehen. Der Wahrheitsgehalt dieses Ganzen, der niemals in dem abgezogenen Lehrsatz, geschweige im moralischen, sondern allein in der kritischen, kommentierten Entfaltung des Werkes selbst begegnet, schließt gerade moralische Verweise nur höchst vermittelt ein. Wo sie als Pointe der Untersuchung sich vordrängen, wie es die Tragödienkritik des deutschen Idealismus kennzeichnet – wie typisch ist nicht Solgers Sophoklesabhandlung –, da hat das Denken von der sehr viel edleren Mühe, den geschichtsphilosophischen Standort eines Werkes oder einer Form zu erkunden, um den billigen Preis einer Reflexion sich losgekauft, die uneigentlich und darum nichtssagender ist als jede noch so philiströse sittliche Doktrin. Jene Mühe hat für die Tragödie eine sichere Lenkung in der Betrachtung von ihrem Verhältnis zur Sage.

Wilamowitz definiert: „eine attische tragödie ist ein in sich abgeschlossenes stück der heldensage, poetisch bearbeitet in erhabenem stile für die darstellung durch einen attischen bürgerchor und zwei bis drei schauspieler, und bestimmt als teil des öffentlichen gottesdienstes im heiligtume des Dionysos aufgeführt zu werden." An anderer Stelle: „so führt eine jede betrachtung zuletzt auf das verhältnis der tragödie zur sage zurück. darin liegt die wurzel ihres wesens, daher stammen ihre besondern vorzüge und schwächen, darin liegt der unterschied der attischen tragödie von jeder andern dramatischen poesie." Die philosophische Bestimmung der Tragödie hat hier anzuheben und zwar wird sie es mit der Einsicht tun, daß diese nicht als bloße theatralische Gestalt der Sage sich ergreifen läßt. Denn die Sage ist ihrer Natur nach tendenzlos. Die Ströme der Überlieferung, wie sie von oft entgegengesetzten Seiten in heftiger Aufwallung niederstürzen, haben zuletzt im epischen Spiegel eines geteilten, vielarmigen Bettes sich beruhigt. Der epischen stellt sich die tragische Dichtung als tendenziöse Umformung der Tradition entgegen. Wie intensiv und wie bedeutungsvoll sie umzubilden wußte, zeigt das Ödipusmotiv. Dennoch haben ältere Theoretiker, wie Wackernagel, recht, wenn sie Erfindung für unvereinbar mit dem Tragischen erklären. Die Umbildung der Sage nämlich geschieht nicht auf der Suche nach tragischen Konstellationen, sondern in der Ausprägung einer Tendenz, die alle Bedeutung verlöre, wenn es nicht mehr Sage, Urgeschichte des Volks wäre, an der sie sich kund täte. Nicht also ein ›Niveaukonflikt‹ zwischen dem Helden und der Umwelt schlechthin, wie Schelers Untersuchung „Zum Phänomen des Tragischen" ihn für bezeichnend erklärt, bildet die Signatur der Tragödie, sondern die einmalige griechische Art solcher Konflikte. Worin ist sie zu suchen? Welche Tendenz verbirgt sich im Tragischen? Wofür stirbt der Held? – Die tragische Dichtung ruht auf der Opferidee. Das tragische Opfer aber ist in seinem Gegenstande – dem Helden – unterschieden von jedem anderen und ein erstes und letztes zugleich. Ein letztes im Sinne des Sühnopfers, das Göttern, die ein altes Recht behüten, fällt; ein erstes im Sinn der stellvertretenden Handlung, in welcher neue Inhalte des Volkslebens sich ankündigen. Diese, wie sie zum Unterschiede von den alten todbringenden Verhaftungen nicht auf oberes Geheiß, sondern auf das Leben des Heros selbst zurückweisen, vernichten ihn, weil sie, inadäquat dem Einzelwillen, allein dem Leben der noch ungeborenen Volksgemeinschaft den Segen bringen. Der tragische Tod hat die Doppelbedeutung, das alte Recht der Olympischen zu entkräften und als den Erstling einer neuen Menschheitsernte dem unbekannten Gott den Helden hinzugeben. Aber auch dem tragischen Leiden, wie Aischylos in der „Orestie", Sophokles im „Ödipus" es darstellt, kann diese Doppelkraft einwohnen. Tritt in dieser Gestalt der Sühnecharakter des Opfers weniger hervor, so desto klarer seine Verwandlung, welche Ersatz des Todverfallenseins durch einen Anfall ausdrückt, der dem alten Bewußtsein von Göttern und Opfer ebensowohl genugtat wie sichtlich in die Form des neuen sich kleidet. Tod wird dabei zur Rettung: Todeskrisis. Ein ältestes Beispiel ist die Ablösung der Schlachtung des Menschen am Altare durch Entlaufen vor dem Messer des Opferers, d. h. Herumlaufen um den Altar mit schließlichem Anfassen des Altars durch den Todgeweihten, wobei der Altar zum Asyl, der zornige Gott zum gnädigen, der zu Tötende zum Gottes-Gefangenen und -Diener wird. Dies ist ganz das Schema der „Orestie". Diese agonale Prophetie unterscheidet ihre Beschränkung auf den Umkreis des Todes, ihre unbedingte Angewiesenheit auf die Gemeinde und vor allem die nichts weniger als garantierte Endgültigkeit ihrer Lösung und Erlösung von aller episch-didaktischen. Woher aber am Ende das Recht, von einer ›agonalen‹ Darstellung zu sprechen? ein Recht, welches aus der hypothetischen Ableitung des tragischen Vorgangs aus dem Opferlauf um die Thymele noch nicht hinreichend dürfte gestützt werden können. Zunächst darin erweist es sich, daß die attischen Bühnenspiele in Gestalt von Wettkämpfen vor sich gingen. Nicht die Dichter allein, auch die Protagonisten, ja die Choregen traten in Konkurrenz. Innerlich aber gründet dies Recht in der stummen Beklemmung, welche jeder tragische Vollzug nicht sowohl den Zuschauern mitteilt als in seinen Personen zur Schau stellt. Unter ihnen vollzieht er sich in der sprachlosen Konkurrenz des Agon. Die Unmündigkeit des tragischen Helden, welche die Hauptfigur der griechischen Tragödie gegen jeden späteren Typus abhebt, hat die Analyse des ›metaethischen Menschen‹ durch Franz Rosenzweig zu einem Grundstein der Tragödienlehre gemacht. „Denn das ist das Merkzeichen des Selbst, das Siegel seiner Größe wie auch das Mal seiner Schwäche: es schweigt. Der tragische Held hat nur eine Sprache, die ihm vollkommen entspricht: eben das Schweigen. So ist es von Anfang an. Das Tragische hat sich gerade deshalb die Kunstform des Dramas geschaffen, um das Schweigen darstellen zu können … Indem der Held schweigt, bricht er die Brücken, die ihn mit Gott und Welt verbinden, ab und erhebt sich aus den Gefilden der Persönlichkeit, die sich redend gegen andre abgrenzt und individualisiert, in die eisige Einsamkeit des Selbst. Das Selbst weiß ja von nichts außer sich, es ist einsam schlechthin. Wie soll es diese seine Einsamkeit, dieses starre Trotzen in sich selbst, anders betätigen als eben indem es schweigt? Und so tut es in der äschyleischen Tragödie, wie schon den Zeitgenossen auffiel." Das tragische Schweigen, wie diese Worte es bedeutungsvoll vorstellen, darf doch vom Trotz allein nicht beherrscht gedacht werden. Dieser Trotz bildet vielmehr in der Erfahrung der Sprachlosigkeit ebenso sich heran, wie sie an ihm sich bestärkt. Der Gehalt der Heroenwerke gehört der Gemeinschaft wie die Sprache. Da die Volksgemeinschaft ihn verleugnet, so bleibt er sprachlos im Helden. Und der muß jedes Tun und jedes Wissen je größer, je weiter hinaus wirkend es wäre desto gewaltsamer in die Grenzen seines physischen Selbst förmlich einschließen. Nur seiner Physis, nicht der Sprache dankt er, wenn er zu seiner Sache halten kann und daher muß er es im Tode tun. Den gleichen Zusammenhang visiert Lukács, wenn er in der Darstellung der tragischen Entscheidung bemerkt: „Das Wesen dieser großen Augenblicke des Lebens ist das reine Erlebnis der Selbstheit." Deutlicher bekundet eine Stelle bei Nietzsche es, daß der Sachverhalt des tragischen Schweigens ihm nicht entgangen ist. Ohne daß er dessen Bedeutung als Phänomen des Agonalen in dem tragischen Bereich vermutet hätte, berührt seine Konfrontation von Bild und Rede ihn genau. Die tragischen „Helden sprechen gewissermaßen oberflächlicher als sie handeln; der Mythus findet in dem gesprochnen

Wort durchaus nicht seine adäquate Objectivation. Das Gefüge der Scenen und die anschaulichen Bilder offenbaren eine tiefere Weisheit, als der Dichter selbst in Worte und Begriffe fassen kann." Schwerlich freilich handelt es sich dabei, wie Nietzsche weiterhin meint, um ein Mißlungensein. Je weiter das tragische Wort hinter der Situation zurückbleibt – die tragisch nicht mehr heißen darf, wo es sie erreicht – desto mehr ist der Held den alten Satzungen entronnen, denen er, wo sie am Ende ihn ereilen, nur den stummen Schatten seines Wesens, jenes Selbst als Opfer hinwirft; während die Seele ins Wort einer fernen Gemeinschaft hinübergerettet ist. Der tragischen Darstellung der Sage wuchs daraus unerschöpfliche Aktualität zu. Im Angesicht des leidenden Helden lernt die Gemeinde den ehrfürchtigen Dank für das Wort, mit dem dessen Tod sie begabte – ein Wort, das mit jeder neuen Wendung, die der Dichter der Sage abgewann, an anderer Stelle als erneuertes Geschenk aufleuchtete. Das tragische Schweigen weit mehr noch als das tragische Pathos wurde zum Hort einer Erfahrung vom Erhabnen des sprachlichen Ausdrucks, die soviel intensiver im antiken Schrifttum zu leben pflegt als in dem späteren. – Die griechische, die entscheidende Auseinandersetzung mit der dämonischen Weltordnung gibt auch der tragischen Dichtung ihre geschichtsphilosophische Signatur. Das Tragische verhält sich zum Dämonischen wie das Paradoxon zur Zweideutigkeit. In allen Paradoxien der Tragödie – im Opfer, das, alter Satzung willfahrend, neue stiftet, im Tod, der Sühne ist und doch das Selbst nur hinrafft, im Ende, das den Sieg dem Menschen dekretiert und dem Gotte auch – ist die Zweideutigkeit, das Stigma der Dämonen, im Absterben. Überall ist, wie schwach auch immer, der Akzent gesetzt. So auch im Schweigen des Helden, das Verantwortung weder findet noch sucht und dergestalt den Verdacht auf die Instanz der Verfolger zurückwirft. Denn seine Bedeutung schlägt um: nicht die Betroffenheit des Angeschuldigten, sondern das Zeugnis sprachlosen Leidens erscheint in den Schranken und die Tragödie, die da gewidmet schien dem Gerichte über den Helden, wandelt sich zur Verhandlung über die Olympischen, bei der jener den Zeugen abgibt und wider Willen der Götter „die Ehre Des Halbgotts" kundmacht. Der tiefe aischyleische Zug nach

Gerechtigkeit beseelt die widerolympische Prophetie aller tragischen Dichtung. „Nicht das Recht, sondern die Tragödie war es, in der das Haupt des Genius aus dem Nebel der Schuld sich zum ersten Male erhob, denn in der Tragödie wird das dämonische Schicksal durchbrochen. Nicht aber, indem die heidnisch unabsehbare Verkettung von Schuld und Sühne durch die Reinheit des entsühnten und mit dem reinen Gott versöhnten Menschen abgelöst würde. Sondern in der Tragödie besinnt sich der heidnische Mensch, daß er besser ist als seine Götter, aber diese Erkenntnis verschlägt ihm die Sprache, sie bleibt dumpf. Ohne sich zu bekennen sucht sie heimlich ihre Gewalt zu sammeln … Es ist gar keine Rede davon, daß die ›sittliche Weltordnung‹ wieder hergestellt werde, sondern es will der moralische Mensch noch stumm, noch unmündig – als solcher heißt er der Held – im Erbeben jener qualvollen Welt sich aufrichten. Das Paradoxon der Geburt des Genius in moralischer Sprachlosigkeit, moralischer Infantilität ist das Erhabene der Tragödie.“ Daß nicht in Rang und Abkunft der Personen sich das Erhabne des Gehalts erklärt – dieser Hinweis würde sich erübrigen, wenn nicht merkwürdige Spekulationen und naheliegende Verwechslungen sich an das Königtum so vieler Helden angeschlossen hätten. Sie beide meinen diesen Stand an und für sich und im modernen Sinne. Aber nichts ist einleuchtender, als daß er ein akzidentelles Moment ist, herrührend aus dem Sachbestand der Überlieferung, die den Grund der tragischen Dichtung abgibt. Gruppiert doch diese in der Urzeit sich um Herrscher, derart, daß königliche Abkunft der dramatischen Person den Ursprung im Heroenalter anweist. Und nur darin ist diese Abkunft belangvoll, darin freilich entscheidend. Denn die Schroffheit des heroischen Selbst – die kein Charakterzug, sondern geschichtsphilosophische Signatur des Helden ist – entspricht derjenigen seines herrschaftlichen Standorts. Diesem einfachen Tatbestand gegenüber erscheint die Auslegung des tragischen Königtums durch Schopenhauer als eine jener Nivellierungen ins Allgemeinmenschliche, welche die Wesensverschiedenheit von antiker und moderner Dramatik unkenntlich machen. „Die Griechen nahmen zu Helden des Trauerspiels durchgängig königliche Personen; die Neuern meistentheils auch. Gewiß nicht, weil der Rang dem Handelnden oder Leidenden mehr Würde giebt: und da es bloß darauf ankommt, menschliche Leidenschaften ins Spiel zu setzen; so ist der relative Werth der Objekte, wodurch dies geschieht, gleichgültig, und Bauerhöfe leisten so viel, wie Königreiche ... Personen von großer Macht und Ansehn sind jedoch deswegen zum Trauerspiel die geeignetesten, weil das Unglück, an welchem wir das Schicksal des Menschenlebens erkennen sollen, eine hinreichende Größe haben muß, um dem Zuschauer, wer er auch sei, als furchtbar zu erscheinen ... Nun aber sind die Umstände, welche eine Bürgerfamilie in Noth und Verzweiflung versetzen, in den Augen der Großen oder Reichen meistens sehr geringfügig und durch menschliche Hilfe, ja bisweilen durch eine Kleinigkeit, zu beseitigen: solche Zuschauer können daher von ihnen nicht tragisch erschüttert werden. Hingegen sind die Unglücksfälle der Großen und Mächtigen unbedingt furchtbar, auch keiner Abhülfe von außen zugänglich; da Könige durch ihre eigene Macht sich helfen müssen, oder untergehen. Dazu kommt, daß von der Höhe der Fall am tieffsten ist. Den bürgerlichen Personen fehlt es demnach an Fallhöhe." Was hier als Standeswürde der tragischen Person begründet – in einer geradezu barocken Weise aus den unseligen Vorfällen der ›Tragödie‹ begründet – wird, hat mit dem Rang der zeitentrückten Heroengestalten nichts zu schaffen; wohl aber hat der Fürstenstand für das moderne Trauerspiel die exemplarische und weit präzisere Bedeutung, welcher ihres Ortes gedacht wurde. Was Trauerspiel und griechische Tragödie in dieser täuschenden Verwandtschaft trennt, hat noch die jüngste Forschung nicht bemerkt. Und unfreiwillig wirkt es höchst ironisch, wenn zu Schillers tragischen Versuchen in der „Braut von Messina", welche dank der romantischen Haltung so vehement ins Trauerspiel umschlagen mußten, Borinski, weil er Schopenhauer folgt, mit Rücksicht auf die nachhaltig vom Chor betonte Standeshöhe der Personen meint: „Wie recht hatte doch die Renaissancepoetik – nicht im ›pedantischen‹, sondern im lebendig menschlichen Geiste – an den ›Königen und Heroen‹ der antiken Tragödie peinlich festzuhalten."

Schopenhauer hat die Tragödie als Trauerspiel aufgefaßt; unter den großen deutschen Metaphysikern nach Fichte ist wohl kaum einer, dem so wie ihm der Blick für das griechische Drama gefehlt hätte. Er hat denn auch im modernen die höhere Stufe gesehen und in dieser Konfrontation, so unzulänglich sie ist, den Ort des Problems zumindest bezeichnet. „Was allem Tragischen, in welcher Gestalt es auch auftrete, den eigenthümlichen Schwung zur Erhebung giebt, ist das Aufgehen der Erkenntniß, daß die Welt, das Leben, kein wahres Genügen gewähren könne, mithin unserer Anhänglichkeit nicht werth sei: darin besteht der tragische Geist: er leitet demnach zur Resignation hin. Ich räume ein, daß im Trauerspiel der Alten dieser Geist der Resignation selten direkt hervortritt und ausgesprochen wird ... Wie der Stoische Gleichmuth von der Christlichen Resignation sich von Grund aus dadurch unterscheidet, daß er nur gelassenes Ertragen und gefaßtes Erwarten der unabänderlich nothwendigen Übel lehrt, das Christentum aber Entsagung, Aufgeben des Wollens; eben so zeigen die tragischen Helden der Alten standhaftes Unterwerfen unter die unausweichbaren Schläge des Schicksals, das Christliche Trauerspiel dagegen Aufgeben des ganzen Willens zum Leben, freudiges Verlassen der Welt, im Bewußtseyn ihrer Werthlosigkeit und Nichtigkeit. – Aber ich bin auch ganz der Meinung, daß das Trauerspiel der Neuern höher steht, als das der Alten." Man hat gegen diese unscharfe, in geschichtsfremder Metaphysik befangene Abschätzung einige Sätze von Rosenzweig zu halten, um des Fortschritts inne zu werden, den die philosophische Geschichte des Dramas mit den Entdeckungen dieses Denkers gemacht hat. „Dies ist ein innerster Unterschied der neuen Tragödie von der alten ... ihre Gestalten sind alle untereinander verschieden, verschieden, wie es jede Persönlichkeit von der andern ist ... Das war in der antiken Tragödie anders; hier waren nur die Handlungen verschieden, der Held aber war als tragischer Held immer der gleiche, immer das gleiche trotzig in sich vergrabene Selbst. Dem also notwendig beschränkten Bewußtsein des neueren Helden läuft die Forderung, daß er überhaupt wesentlich, nämlich wenn er mit sich allein ist, bewußt sei, zuwider. Bewußtsein will immer klar sein; beschränktes Bewußtsein ist unvollkommenes ... Und so treibt die neuere Tragödie nach einem Ziel, das der antiken ganz fremd ist, nach der Tragödie des absoluten Menschen in seinem Verhältnis zum absoluten Gegenstand ...

Das kaum gewußte Ziel ... ist dies: an Stelle der unübersehbaren Vielheit der Charaktere den einen absoluten Charakter zu setzen, einen modernen Helden, der ebenso ein einer und immergleicher ist wie der antike. Dieser Konvergenzpunkt, in dem sich die Linien aller tragischen Charaktere schneiden würden, dieser absolute Mensch ... ist kein andrer als der Heilige. Die Heiligentragödie ist die geheime Sehnsucht des Tragikers ... Einerlei ob ... dies Ziel für den tragischen Dichter noch ein erreichbares Ziel sei oder nicht, jedenfalls ist es, auch wenn für die Tragödie als Kunstwerk unerreichbar, für das moderne Bewußtsein das genaue Gegenstück zum Helden des antiken." Die ›neuere Tragödie‹, deren Deduktion aus der antiken in diesen Sätzen versucht ist, heißt, wie kaum bemerkt zu werden braucht, mit dem nichts weniger als bedeutungslosen Namen ›Trauerspiel‹. Unter dieser Benennung rücken die Gedanken, mit denen die angezogene Stelle schließt, aus der hypothetischen Gestalt der Frage heraus. Das Trauerspiel ist als Form der Heiligentragödie durch das Märtyrerdrama beglaubigt. Und wofern nur der Blick deren Züge unter mannigfaltigen Arten des Dramas von Calderon bis Strindberg zu erkennen sich schult, wird die noch offene Zukunft dieser Form, einer Form des Mysteriums, ihm evident werden müssen.

Hier handelt es sich um ihre Vergangenheit. Diese führt weit zurück, zu einem Wendepunkt in der Geschichte des griechischen Geistes selbst: zum Tode des Sokrates. Im sterbenden Sokrates ist das Märtyrerdrama als Parodie der Tragödie entsprungen. Und hier wie so oft zeigt die Parodie einer Form deren Ende an. Daß es für Platon sich um das Ende der Tragödie gehandelt habe, bezeugt Wilamowitz. „Platon verbrannte seine tetralogie; nicht weil er darauf verzichtete, ein dichter zu werden im sinne des Aischylos, sondern weil er erkannte, daß der tragiker jetzt nicht mehr der lehrer und meister des volkes sein konnte. er versuchte freilich – so stark war die gewalt der tragödie – sich eine neue kunstform von dramatischem charakter zu schaffen, und er schuf sich statt der überwundenen heroensage auch einen sagenkreis, den von Sokrates." Dieser Sagenkreis vom Sokrates ist eine erschöpfende Profanation der Heroensage durch die Preisgabe ihrer dämonischen

Paradoxien an den Verstand. Von außen freilich gleicht der Tod des Philosophen dem tragischen. Er ist Sühnopfer nach dem Buchstaben eines alten Rechts, gemeinschaftstiftender Opfertod im Geist einer kommenden Gerechtigkeit. Aber gerade diese Übereinstimmung rückt ins hellste Licht, was eigentlich es mit dem Agonalen echter Tragik auf sich hat: jenem wortlosen Ringen, stummen Entlaufen des Helden, das in den Dialogen einer so glänzenden Entfaltung der Rede und des Bewußtseins Platz gemacht hat. Aus dem Sokratesdrama ist das Agonale herausgebrochen – ist doch selbst sein philosophisches Ringen markierendes Training – und mit einem Schlage hat der Tod des Heros sich in das Sterben eines Märtyrers verwandelt. Wie der christliche Glaubensheld – das hat die Neigung mancher Kirchenväter wie der Haß Nietzsches mit unfehlbarer Wittrung gespürt – so stirbt Sokrates freiwillig und freiwillig, in namenloser Überlegenheit und ohne Trotz verstummt er wo er schweigt. „Daß aber der Tod und nicht nur die Verbannung über ihn ausgesprochen wurde, das scheint Sokrates selbst, mit völliger Klarheit und ohne den natürlichen Schauder vor dem Tode, durchgesetzt zu haben … Der sterbende Sokrates wurde das neue, noch nie sonst geschaute Ideal der edlen griechischen Jugend." Wie weit von dem des tragischen Helden es entfernt war, konnte Platon nicht vielsagender bezeichnen, als indem er dem letzten Gespräch seines Lehrers zum Gegenstand die Unsterblichkeit gab. Wenn anders nach der „Apologie" der Tod des Sokrates noch tragisch hätte erscheinen können – verwandt dem schon durch einen allzu rationalen Pflichtbegriff erhellten der „Antigone" –, so zeigt die pythagoreische Stimmung des „Phaidon" dieses Sterben aller tragischen Bindung ledig. Sokrates sieht dem Tode ins Auge wie ein Sterblicher – wie der beste, der tugendhafteste der Sterblichen, wenn man will – aber er erkennt ihn als ein Fremdes, jenseits dessen, in der Unsterblichkeit, er sich wiederzufinden erwartet. Nicht so der tragische Held, der vor der Gewalt des Todes zurückschauert als vor der ihm vertrauten, eigenen und eingebannten. Sein Leben rollt ja aus dem Tode ab, der nicht sein Ende, sondern seine Form ist. Denn das tragische Dasein findet seine Aufgabe nur, weil die Grenzen, die des sprachlichen wie des leiblichen Lebens, von Anfang an ihm mitgegeben, in ihm selbst gesetzt sind. In den verschiedensten Formen hat man es ausgesprochen. Niemals vielleicht treffender als in einer beiläufigen Wendung, die den tragischen Tod „nur ... das nach außen gelangte Zeichen, daß die Seele gestorben ist", nennt. Ja der tragische Held, wenn man so will, ist seellos. Aus ungeheurer Leere tönt sein Inneres die fernen neuen Göttergeheiße wider und an diesem Echo erlernen kommende Generationen ihre Sprache. – Wie im alltäglichen Geschöpf das Leben, so wirkt im Helden um sich greifend ein Sterben, und die tragische Ironie entsteht jedesmal an der Stelle, wo er – mit tiefem Rechte, wovon er nichts ahnt – von den Umständen seines Unterganges als von solchen des Lebens zu reden beginnt. „Auch ist die Todesentschlossenheit der tragischen Menschen ... nur scheinbar heroisch, nur für die menschlich-psychologische Betrachtung; die sterbenden Helden der Tragödie – so ungefähr schrieb es ein junger Tragiker – sind lange schon tot, ehe sie starben." Der Held in seinem geist-leiblichen Dasein ist Rahmen des tragischen Vollzuges. Wenn wirklich die „Gewalt des Rahmens", wie man es glücklich formulierte, ein Wesentliches unter den Stücken ist, die antike Lebensgesinnung von der modernen trennen, in welcher das unendliche und nuancierte Ausschwingen der Gefühle oder Situationen das Selbstverständliche zu sein scheint, so ist diese Gewalt von derjenigen der Tragödie selbst nicht zu trennen. „Nicht die Stärke sondern die Dauer des hohen Gefühles macht den hohen Menschen." Gewährleistet ist diese monotone Dauer des heldischen Gefühls allein im vorgegebenen Rahmen seines Lebens. Das Orakel der Tragödie ist nicht magischer Schicksalszauber allein; es ist die nach außen verlegte Gewißheit, tragisches Leben sei nicht, es verliefe denn in seinem Rahmen. Notwendigkeit, wie sie im Rahmen festgelegt erscheint, ist nicht kausale noch auch magische. Es ist die sprachlose des Trotzes, in welchem das Selbst seine Äußerungen zutage fördert. Wie Schnee vor dem Südwind würde sie unterm Hauche des Wortes dahinschmelzen. Aber eines ungekannten allein. Der heroische Trotz enthält, in sich verschlossen, dieses ungekannte; das unterscheidet ihn von der Hybris eines Mannes, dem das voll entfaltete Bewußtsein der Gemeinschaft keinen verborgenen Gehalt mehr zuerkennt.

Die Vorzeit allein konnte tragische Hybris kennen, welche mit dem Leben des Helden das Recht ihres Schweigens erkauft. Der Held, der es verschmäht vor den Göttern sich zu verantworten, kommt in einem gleichsam vertraglichen Sühneverfahren, welches seiner Doppelbedeutung nach nicht nur der Wiederherstellung, sondern vorab der Untergrabung einer alten Rechtsverfassung im sprachlichen Bewußtsein der erneuerten Gemeinschaft gilt, mit den Göttern überein. Kampfspiel, Recht und Tragödie, die große agonale Dreiheit griechischen Lebens – auf den Agon als Schema weist die „Griechische Kulturgeschichte" Jacob Burckhardts – schließt sich im Zeichen des Vertrags zusammen. „Im Kampf gegen Fehderecht und Selbsthilfe sind Gesetzgebung und Verfahren in Hellas geformt worden. Wo die Neigung zur Eigenmacht schwand oder es dem Staate gelang, sie einzudämmen, trug der Prozeß doch zunächst nicht den Charakter eines Nachsuchens um richterliche Entscheidung, sondern den einer Sühneverhandlung ... Im Rahmen eines solchen Verfahrens, dessen Hauptziel nicht war, das absolute Recht zu finden, sondern den Verletzten zum Verzicht auf Rache zu bewegen, mußten sakrale Formen für Beweis und Spruch um des Eindrucks willen, den sie auch auf den Unterliegenden nicht verfehlten, eine besonders hohe Bedeutung gewinnen." Der antike Prozeß – der Strafprozeß insbesondere – ist Dialog, weil gebaut auf die Doppelrolle von Kläger und Beklagtem, ohne Offizialverfahren. Er besitzt seinen Chor teils in den Schwurgenossen (denn z.B. im altkretischen Recht traten die Parteien den Beweis mit Eideshelfern an, das heißt mit Leumundszeugen, die sich ursprünglich auch mit Waffen im Ordal für das Recht ihrer Partei verbürgen), teils in dem Aufgebot der das Gericht um Erbarmen anflehenden Genossen der Beklagten, teils endlich in der richtenden Volksversammlung. Für athenisches Recht ist das Wichtige und Charakteristische der dionysische Durchschlag, daß nämlich das trunkene, ekstatische Wort die reguläre Verzirkelung des Agon durchbrechen durfte, daß eine höhere Gerechtigkeit aus der Überzeugungskraft der lebendigen Rede erwuchs als aus dem Prozeß der mit Waffen oder in gebundenen Wortformen einander widerstreitenden Sippen. Das Ordal wird durch den Logos in Freiheit durchbrochen. Dies ist zutiefst die Verwandtschaft von Gerichtsprozeß und Tragödie in Athen. Das Wort des Helden, wo es vereinzelt den starren Panzer des Selbst durchbricht, wird zum Schrei der Empörung. Die Tragödie geht ein in dies Bild des Prozeßverfahrens; eine Sühneverhandlung findet auch in ihr statt. Daher lernen bei Sophokles und bei Euripides die Helden „nicht sprechen … bloß debattieren", daher rührt, daß „der antiken Dramatik die Liebesszene fremd ist". Ist aber der Mythos im Sinn des Dichters die Verhandlung, so ist seine Dichtung Abbildung und Revision des Verfahrens zugleich. Und dieser ganze Prozeß ist gewachsen um die Dimension des Amphitheaters. Die Gemeinde wohnt dieser Wiederaufnahme des Verfahrens bei als kontrollierende Instanz, ja als richtende. Ihrerseits sucht sie über den Vergleich zu befinden, in dessen Auslegung der Dichter das Gedächtnis der Heroenwerke erneuert. Aber es klingt im Schluß der Tragödie ein non liquet stets mit. Die Lösung ist zwar jeweils auch Erlösung; doch nur jeweilige, problematische, eingeschränkte. Das Satyrspiel wie es vorangeht oder folgt ist Ausdruck dessen, daß auf das non liquet des dargestellten Prozesses nur ein Elan der Komik vorbereitet oder reagiert. Und auch darin behauptet sich der Schauer des undurchdringlichen Endes: „Der Held, der Furcht und Mitleid in andern erweckt, bleibt selber unbewegtes starres Selbst. Im Beschauer wiederum schlagen sie sofort nach innen, machen auch ihn zum in sich selber eingeschlossenen Selbst. Jeder bleibt für sich, jeder bleibt Selbst. Es entsteht keine Gemeinschaft. Und dennoch entsteht ein gemeinsamer Gehalt. Die Selbste kommen nicht zueinander, und dennoch klingt in allen der gleiche Ton, das Gefühl des eigenen Selbst.") Ihre verhängnisvolle und nachhaltige Auswirkung hat die prozessuale Dramaturgie der Tragödie in der Lehre von den Einheiten gehabt. An dieser ihrer sachlichsten Bestimmtheit geht demnach auch die tiefe Interpretation vorüber, die da meint: „Die Einheit des Ortes ist das selbstverständliche, nächstliegende Sinnbild dieses Stehengebliebenseins inmitten der immerwährenden Wechsel des umgebenden Lebens; darum der technisch notwendige Weg zu seiner Gestaltung. Das Tragische ist nur ein Augenblick: das ist der Sinn, den die Einheit der Zeit ausspricht." Nicht daß dies anzuzweifeln wäre – ja das befristete

Auftauchen der Heroen aus der Unterwelt gibt diesem Innehalten zeitlichen Verlaufs den höchsten Nachdruck. Jean Paul verleugnet doch nur die erstaunlichste Divination, wenn er rhetorisch zur Tragödie meint: „Wer wird zu öffentlichen Festspielen und vor eine Menge düstere Schattenwelten vorführen?" Niemand zu seiner Zeit erträumte sonst dergleichen. Aber wie überall, so liegt auch hier die fruchtbarste Schicht metaphysischer Deutung in der Ebene des Pragmatischen selbst. In der ist die Einheit des Orts: die Gerichtsstätte; die Einheit der Zeit: die seit je – im Sonnenumlauf oder anders – eingegrenzte des Gerichtstags; und die Einheit der Handlung: die der Verhandlung. Diese Umstände sind es, welche die Gespräche des Sokrates zum unwiderruflichen Epilog der Tragödie machen. Dem Helden selber wächst in seiner eigenen Lebenszeit nicht nur das Wort, sogar die Schar der Jünger, seiner jugendlichen Sprecher zu. Sein Schweigen, nicht sein Reden wird von nun an aller Ironie voll sein. Sokratischer, die das Gegenteil ist von tragischer. Tragisch ist das Entgleisen der Rede, die da unbewußt die Wahrheit des heldischen Lebens berührt, das Selbst, dessen Verschlossenheit so tief ist, daß es auch da nicht erwacht, wo es sich träumend beim Namen ruft. Das ironische Schweigen des Philosophen, das spröde, mimenhafte, ist bewußt. An Stelle des Opfertodes des Heros gibt Sokrates das Beispiel des Pädagogen. Den Kampf aber, den dessen Rationalismus der tragischen Kunst angesagt hatte, entscheidet Platons Werk mit einer Überlegenheit, die zuletzt den Herausforderer entscheidender traf als die Geforderte, gegen die Tragödie. Denn dies geschieht nicht in dem rationalen Geist des Sokrates, vielmehr im Geist des Dialoges selbst. Wenn am Ende des „Symposion" Sokrates, Agathon und Aristophanes einsam einander gegenübersitzen sollte es nicht das nüchterne Licht seiner Dialoge sein, das Platon da überm Diskurs vom echten Dichter, der gleicherweise Tragik wie Komödie in sich halte, mit dem Morgen über den Dreien hereinbrechen läßt? Im Dialog tritt die reine dramatische Sprache diesseits von Tragik und von Komik, ihrer Dialektik, auf. Dies Reindramatische stellt das Mysterium, welches in den Formen des griechischen Dramas sich allmählich verweltlicht hatte, wieder her: seine Sprache ist als die des neuen Dramas zumal die des Trauerspiels.

Indem die Tragödie dem Trauerspiel gleichgesetzt wurde, hätte man es recht auffallend finden sollen, daß die Aristotelische Poetik von Trauer als der Resonanz des Tragischen schweigt. Jedoch weit entfernt davon, hat die neuere Ästhetik oft geglaubt, im Begriff des Tragischen selber ein Gefühl, die Gefühlsreaktion auf Tragödie und Trauerspiel, ergriffen zu haben. Tragik ist eine Vorstufe der Prophetie. Sie ist ein Sachverhalt, der nur im Sprachlichen sich findet: tragisch ist das Wort und ist das Schweigen der Vorzeit, in denen die prophetische Stimme sich versucht, Leiden und Tod, wo sie diese Stimme erlösen, niemals ein Schicksal im pragmatischen Gehalt seiner Verwicklung. Das Trauerspiel ist pantomimisch denkbar, die Tragödie nicht. Denn an das Wort des Genius ist der Kampf gegen die Dämonie des Rechts gebunden. Die psychologistische Verflüchtigung des Tragischen und die Gleichsetzung von Tragödie und Trauerspiel gehören zusammen. Deutet doch schon des letztern Name darauf hin, daß sein Gehalt die Trauer im Betrachter weckt. Das heißt gar nicht, er lasse in Kategorien der empirischen Psychologie besser als jener der Tragödie sich entfalten – dürfte weit eher schon besagen, daß viel besser als der Zustand der Betrübnis diese Spiele einer Beschreibung der Trauer zu dienen vermöchten. Denn sie sind nicht so sehr das Spiel, das traurig macht, als jenes, über dem die Trauer ihr Genügen findet: Spiel vor Traurigen. Ihnen eignet eine gewisse Ostentation. Ihre Bilder sind gestellt, um gesehen zu werden, angeordnet, wie sie gesehen werden wollen. So ist das Renaissancetheater Italiens, welches mannigfach ins deutsche Barock hinüberwirkt, aus der puren Ostentation, nämlich aus den Trionfi, den Umzügen mit erläuternder Rezitation entstanden, die unter Lorenzo von Medici in Florenz aufkamen. Und im ganzen europäischen Trauerspiel ist denn auch die Bühne nicht streng fixierbar, eigentlicher Ort, sondern dialektisch zerrissen auch sie. Gebunden an den Hofstaat bleibt sie Wanderbühne; uneigentlich vertreten ihre Bretter die Erde als erschaffnen Schauplatz der Geschichte; sie zieht mit ihrem Hof von Stadt zu Stadt. Der griechischen Anschauung aber gilt die Bühne als kosmischer Topos. „Die Form des griechischen Theaters erinnert an ein einsames Gebirgsthal: die Architektur der Scene erscheint wie ein leuchtendes Wolkenbild, welches die im Gebirge herumschwärmenden Bacchen von der Höhe aus erblicken, als die herrliche Umrahmung, in deren Mitte das Bild des Dionysus offenbar wird." Es mag dahingestellt sein, ob diese schöne Beschreibung zutrifft, ob etwa nach Analogie der Gerichtsschranken ›die Scene wird zum Tribunal‹ für jede ergriffene Gemeinde werden müssen – in jedem Falle ist die griechische Trilogie nicht wiederholbare Ostentation, sondern einmalige Wiederaufnahme des tragischen Prozesses in höherer Instanz. Es ist, wie schon das offene Theater und die auf gleiche Weise niemals repetierte Darstellung es nahelegt, ein entscheidender Vollzug im Kosmos, was in ihr sich abspielt. Um dieses Vollzuges willen und als sein Richter ist die Gemeinde geladen. Während der Zuschauer der Tragödie eben durch diese erfordert und gerechtfertigt wird, ist das Trauerspiel vom Beschauer aus zu verstehen. Er erfährt, wie auf der Bühne, einem zum Kosmos ganz beziehungslosen Innenraume des Gefühls, Situationen ihm eindringlich vorgestellt werden. Sprachliches stempelt den Zusammenhang von Trauer und Ostentation, wie er in dem Theater des Barock sich ausprägt, lakonisch. So die „T(rauer)bühne" „uneig., die Erde als ein Schauplatz trauriger Vorfälle ..."; „das T(rauer)gepränge; das T(rauer)gerüst, ein mit Tüchern bedecktes, mit Verzierungen, Sinnbildern etc. versehenes Gerüst, auf welchem die Leiche eines vornehmen Verstorbenen im Sarge ausgestellt wird (Katafalk, Castrum doloris, Trauerbühne)". Das Wort ›Trauer‹ liegt stets für diese Zusammensetzungen bereit, in welchen es sozusagen das Mark der Bedeutung aus seinen Begleitworten saugt. Sehr kennzeichnend für die drastische, durchaus nicht vom Ästhetischen beherrschte Bedeutung des barocken Terminus heißt es bei Hallmann: „Solch Traur-Spiel kommt aus deinen Eitelkeiten! Solch Todten-Tantz wird in der Welt gehegt!"

Darin blieb die Folgezeit der Barocktheorie pflichtig, daß sie vom historischen Gegenstand eine besondere Eignung fürs Trauerspiel annahm. Und wie sie die naturhistorische Umformung der Geschichte in den barocken Dramen übersah, so ließ sie in der Analyse der Tragödie die Sonderung von Sage und Geschichte außer acht. Auf diese Weise kam sie zum Begriff einer historischen Tragik. Die Gleichsetzung der Trauerspiele mit der Tragödie war auch von dieser Seite her die Folge, und sie gewann die theoretische Funktion, die Problematik des Historiendramas, wie es der deutsche Klassizismus in die Welt gesetzt hatte, zu vertuschen. Das unsichre Verhältnis zum geschichtlichen Stoff ist von dieser Problematik der deutlichsten Ansichten eine. Die Freiheit seiner Interpretation wird stets der tendenziösen Genauigkeit tragischer Mythenerneuerung um vieles nachgeben; und andererseits wird diese Art des Dramas im Gegensatz zur rein chronistischen Fixierung an die Quellen, die das barocke Trauerspiel erleidet und die mit dichterischer Bildung wohl vereinbar ist, gefährlich an das ›Wesen‹ der Geschichte selber sich gebunden wissen. Dagegen ist im Grunde gänzliche Freiheit der Fabel dem Trauerspiele gemäß. Die hochbedeutende Entwicklung dieser Form im Sturm und Drang läßt sich, wenn man so will, als Selbsterfahrung der in ihr ruhenden Potenzen und als Emanzipation vom willkürlich beschränkten Kreis der Chronik fassen. Auf andere Art bestätigt sich dies Wirken der barocken Formenwelt im ›Kraftgenie‹ als bürgerlichem Zwitter von Tyrann und Märtyrer. Minor bemerkte solche Synthesis im „Attila" des Zacharias Werner. Sogar der eigentliche Märtyrer und die dramatische Gestaltung seiner Qualen lebt im Hungertod des „Ugolino" oder im Kastrationsmotiv des „Hofmeisters" nach. Wie denn das Drama von der Kreatur durchaus fortgespielt wird, nur daß das Sterben seinen Platz dem Lieben räumt. Doch bleibt Vergänglichkeit auch hier das letzte Wort. „O daß der Mensch so über die Erde hingeht, ohn' eine Spur hinter sich zu lassen, wie das Lächeln über das Gesicht oder der Gesang des Vogels durch den Wald!" Im Sinne solcher Klagen hat der Sturm und Drang die Chöre der Tragödie gelesen und so ein Stück barocker Interpretation von Tragik nachgeholt. Bei Gelegenheit der Laokoonkritik im „Ersten kritischen Wäldchen" handelt Herder als Sprecher des ossianischen Zeitalters von den laut klagenden Griechen mit ihrer „Empfindbarkeit ... zu sanften Thränen". In Wahrheit ist der Chor der Tragödie nicht klagend. Er bleibt im Angesicht der tiefen Leiden überlegen; das widerstreitet der klagenden Hingebung. Diese Überlegenheit wird da nur äußerlich beschrieben, wo man in Ungerührtsein oder auch in Mitleid ihren Grund sucht. Es restauriert vielmehr die chorische Diktion die Trümmer des tragischen Dialogs zu einem diesseits wie jenseits des Konflikts – in sittlicher Gesellschaft wie in religiöser Gemeinschaft – gefestigten Sprachbau. Die ständige Präsenz der Chorgemeinde, weit entfernt das tragische Geschehen in Klagen aufzulösen, setzt vielmehr, wie Lessing schon bemerkt hat, , dem Affekt selbst in den Dialogen eine Schranke. Die Auffassung des Chors als „Trauerklage", in der „das ursprüngliche Weh der Schöpfung ertönt", ist eine echt barocke Umdeutung seines Wesens. Denn den Reyen des deutschen Trauerspiels kommt, zu einem Teile wenigstens, diese Aufgabe zu. Verborgener freilich liegt eine zweite. Die Chöre des barocken Dramas sind nicht sowohl Intermezzi wie die des antiken, denn Einfassungen des Akts, die zu ihm sich verhalten wie die ornamentalen Randleisten der Renaissancedrucke zum Satzspiegel. In ihnen akzentuiert sich dessen Natur als Bestandstück einer bloßen Schaustellung. Daher pflegen die Reyen des Trauerspiels reicher entwickelt und loser mit der Handlung verbunden zu sein als der Chor der Tragödie. – In ganz anderer Weise als im Sturm und Drang verrät das apokryphe Nachleben des Trauerspiels sich in den klassizistischen Versuchen des historischen Dramas. Unter den neueren Dichtern hat keiner wie Schiller darum gerungen, das antike Pathos in jenen Stoffen noch zu behaupten, die mit dem Mythos der Tragiker nichts mehr gemein haben. Der unwiederholbaren Voraussetzung, die der Tragödie im Mythos gegeben war, glaubte er in Gestalt der Geschichte erneuert sich zu versichern. Dieser aber eignet von Haus aus weder ein tragisches Moment im antiken, noch ein Schicksalsmoment im romantischen Sinne, es sei denn sie zernichteten und nivellierten einander im Begriffe des Kausalnotwendigen. Dieser vagen moderantistischen Auffassung rückt das historische Drama des Klassizismus bedenklich nahe und eine von dem Tragischen erlöste Sittlichkeit wie ein den Schicksalsdialektiken entronnenes Räsonnement vermögen seinen Bau nicht zu festigen. Wo Goethe zu bedeutenden und in der Sache sehr gegründeten Vermittlungen geneigt war – nicht umsonst geht sein durch Einfluß Calderons an einem Stoff der karolingischen Geschichte sich versuchendes Fragment unter dem, sonderbarerweise apokryphen, Titel eines „Trauerspiels aus der

Christenheit" – suchte Schiller das Drama auf den Geist der Geschichte zu gründen, wie der deutsche Idealismus sie verstand. Und wie auch sonst das Urteil über seine Dramen als Dichtungen des großen Künstlers lauten mag, unleugbar bleibt, daß er durch sie die Form der Epigonen in die Welt gesetzt hat. Dabei gewann er es dem Klassizismus ab, im Rahmen des Historischen das Schicksal als Gegenpol der individuellen Freiheit reflexiv zu spiegeln. Aber je weiter er diesen Versuch trieb, desto unausweichlicher näherte er mit dem romantischen Schicksalsdrama, wie die „Braut von Messina" es variiert, sich dem Trauerspieltypus. Es ist ein Zeichen seines überlegenen Kunstverstandes, daß er den idealistischen Theoremen zum Trotz im „Wallenstein" aufs Astrologische, in der „Jungfrau von Orleans" auf Calderonsche Wunderwirkungen und im „Wilhelm Tell" auf Calderonsche Eröffnungsmotive zurückgriff. Freilich vermochte die romantische Gestalt des Trauerspiels, im Schicksalsdrama oder wo auch immer sonst, nach Calderon mehr als Reprise kaum zu sein. Daher Goethes Wort, daß Calderon Schiller hätte gefährlich werden können. Mit Recht durfte er selbst sich geborgen glauben, wenn er im Schlusse des „Faust" mit einer selbst Calderon übertreffenden Wucht *das* bewußt und nüchtern entfaltete, wozu Schiller sich halb widerwillig gedrängt, halb unwiderstehlich gezogen fühlen mochte.

Die ästhetischen Aporien des historischen Dramas mußten in seiner radikalsten und eben daher kunstlosesten Ausgestaltung, der Haupt- und Staatsaktion, am deutlichsten zutage treten. Sie ist das südliche und populäre Gegenstück des nordischen gelehrten Trauerspiels. Bezeichnenderweise stammt das einzige Zeugnis, wenn nicht von dieser so doch irgendwelcher Einsicht überhaupt, aus der Romantik. Es ist der Literator Franz Horn, der mit überraschendem Verständnis die Haupt- und Staatsaktionen kennzeichnet, ohne freilich im Laufe seiner Geschichte der „Poesie und Beredsamkeit der Deutschen" bei ihnen zu verweilen. Da heißt es: „Zu Velthems Zeit waren besonders beliebt: die sogenannten Haupt- und Staatsactionen, über welche fast sämmtliche Literaturhistoriker mit stattlichem Hohn gelacht haben, ohne jedoch eine Erklärung hinzu zu fügen. – Jene Actionen sind wahrhaft deutschen

Ursprungs und ganz für den deutschen Charakter geeignet. Die Liebe für das sogenannte Reintragische war selten, aber der angeborene Trieb zum Romantischen wollte reiche Nahrung, so wie nicht minder die Lust an der Posse, welcher gerade bei den nachdenklichsten Gemüthern am regsten zu sein pflegt. Indessen giebt es noch eine dem Deutschen ganz eigenthümliche Hinneigung, welche sich bei allen diesen Gattungen nicht völlig befriedigt fand, es ist die zum Ernst im Allgemeinen, zur Feierlichkeit, bald zur Breite, bald zur sentenziösen Kürze und – Geschweiftheit. Dafür erfand man jene sogenannten Haupt- und Staatsactionen, zu denen die historischen Theile des alten Testaments(?), Griechenland und Rom, die Türkei u.s.w. fast nie aber Deutschland selbst den Stoff bot ... Hier erscheinen die Könige und Fürsten mit ihren goldpapierenen Kronen auf dem Haupte sehr trübe und traurig, und versichern das mitleidige Publikum, es sei nichts schwerer als regieren, und ein Holzhauer schlafe viel besser; die Feldherren und Officiere halten vortreffliche Reden, und erzählen von ihren großen Thaten, die Prinzessinnen sind, wie billig, höchst tugendhaft, und, wie nicht minder billig, erhaben verliebt gewöhnlich in einen der Generale ... Desto weniger beliebt sind bei diesen Poeten die Minister, welche gewöhnlich schlimm gesinnt und mit schwarzem oder wenigstens grauem Charakter behaftet erscheinen ... Der clown und fool ist den Personen des Stücks oft sehr lästig; aber sie können die verkörperte Idee der Parodie, die, als solche, ja unsterblich ist, schlechthin nicht los werden.“ Diese anmutende Beschreibung gemahnt an das Puppenspiel nicht umsonst. Stranitzky, der hervorragende wiener Verfasser dieser Aktionen, war Besitzer eines Marionettentheaters. Mögen seine überlieferten Texte nun auch nicht dort gespielt worden sein, so ist es anders nicht denkbar, als daß ein jegliches Repertoire dieser Puppenbühne mannigfach sich mit den Aktionen berührte, deren parodistische Nachzügler wohl auch auf ihr noch Platz gefunden haben könnten. Die Miniatüre, in welche Haupt- und Staatsaktionen derart umzuschlagen neigen, zeigt sie dem Trauerspiel besonders nahe. Mag es nun spanisch die subtile Reflexion oder deutsch die gespreizte Geste erwählen, die spielerische Exzentrizität, die ihren angestammten Helden unter Marionetten hat, verbleibt ihm.

„Ob nicht die Leichen Papinians und seines Sohnes ... durch Puppen dargestellt wurden? Jedenfalls konnte es sich nur um solche handeln bei dem herangeschleiften Leichnam Leos, sowie bei der Darstellung von Cromwells, Irretons und Bradschaws Leichen an dem Galgen ... Auch die grause Reliquie, das verbrannte Haupt der standhaften Fürstin von Georgien, gehört in diesen Zusammenhang ... Im Prolog der Ewigkeit zur ›Catharina‹ liegen eine ganze Anzahl von Requisiten verstreut am Boden umher, ähnlich vielleicht wie es der Titelkupfer der Ausgabe von 1657 zeigt. Neben Zepter und Krummstab liegt ›Schmuck, Bild, Metal und ein gelehrt Papier‹. Die Ewigkeit tritt ihren Worten nach ... auf Vater und Sohn. Das können, wie der ebenfalls genannte Prinz, falls wirklich dargestellt, nur Puppen gewesen sein.“ Die Staatsphilosophie, der solche Perspektiven als Sakrileg erscheinen mußten, gestattet die Gegenprobe. Bei Salmasius liest man: „Ce sont eux qui traittent les testes des Roys comme des ballons, qui se ioüent des Couronnes comme les enfans font d'vn cercle, qui considerent les Sceptres des Princes comme des marottes, et qui n'ont pas plus de veneration pour les liurées de la souueraine Magistrature, que pour des quintaines.“ Die leibliche Erscheinung der Akteure selbst, zumal des Königs, welcher im Ornat sich zeigt, konnte puppenhaft starr wirken. „Die Fürsten/ denen ist der Purpur angebohrn/ | Sind ohne Scepter kranck.“ Dieser Lohensteinsche Vers rechtfertigt den Vergleich barocker Bühnen-Herrscher mit den Kartenkönigen. Im gleichen Drama spricht Micipsa von dem Sturz des Masinissa, „der schwer von Kronen war“. Und endlich Haugwitz: „Reicht uns den rothen Sammt/ und dies geblümte Kleid | Und schwartzen Atlaß/ daß man/ was den Sinn erfreut/ | Und was den Leib betrübt/ kan auff den Kleidern lesen/ | Und sehet wer wir sind in diesem Spiel gewesen/ | Indem der blasse Tod den letzten Auffzug macht.“

Unter den einzelnen von Horn inventarisierten Zügen der Staatsaktionen ist für das Studium des Trauerspiels der belangvollste die ministeriale Intrige. Sie spielt wohl ihre Rolle auch im hochpoetischen Drama; neben den „Pralereyen/ Klag'Reden/ endlich auch Begräbnisse(n) und Grabschriften“ zieht Birken „Meineid und Verrätherrey ... Betrüge und Practiken“ in den Stoffbereich der Trauerspiele hinein. Mit voller Freiheit aber ergeht sich die Figur des ränkeschmiedenden Beraters im Gelehrtendrama nicht, vielmehr in jenen volkstümlichern Stücken. Dort ist er als die komische Figur zu Hause. So „Doctor Babra, ein verwihrter Jurist und Favorit des Königs“. Seine „Politischen Staats-Streiche und verstelte Einfalth ... gibt denen Staats-Scenen eine Modeste Unterhaltung“. Mit dem Intriganten zieht die Komik ins Trauerspiel ein. Sie ist darin jedoch nicht Episode. Die Komik – richtiger: der reine Spaß – ist die obligate Innenseite der Trauer, die ab und zu wie das Futter eines Kleides im Saum oder Revers zur Geltung kommt. Ihr Vertreter ist an den der Trauer gebunden. „Kein Zorn, wir seind gutte Freundt, werden ia die Herrn Collegen einander nichts thun“, sagt Hanswurst zur „Person deß Messinischen Wüttrichs Pelifonte“. Oder epigrammatisch über einem Kupfer, der eine Bühne darstellt, auf der links ein Possenreißer und rechts ein Fürst sich zeigen: „Wann die Bühne nu wird leer/ | Gilt kein Narr und König mehr.“ Selten, vielleicht auch nie gab sich die spekulative Ästhetik Rechenschaft davon, wie nah der strenge Spaß dem Grauenhaften liegt. Wer sah nicht Kinder lachen, wo Erwachsene sich entsetzen? Wie im Sadisten solche Kindlichkeit die lacht und solch Erwachsensein das sich entsetzt changieren, das gilt es an dem Intriganten abzulesen. So tut Mone in der ausgezeichneten Beschreibung, die er vom Schalk aus einem Spiele von der Kindheit Jesu, dem XIV. Jahrhundert angehörend, gibt. „Daß in dieser Person der Anfang eines Hofnarren liegt, ist klar ... Was ist der Grundzug im Charakter dieser Person? Die Verhöhnung des menschlichen Hochmuths. Das unterscheidet diesen Schalk von dem planlosen Lustigmacher der nachherigen Zeit. Der Hanswurst hat etwas harmloses, dieser alte Schalk aber einen beißenden, aufreizenden Hohn, der mittelbar zu dem gräßlichen Kindermorde treibt. Darin liegt etwas teufelhaftiges und nur deshalb, weil dieser Schalk gleichsam ein Stück vom Teufel ist, gehört er nothwendig in dieses Schauspiel, um die Erlösung, wenn es möglich wäre, durch Ermordung des Kindes Jesu zu hintertreiben.“ Es ist der Säkularisierung der Passionen im Drama des Barock nur angemessen, wenn darin die beamtete Person den Platz des Teufels einnimmt. Auf den Schalk greift denn auch – vielleicht veranlaßt durch die angeführte Darlegung bei Mone – in einer Schilderung der wiener Haupt- und Staatsaktionen die Kennzeichnung des Intrigierenden zurück. Der Hanswurst der Staatsaktionen trat „mit den Waffen der Ironie und des Spottes auf, überlistete gewöhnlich seine Collegen – wie den Scapin und Riepl – und scheute es selbst nicht, die Leitung der Intrigue des Stückes zu übernehmen ... Wie jetzt in dem weltlichen Schauspiele, so hatte schon im 15. Jahrhunderte in den geistlichen Spielen der Schalk die Rolle der komischen Figur des Stückes übernommen, und so wie jetzt, war sie schon damals dem Rahmen des Stückes vollkommen angepaßt und nahm auf die Entwicklung der Handlung einen wesentlichen Einfluß." Nur ist nicht, wie es diese Worte unterstellen, die Charge eine Koppelung wesensfremder Elemente. Der grauenhafte Spaß ist so ursprünglich wie die harmlose Lustigkeit, ursprünglich sind die beiden sich nahe, und gerade der Figur des Intriganten dankt das so oft auf Stelzen schreitende Trauerspiel die Berührung mit dem Mutterboden traumhaft tiefer Erfahrungen. Wenn aber beide, die Trauer des Fürsten und die Lustigkeit seines Ratgebers, so nahe beisammen sind, so ist es zuletzt nur deswegen, weil in ihnen die beiden Provinzen des Satansreiches sich darstellten. Und die Trauer, deren falsche Heiligkeit das Versinken des sittlichen Menschen so drohend macht, erscheint unversehens in all ihrer Verlorenheit nicht hoffnungslos, verglichen mit der Lustigkeit, aus der unverstellt die Teufelsfratze hervorbleckt. Weniges bezeichnet die Grenzen in der Kunst des deutschen Barockdramas so unerbittlich, als daß es die Ausprägung dieses bedeutenden Verhältnisses dem volkstümlichen Schaustück überließ. In England dagegen hat Shakespeare das alte Schema des dämonischen Narren Figuren wie dem Jago und Polonius unterlegt. Mit ihnen wandert das Lustspiel ins Trauerspiel ein. Denn solcherart ist die Gemeinschaft jener beiden Formen, welche durch Übergänge nicht nur empirisch sondern dem Gesetz ihrer Bildung nach so streng aneinander gebunden sind, wie Tragödie und Komödie sich gegensätzlich verhalten, daß das Lustspiel ins Trauerspiel wandert: niemals könnte das Trauerspiel im Lustspiel sich entfalten. Dies Bild hat seinen guten Sinn: das Lustspiel macht sich klein und geht gleichsam ins Trauerspiel hinüber. „Ich irrdisches Geschöpff und

Schertz der Sterblichkeit", schreibt Lohenstein. Von neuem ist an die Verkleinerung der Reflektierten zu erinnern. Die komische Figur ist Räsoneur; sie wird sich selbst in ihrer Reflexion zur Marionette. Das Trauerspiel erreicht ja seine Höhe nicht in den regelrechten Exemplaren sondern dort, wo mit spielhaften Übergängen es das Lustspiel in sich anklingen macht. Daher denn Calderon und Shakespeare bedeutendere Trauerspiele geschaffen haben, als die Deutschen des XVII. Jahrhunderts, welche niemals über den starren Typus hinausgelangt sind. Denn „Lustspiel und Trauerspiel gewinnen sehr und werden eigentlich erst poetisch durch eine zarte, symbolische Verbindung", sagt Novalis und trifft damit, zumindest für das Trauerspiel, durchaus die Wahrheit. Durch Shakespeares Genius sieht er seine Forderung erfüllt. „In Shakespeare wechselt durchaus Poesie mit Antipoesie, Harmonie mit Disharmonie ab, das Gemeine, Niedrige, Häßliche mit dem Romantischen, Höhern, Schönen, das Wirkliche mit dem Erdichteten: das ist gerade mit dem griechischen Trauerspiel der entgegengesetzte Fall." In der Tat dürfte die Gravität des deutschen Barockdramas einer der wenigen Züge sein, die durch den Hinweis auf das griechische zu erklären, wenn auch in keinem Falle abzuleiten sind. Der Sturm und Drang hat unter dem Einfluß Shakespeares das Lustspielinnere im Trauerspiel wieder hervorzukehren getrachtet und alsbald stellt denn auch die Figur des komischen Ränkeschmiedes sich wieder ein.

Die deutsche Literaturgeschichte begegnet der Sippe des barocken Trauerspiels, den Haupt- und Staatsaktionen, dem Drama der Stürmer und Dränger, der Schicksalstragödie mit einer Sprödigkeit, die nicht sowohl im Unverständnis denn in einer Animosität, deren Gegenstand erst mit den metaphysischen Fermenten dieser Form zutage tritt, ihren Grund hat. Unter den Genannten scheint diese Sprödigkeit, ja die Verachtung mit mehr Recht keins zu treffen als das Schicksalsdrama. Sie ist im Recht, geht man von dem Niveau gewisser späterer Produkte dieser Gattung aus. Die hergebrachte Argumentation stützt sich jedoch aufs Schema dieser Dramen, nicht auf die brüchige Faktur von Einzelheiten. Und da ist denn ein Eingehen auf sie deswegen unerläßlich, weil dies

Schema, so wie das obenhin schon anzudeuten war, dem des barocken Trauerspiels so nah verwandt ist, daß es als seine Spielart muß begriffen werden. Zumal im Werke Calderons tritt es als solche sehr deutlich und bedeutend an den Tag. Unmöglich, diese blühende Provinz des Dramas mit Klagen über die vermeintliche Beschränktheit ihres Herrschers zu umgehen, wie Volkelts Theorie des Tragischen mit einer grundsätzlichen Verleugnung aller echten Probleme ihres Gegenstandsbereiches das versucht. „Man" dürfe „nie vergessen", meint er, „daß dieser Dichter unter dem Drucke eines stockkatholischen Glaubens und eines widersinnig gesteigerten Ehrbegriffes" gestanden habe. Dergleichen Divagationen begegnet schon Goethe: „Man gedenke Shakespeares und Calderons! Vor dem höchsten ästhetischen Richterstuhle bestehn sie untadelig, und wenn irgend ein verständiger Sonderer, wegen gewisser Stellen, hartnäckig gegen sie klagen sollte, so würden sie ein Bild jener Nation, jener Zeit, für welche sie gearbeitet, lächelnd vorweisen und nicht etwa dadurch bloß Nachsicht erwerben, sondern deshalb, weil sie sich so glücklich bequemen konnten, neue Lorbeern verdienen." Also nicht um seine Bedingtheit ihm nachzusehen sondern die Art seiner Unbedingtheit erfassen zu lernen, fordert Goethe zum Studium des Spaniers auf. Diese Rücksicht ist für die Einsicht ins Schicksalsdrama geradezu ausschlaggebend. Denn Schicksal ist kein rein natürliches Geschehn – sowenig als ein rein historisches. Schicksal, wie immer sonst es heidnisch, mythologisch sich verkleiden mag, ist sinnerfüllt nur als naturgeschichtliche Kategorie im Geiste der Restaurationstheologie der Gegenreformation. Es ist die elementare Naturgewalt im historischen Geschehen, das selber nicht durchaus Natur ist, weil noch der Schöpfungsstand die Gnadensonne widerstrahlt. Gespiegelt aber in dem Pfuhl der adamitischen Verschuldung. Denn nicht der unentrinnbare Kausalzusammenhang an sich ist schicksalhaft. Es wird, so oft man es auch wiederholen mag, niemals wahr werden, daß dem Dramatiker die Aufgabe zufiele, ein Geschehen als eines, das kausalnotwendig wäre, auf dem Theater zu entwickeln. Wie sollte auch die Kunst einer These Nachdruck verleihen, die zu vertreten das Anliegen des Determinismus ist? Wenn philosophische Bestimmungen ins Kunstwerk eingehn, so sind es solche, die den Sinn des Daseins meinen, und Lehren über die naturgesetzliche Faktizität des Weltlaufs, ob sie ihn auch in der Totalität betreffen, bleiben belanglos. Die Anschauung des Determinismus kann keine Kunstform bestimmen. Anders der echte Schicksalsgedanke, dessen entscheidendes Motiv in einem ewigen Sinn solcher Determiniertheit zu suchen wäre. Von ihm aus braucht sie keineswegs sich nach Naturgesetzen zu vollziehen; ebensowohl vermag ein Wunder diesen Sinn zu weisen. Nicht in der faktischen Unentrinnbarkeit ist er gelegen. Kern des Schicksalsgedankens ist vielmehr die Überzeugung, daß Schuld, als welche in diesem Zusammenhang stets kreatürliche Schuld – christlich: die Erbsünde –, nicht sittliche Verfehlung des Handelnden ist, durch eine wie auch immer flüchtige Manifestierung Kausalität als Instrument der unaufhaltsam sich entrollenden Fatalitäten auslöst. Schicksal ist die Entelechie des Geschehens im Felde der Schuld. Durch solch ein isoliertes Kraftfeld ist es ausgezeichnet, in welchem alles Angelegte und Gelegentliche so sich steigert, daß die Verwicklungen, der Ehre etwa, durch ihre paradoxe Heftigkeit verraten: ein Schicksal hat dies Spiel galvanisiert. Wenn einer meinen würde: „Wo uns unwahrscheinliche Zufälle, ausgeklügelte Lagen, allzu verzwickte Intrigen ... entgegentreten, dort ist es mit dem Eindruck des Schicksalsmäßigen ... vorbei", so wäre das grundfalsch. Denn gerade die entlegenen Kombinationen, die da nichts weniger als natürlich sind, entsprechen den verschiedenen Schicksalen in den verschiedenen Feldern des Geschehens. Der deutschen Schicksalstragödie freilich fehlte ein Feld solcher Ideen wie Darstellung von Schicksal es erfordert. Die theologische Intention eines Werner konnte den Mangel einer heidnisch-katholischen Konvention, welche bei Calderon kleine Komplexe des Lebens der Wirksamkeit eines astralen oder magischen Schicksals darleiht, nicht ersetzen. Im Drama des Spaniers dagegen entfaltet das Schicksal sich als Elementargeist der Geschichte und es ist logisch, daß allein der König, der große Restaurator der aufgestörten Schöpfungsordnung, es zu schlichten vermag. Astrales Schicksal – souveräne Majestät, das sind die Pole Calderonscher Welt. Das deutsche Trauerspiel des Barock dagegen kennzeichnet sich durch seine große Armut nichtchristlicher Vorstellungen. Daher – fast wäre man versucht zu sagen: nur daher – vermochte es zum Schicksalsdrama nicht zu kommen. Insbesondere fällt auf, wie sehr die ehrbare Christlichkeit Astrologisches verdrängte. Wenn Lohensteins Masinissa bemerkt: „Des Himmels Reitzungen kan niemand überwinden“ oder wenn die „Vereinbarung der Sterne und der Gemüther“ eine Berufung auf ägyptische Lehren über die Abhängigkeit der Natur vom Gestirnlauf bringt, so bleibt das vereinzelt und ideologisch. Dagegen hat das Mittelalter – ein Gegenstück zum Fehlgriff neuerer Kritik, die das Schicksalsdrama unter den Gesichtspunkt des Tragischen stellt – das astrologische Verhängnis in der griechischen Tragödie gesucht. Sie wird von Hildebert von Tours im XI. Jahrhundert „bereits ganz im Sinne der Fratze beurteilt, die die moderne Auffassung in der ›Schicksalstragödie‹ daraus gemacht hat. Nämlich im grob mechanischen, oder wie man es damals nach dem durchschnittlichen Bilde der antik heidnischen Weltanschauung faßte: im astrologischen Verstande. Hildebert bezeichnet seine (leider unvollendete) ganz selbständig freie Bearbeitung des Oedipusproblems als ›liber mathematicus‹.“ Schicksal rollt dem Tode zu. Er ist nicht Strafe sondern Sühne, ein Ausdruck der Verfallenheit des verschuldeten Lebens an das Gesetz des natürlichen. Im Schicksal und im Schicksalsdrama ist die Schuld zu Hause, um die man oft die Theorie des Tragischen gruppierte. Diese Schuld, die nach den alten Satzungen von außen durch das Unglück den Menschen zuwachsen sollte, nimmt im Verlauf des tragischen Geschehns ein Held auf sich und in sein Inneres. Indem er im Selbstbewußtsein sie reflektiert, entwächst er ihrer dämonischen Botmäßigkeit. Wenn „Bewußtheit ihrer Schicksalsdialektik“ bei tragischen Helden gesucht, „mystischer Rationalismus“ in den tragischen Reflexionen gefunden wurde, , so ist vielleicht – doch der Zusammenhang läßt es bezweifeln und macht die Worte äußerst problematisch – die neue, die tragische Schuld des Helden gemeint. Paradox wie alle Manifestationen der tragischen Ordnung besteht sie nur im stolzen Schuldbewußtsein, in dem der Heldenhafte der ihm angesonnenen Verknechtung des ›Unschuldigen‹ unter die dämonische Schuld entwächst. Im Sinne des tragischen Helden und in diesem allein gilt, was Lukács ausführt: „Von außen gesehen gibt es keine

Schuld, kann es keine geben; jeder sieht die Schuld des anderen als Verstrickung und Zufall an, als etwas, das jedes kleinste Anders-gewesen-sein eines Windhauches anders hätte gestalten können. Durch die Schuld aber sagt der Mensch Ja zu allem, was ihm geschehen ist ... Die hohen Menschen ... lassen nichts los, das einmal ihrem Leben gehört hat: darum haben sie die Tragödie als ihr Vorrecht." Hegels berühmter Satz ist damit variiert: „Es ist die Ehre der großen Charaktere, schuldig zu sein." Immer ist dies die Schuld der durch die Tat nicht, durch den Willen Schuldigen, während im Felde des dämonischen Schicksals nichts als der Akt es ist, dessen hämischer Zufall Schuldlose in den Abgrund allgemeiner Schuld hinabreißt. Der alte Fluch, der über Geschlechter hin sich erbte, wird in der tragischen Poesie zum innern, selbstgefundenen Gut der heldischen Person. Und so erlischt er. Dagegen wirkt er sich im Schicksalsdrama aus und dergestalt, in einer Unterscheidung der Tragödie von dem Trauerspiel, erhellt sich die Bemerkung, daß das „Tragische nur wie ein unsteter Geist zwischen den Personen der blutigen ›Tragödien‹ hin und her" zu ziehn pflege. „Das Subjekt des Schicksals ist unbestimmbar." Daher kennt das Trauerspiel keinen Helden sondern nur Konstellationen. Die Mehrheit der Hauptpersonen, wie sie in so vielen barocken Dramen – Leo und Baibus im „Leo Armenius", Catharina und Chach Abas in der „Catharina von Georgien", Cardenio und Celinde im gleichnamigen Drama, Nero und Agrippina, Masinissa und Sophonisbe bei Lohenstein – begegnet, ist untragisch, dem traurigen Schauspiele aber angemessen.

Ausgeteilt ist das Verhängnis nicht allein unter die Personen, es waltet gleichermaßen in den Dingen. „Charakteristisch für die Schicksalstragödie ist nicht blos das Vererben eines Fluches oder einer Schuld über ganze Geschlechter, sondern auch die Anknüpfung desselben an ... ein fatales Requisit." Denn über das Menschenleben, ist es einmal in den Verband des bloßen kreatürlichen gesunken, gewinnt auch das der scheinbar toten Dinge Macht. Seine Wirksamkeit im Umkreis der Verschuldung ist Vorbote des Todes. Die leidenschaftliche Bewegung des kreatürlichen Lebens im Menschen – mit einem Worte: die Leidenschaft selbst – setzt das fatale Requisit in die Aktion. Es ist nichts als die seismographische Nadel, die Kunde gibt von ihren Erschütterungen. Im Schicksalsdrama spricht sich die Natur des Menschen in blinder Leidenschaft wie die der Dinge in dem blinden Zufall unterm gemeinsamen Gesetz des Schicksals aus. Dies Gesetz tritt um so deutlicher heraus, je adäquater das registrierende Instrument ist. Daher ist es nicht gleichgültig, ob, wie in so vielen deutschen Schicksalsdramen, ein armseliges Requisit in mesquinen Verwicklungen dem Verfolgten sich aufnötigt oder ob uralte Motive wie bei Calderon an solcher Stelle ans Licht treten. Die ganze Wahrheit der Bemerkung A.W. Schlegels, er kennte „keinen Dramatiker, der den Effekt so zu poetisieren gewußt hätte", wird in diesem Zusammenhang einleuchtend. Calderon war in diesem Fache Meister, weil der Effekt innere Notwendigkeit seiner eigensten Form, des Schicksalsdramas, ist. Und nicht sowohl darin besteht die geheimnisvolle Äußerlichkeit dieses Dichters, wie in Verwicklungen der Schicksalsdramen das Requisit fortdauernd virtuos im vordem Plane sich behauptet, als in der Genauigkeit, mit der die Leidenschaften selber die Natur von Requisiten annehmen. Der Dolch in einer Eifersuchtstragödie wird eines mit den Leidenschaften die ihn führen, weil Eifersucht bei Calderon genau so scharf und handlich wie ein Dolch ist. Es ist des Dichters ganze Meisterschaft darin, wie höchst exakt vom psychologischen Motiv des Handelns, das der moderne Leser in ihr sucht, die Leidenschaft in einem Stück wie dem Herodesdrama abgehoben ist. Man hat das nur bemerkt, um sich daran zu stoßen. „Es wäre das Natürliche gewesen, den Tod der Mariene aus der Eifersucht des Herodes zu motivieren. Die Lösung drängte sich sogar mit einer zwingenden Gewalt auf, und die Absichtlichkeit, mit der Calderon ihr entgegenarbeitete, um der ›Schicksalstragödie‹ den ihr zukommenden Abschluß zu geben, ist offenkundig." Ja: denn nicht *aus* Eifersucht tötet Herodes die Gattin sondern *durch* Eifersucht kommt sie um. Durch Eifersucht ist Herodes dem Schicksal verhaftet und ihrer als der gefährlich entbrannten Natur des Menschen bedient es sich in seiner Sphäre nicht anders als des Dolches zu Unheil und Unheilszeichen. Und Zufall als Zersetzung des Geschehens in dinghaft abgestückte Elemente entspricht durchaus dem Sinn des Requisits. So ist das Requisit denn das Kriterium der echten romantischen Schicksalsdramatik in ihrem Unterschiede von antiker im tiefsten jeder Schicksalsordnung sich versagenden Tragödie.

Die Schicksalstragödie ist im Trauerspiele angelegt. Nichts als die Einführung des Requisits liegt zwischen ihr und dem deutschen Barockdrama. In dessen Ausschaltung bekundet sich ein echter Einfluß der Antike, ein echter Renaissancezug, wenn man will. Denn schärfer unterscheidet weniges die spätere Dramatik von antiker, als daß in dieser letzten die profane Dingwelt keine Stelle hat. Und ähnlich hält's der Klassizismus des Barock in Deutschland. Ist aber die Tragödie von der Dingwelt gänzlich abgelöst, so ragt die übern Horizont des Trauerspiels beklemmend. Es ist die Funktion der Gelehrsamkeit mit dem Wust ihrer Anmerkungen den Alb anzudeuten, als welcher die Realien auf der Handlung lasten. Vom Requisit ist für die ausgebildete Form des Schicksalsdramas nicht zu abstrahieren. Allein daneben stehn in ihm die Träume, die Geistererscheinungen, die Schrecken des Endes und diese alle zählen schon zum obligaten Bestände seiner Grundform, des Trauerspiels. Sie, die in näherm oder weiterm Kreise auch sich sämtlich um den Tod gruppieren, sind als jenseitige, zumal zeitlich bezogene im Gegensatz zu den diesseitigen, vorwiegend räumlichen der Dingwelt, im Barock voll entwickelt. Auf alles, was mit Geistern zusammenhängt, hat insbesondere Gryphius den größten Wert gelegt. Ihm verdankt das Deutsche mit dem folgenden Satze die wunderschöne Übertragung des deus ex machina: „Obs jemand seltsam vorkommen dörffte, dass wir nicht mit den alten einen gott aus dem gerüste, sondern einen geist aus dem grabe herfür bringen, der bedencke, was hin und wieder von den gespensten geschrieben.“ Er hat seine Gedanken über diese Dinge einem Traktat „De spectris“ sei's anvertraut, sei's anvertrauen wollen; Sicheres darüber ist nicht bekannt. Zu den Geistererscheinungen treten die gleichfalls nahezu obligaten Wahrträume, mit deren Erzählung bisweilen das Drama wie mit einem Prologe einsetzt. Gewöhnlich künden sie den Tyrannen das Ende. Die damalige Dramaturgie mag geglaubt haben, die griechischen Orakel dergestalt ins deutsche Theater einzuführen; an dieser Stelle ist es von Belang, auf ihre Zugehörigkeit zu dem Naturbereich des Schicksals hinzuweisen, worin sie nur gewissen unter griechischen Orakeln, zumal tellurischen, verwandt sein mögen. Die Annahme dagegen, die Bedeutung dieser Träume bestünde darin, daß der „Zuschauer zu einem verstandesmäßigen Vergleichen der Handlung mit ihrer metaphorischen Vorausnahme veranlaßt" würde, ist nur ein Hirngespinst des Intellektualismus. Die Nacht spielt, wie aus Traumerscheinungen und aus Gespensterwirken zu entnehmen, eine große Rolle. Es ist auch von hier nur ein Schritt zum Schicksalsdrama mit seiner beherrschenden Stelle der Geisterstunde. Der „Carolus Stuardus" des Gryphius, Lohensteins „Agrippina" setzen um Mitternacht ein; andere spielen nicht nur, wie die Einheit der Zeit dies oft erzwang, zur Nacht sich ab, sondern entnehmen wie „Leo Armenius", „Cardenio und Celinde", „Epicharis" in großen Szenen ihr die dichterische Stimmung. Die Bindung des dramatischen Geschehens an die Nacht und insbesondere an die Mitternacht hat ihren guten Grund. Es ist eine verbreitete Vorstellung, daß mit dieser Stunde die Zeit wie die Zunge einer Waage einstehe. Da nun das Schicksal, die wahre Ordnung der ewigen Wiederkunft, nur uneigentlich, nämlich parasitär, zeitlich zu nennen ist, , suchen seine Manifestationen den Zeitraum auf. Sie stehen in der Mitternacht als der Luke der Zeit, in deren Rahmen je und je das gleiche Geisterbild erscheint. Die Kluft, welche zwischen Tragödie und Trauerspiel liegt, erhellt sich bis in ihre Tiefe, wo die vorzügliche Bemerkung des Abbe Bossu, Verfassers eines „Traité sur la poésie épique", die bei Jean Paul zu finden ist, terminologisch streng gelesen wird. Sie besagt, daß „in die Nacht keine Tragödie zu verlegen" sei. Der Tageszeit, wie jede tragische Verhandlung sie erfordert, tritt jene Geisterstunde in den Trauerspielen gegenüber. „Nun ist die wahre Spükezeit der Nacht, | Wo Grüfte gähnen, und die Hölle selbst | Pest haucht in diese Welt." Die Geisterwelt ist geschichtslos. Dahin entrückt das Trauerspiel seine Gemordeten. „O wehe, ich sterbe, ia, ia, Verfluchter, ich sterbe, aber du hast die Rache von mir annoch zu befürchten: auch unter der Erden werd ich dein grimmiger Feindt und rachgieriger Wüttrich deß Meßinischen Reichs verbleiben. Ich werde deinen Thron erschittern, das Ehebeth, deine Liebe und Zufriedenheit beunruhigen und mit meinem Grimme dem König und dem Reich möglichsten Schaden zufügen.“ Mit Recht hat man vom vorshakespeareschen Trauerspiele der Engländer bemerkt, es sei „ohne richtiges Ende, der Strom fließt weiter“. Das gilt vom Trauerspiele überhaupt; mit seinem Abschluß ist keine Epoche gesetzt, wie diese, im historischen und individuellen Sinne, im Tode des tragischen Helden so nachdrücklich gegeben ist. Dieser individuelle Sinn – zu dem doch der historische vom Ende des Mythos tritt – ist mit den Worten gekennzeichnet, das tragische Leben sei „das am ausschließlichsten diesseitige aller Leben. Darum verschmilzt seine Lebensgrenze immer mit dem Tode ... Für die Tragödie ist der Tod – die Grenze an sich – eine immer immanente Wirklichkeit, der mit jedem ihrer Geschehnisse unlösbar verbunden ist.“ Der Tod, als Gestalt des tragischen Lebens, ist ein Einzelgeschick, ins Trauerspiel tritt er nicht selten als gemeinschaftliches Schicksal, als lüde er die Beteiligten alle vor den höchsten Gerichtshof. „In dreien Tagen solln zu Recht sie stehen: | Sie sind geladen hin vor Gottes Throne; | Nun laßt sie denken, wie sie da bestehen.“ Wenn der tragische Held in seiner ›Unsterblichkeit‹ nicht das Leben sondern den Namen allein rettet, so büßen Trauerspielpersonen mit dem Tode nur die benannte Individualität und nicht die Lebenskraft der Rolle ein. Ungemindert lebt sie in der Geisterwelt auf. „Es kann einem andern einfallen, nach einem ›Hamlet‹ einen ›Fortinbras‹ zu schreiben; es kann niemand mich hindern, sämtliche Personen in Hölle oder Himmel sich von neuem treffen, neue Abrechnung miteinander halten zu lassen.“ Dem Autor der Bemerkung ist entgangen, daß dies durch das Gesetz des Trauerspiels, mitnichten durchs genannte Werk, geschweige seinen Stoff, bedingt ist. Vor jenen großen Trauerspielen, die wie „Hamlet“ die Kritik immer von neuem angezogen haben, hätte der ungereimte Begriff von Tragödie, mit dem sie über jene zu Gericht sitzt, längst abgetan erscheinen müssen. Denn wohin soll es führen, wenn man in Hamlets Tode Shakespeare einen letzten „Rest von Naturalismus und Naturnachahmung, der es den tragischen Dichter vergessen läßt, daß es gar nicht seine Aufgabe ist, den Tod auch physiologisch zu motivieren“ aufrechnet? Wenn man argumentiert, der Tod stehe im „Hamlet“ „in absolut gar keiner Beziehung zum Konflikt. Hamlet, der innerlich daran zu Grunde geht, daß er keine andere Lösung des Daseinsproblems finden konnte als die Negierung des Lebens, stirbt an einem vergifteten Rapier! Also an einer durchaus äußerlichen Zufälligkeit... Genau genommen hebt diese einfältige Sterbescene Hamlets die Tragik des Dramas vollkommen auf.“ So die Ausgeburten einer Kritik, die im Ehrgeiz ihrer philosophischen Informiertheit Versenkung in die Werke eines Genius sich erspart. Der Tod des Hamlet, der mit dem tragischen nicht mehr gemein hat als der Prinz mit Aiax, ist in seiner vehementen Äußerlichkeit fürs Trauerspiel charakteristisch und allein darum seines Meisters schon würdig, weil Hamlet, wie das Gespräch mit Osrik es erkennen läßt, die schicksalsschwere Luft wie Stickstoff in einem tiefen Zuge atmen will. Er will am Zufall sterben und wie die schicksalhaften Requisiten sich um ihn als um ihren Herrn und ihren Kundigen scharen, blitzt in dem Abschluß dieses Trauerspiels das Schicksalsdrarna, als in ihm einbeschlossenes, freilich überwundenes, auf. – Wenn die Tragödie mit Entscheidung – sei's auch der ungewissesten – sich endet, so liegt im Wesen des Trauerspiels, und seines Todes zumal, ein Appell, wie ihn denn Märtyrer auch formulieren. Sehr gut hat man die Sprache vorshakespearescher Trauerspiele als „blutigen Aktendialog“ bezeichnet. Man darf wohl den Exkurs in das Juristische noch weiter treiben und im Sinne der mittelalterlichen Klageliteratur von dem Prozeß der Kreatur sprechen, deren Klage gegen den Tod – oder gegen wen sonst sie ergehen mag – am Ende des Trauerspiels halb nur bearbeitet zu den Akten gelegt wird. Die Wiederaufnahme ist im Trauerspiel angelegt und bisweilen aus ihrer Latenz getreten. Dies freilich wieder nur in seiner reichern spanischen Entfaltung. Im „Leben ein Traum“ ist die Wiederholung der Hauptsituation ins Zentrum gestellt. – Immer wieder behandeln die Trauerspiele des XVII. Jahrhunderts die gleichen Gegenstände und behandeln sie so, wie sie sich wiederholen können, ja müssen. Aus der stets gleichen theoretischen Befangenheit hat man das verkannt und Lohenstein „eigentümliche Irrtümer“ über das Tragische nachweisen wollen, „wie der ist, daß der tragische Effekt der Handlung verstärkt werde, wenn diese selbst durch Zusatz ähnlicher Ereignisse in ihrem

Umfange vermehrt wird. Denn statt mit Zuspitzung neuer wichtiger Vorfälle den Gang plastisch umzugestalten, zieht es Lohenstein vor seine Hauptmomente mit willkührlichen Arabesken, welche den alten gleichen, zu zieren, als ob eine Statue an Schönheit gewänne, wenn man die kunstvollsten Glieder an ihr im Marmor verdoppelt!" – Die Aktzahl dieser Dramen sollte nicht, wie es in Anlehnung an die der griechischen der Fall war, ungerade sein; viel mehr im Sinn des wiederholbaren Geschehens, das sie schildern, liegt die gerade. Im „Leo Armenius" zumindest ist die Handlung mit dem vierten Akte zu Ende. Mit der Emanzipation vom Schema der drei und der fünf Akte führt die moderne Dramatik eine Tendenz des Barock zum Siege.

Trauerspiel und Tragödie. (Dritter Teil)

Ich sitz/ ich lieg/ ich steh/ ist alles in Gedancken.
Ich finde nirgends Ruh/ muß selber mit mir zancken/
Andreas Tscherning: Melancholey Redet selber

Die großen deutschen Dramatiker des Barock waren Lutheraner. Während in den Jahrzehnten der gegenreformatorischen Restauration der Katholizismus mit der gesammelten Macht seiner Disziplin das profane Leben durchdrang, hatte von jeher das Luthertum antinomisch zum Alltag gestanden. Der rigorosen Sittlichkeit der bürgerlichen Lebensführung, die es lehrte, stand seine Abkehr von den ›guten Werken‹ gegenüber. Indem es die besondere, geistliche Wunderwirkung diesen absprach, die Seele auf die Gnade des Glaubens verwies und weltlich-staatlichen Bereich zur Probstatt eines religiös nur mittelbaren, zum Ausweis bürgerlicher Tugenden bestimmten Lebens machte, hat es im Volke zwar den strengen Pflichtgehorsam angesiedelt, in seinen Großen aber den Trübsinn. Schon bei Luther selbst, dessen letzte zwei Lebensjahrzehnte von steigender Seelenbeladenheit erfüllt sind, meldet sich ein Rückschlag auf den Sturm gegen das Werk. Ihn freilich trug noch der ›Glaube‹ darüber hin, aber der verhinderte nicht, daß das Leben schal ward. „Was ist der Mensch, | Wenn seiner Zeit Gewinn, sein höchstes Gut | Nur Schlaf und Essen ist? Ein Vieh, nichts weiter, | Gewiß, der uns mit solcher Denkkraft schuf | Voraus zu schaun und rückwärts, gab uns nicht | Die Fähigkeit und göttliche Vernunft, | Um ungebraucht in uns zu schimmeln" – dies, Hamlets, Wort ist wittenbergische Philosophie und ist: Aufruhr dagegen. Ein Stück germanischen Heidentums und finsteren Glaubens an die Schicksalsverfallenheit sprach sich in jener überladnen Reaktion aus, die zuletzt das gute Werk schlechthin, nicht seinen Verdienst- und Bußcharakter allein, aus dem Felde schlug. Jeder Wert war den menschlichen Handlungen genommen. Etwas Neues entstand: eine leere Welt. Der Calvinismus – wie düster er war – begriff diese Unmöglichkeit und korrigierte sie in etwas. Der lutherische Glaube sah mit Argwohn auf diese Verflachung und widersetzte sich ihr. Welchen Sinn hatte das Menschenleben, wenn nicht einmal, wie im Calvinismus, der Glaube bewährt werden mußte? Wenn er einerseits nackt, absolut, wirksam war, andererseits die Menschenhandlungen sich nicht unterschieden? Man hatte keine Antwort, es sei denn in der Moral der kleinen Leute – ›Treue im Kleinen‹, ›rechtschaffen leben‹ – die damals heranwuchs und der das taedium vitae der reichen Naturen sich gegenüberstellte. Denn die tiefer Schürfenden sahen sich in das Dasein als in ein Trümmerfeld halber, unechter Handlungen hineingestellt. Dagegen schlug das Leben selbst aus. Tief empfindet es, daß es dazu nicht da ist, um durch den Glauben bloß entwertet zu werden. Tief erfaßt es ein Grauen bei dem Gedanken, so könne sich das ganze Dasein abspielen. Tief entsetzt es sich vor dem Gedanken an Tod. Trauer ist die Gesinnung, in der das Gefühl die entleerte Welt maskenhaft neubelebt, um ein rätselhaftes Genügen an ihrem Anblick zu haben. Jedes Gefühl ist gebunden an einen apriorischen Gegenstand und dessen Darstellung ist seine Phänomenologie. Die Theorie der Trauer, wie sie als Pendant zu der von der Tragödie absehbar sich zeigte, ist demnach nur in der

Beschreibung jener Welt, die unterm Blick des Melancholischen sich auftut, zu entrollen. Denn die Gefühle, wie vage immer sie der Selbstwahrnehmung scheinen mögen, erwidern als motorisches Gebaren einem gegenständlichen Aufbau der Welt. Wenn für das Trauerspiel im Herzen der Trauer die Gesetze, entfaltet teils, teils unentfaltet, sich finden, so ist es weder der Gefühlszustand des Dichters noch des Publikums, dem ihre Darstellung sich widmet, vielmehr ein vom empirischen Subjekt gelöstes und innig an die Fülle eines Gegenstands gebundenes Fühlen. Eine motorische Attitüde, die in der Hierarchie der Intentionen ihren wohlbestimmten Ort hat und Gefühl nur darum heißt, weil es nicht der höchste ist. Bestimmt wird er durch die erstaunliche Beharrlichkeit der Intention, die unter den Gefühlen außer diesem vielleicht – und das nicht spielweis – nur der Liebe eignet. Denn während im Bereiche der Affektivität nicht selten Anziehung mit der Entfremdung in dem Verhältnis einer Intention zum Gegenstande alterniert, ist Trauer zur besondern Steigerung, kontinuierlichen Vertiefung ihrer Intention befähigt. Tiefsinn eignet vor allem dem Traurigen. Auf der Straße zum Gegenstande – nein: auf der Bahn im Gegenstande selbst – progrediert diese Intention so langsam und feierlich wie die Aufzüge der Machthaber sich bewegen. Der leidenschaftliche Anteil am Prunke der Haupt- und Staatsaktionen, ein Ausbruch aus den Schranken frommer Häuslichkeit zum einen Teil, entsprang zu einem andern jener Neigung, mit welcher Tiefsinn sich zur Gravität gezogen fühlt. In ihr erkennt er seinen eigenen Rhythmus wieder. Die Verwandtschaft von Trauer und Ostentation, wie sie so großartig von den Sprachbildungen des Barock belegt wird, hat hierin eine ihrer Wurzeln; nicht minder die Versunkenheit, der diese großen Konstellationen der Weltchronik als ein Spiel vor Augen stehen, das Anschaun zwar um der Bedeutung willen lohnen mag, die zuverlässig sich darin enträtseln läßt, dessen unabsehbare Wiederholung aber die Lebensunlust melancholischen Geblütes zur trostlosen Herrschaft befördert. Selbst dem Erbe der Renaissance gewann das Zeitalter die Stoffe ab, die den kontemplativen Starrkrampf vertiefen mußten. Von der stoischen ἀπάδεια zur Trauer ist es nur ein Schritt, möglich freilich erst im Raume des Christentums. Pseudoantik wie alles Antikische des Barock erweist sich auch seine Stoik. Für sie fällt eine Rezeption des rationalen Pessimismus viel weniger ins Gewicht als die Verödung, der die stoische Praxis den Menschen entgegenführt. Die Ertötung der Affekte, mit der die Lebenswellen verebben, aus denen sie sich im Leibe erheben, vermag die Distanz von der Umwelt bis zur Entfremdung vom eigenen Körper zu führen. Indem man dies Symptom der Depersonalisation als schweren Grad des Traurigseins erfaßte, trat der Begriff von dieser pathologischen Verfassung, in welcher jedes unscheinbarste Ding, weil die natürliche und schaffende Beziehung zu ihm fehlt, als Chiffer einer rätselhaften Weisheit auftritt, in einen unvergleichlich fruchtbaren Zusammenhang. Ihm ist gemäß, daß in dem Umkreis der „Melencolia" Albrecht Dürers die Gerätschaften des tätigen Lebens am Boden ungenutzt, als Gegenstand des Grübelns liegen. Dies Blatt antizipiert in vielem das Barock. Das Wissen des Grüblers und das Forschen des Gelehrten haben sich auf ihm so innig wie in den Menschen des Barock verschmolzen. Die Renaissance durchforscht den Weltraum, das Barock die Bibliotheken. Sein Sinnen geht in die Buchform ein. „Kein größeres Buch weiß die Welt als sich selbst; dessen fürnehmstes Theil aber ist der Mensch, welchem Gott anstatt eines schönen Titulbildes sein unvergleichliches Ebenbild hat vorgedruckt, überdas ihn zu einem Auszuge, Kern und Edelgesteine der übrigen Theile solches großen Weltbuches gemacht." Das ›Buch der Natur‹ und das ›Buch der Zeiten‹ sind Gegenstände des barocken Sinnens. In ihnen hat es das Behauste und Gedeckte. Aber es steckt darinnen auch die bürgerliche Befangenheit des kaiserlich gekrönten Poeten, der längst nicht mehr die Würde Petrarcas hatte und sich über die Ergötzungen seiner ›Nebenstunden‹ vornehm erhebt. Nicht zuletzt galt das Buch als immerwährendes Monument auf dem schriftreichen Naturschauplatze. Ayrers Verleger hat in einer Vorrede zu den Werken des Dichters, die merkwürdig durch die Betonung der Melancholie als Stimmung seiner Zeit ist, diese Bedeutung des Buches, in der er ein Arcanum gegen die Anfechtungen des Trübsinns empfehlen will, ausgesprochen. „In bedenckung dessen, das die Pyramides, Seulen und Büldnussen allerhand materien mit der zeit schadhafft oder durch gewalt zerbrochen werden oder wol gar verfallen ... das wol gantze Stadt versuncken, vntergangen vnd mit wasser bedeckt seien, da hergegen die Schrifften vnd Bücher dergleichen vntergang befreyet, dann was jrgendt in einem Landt oder Ort ab vnd vntergehet, das findet man in vielen andern vnd vnzehlichen orten vnschwer wider, also das, Menschlicher weiß davon zu reden, nichts Tauerhaffters vnd vnsterblichers ist, als eben die Bücher.“ Der gleichen Mischung von Behagen und Kontemplation gehört es zu, daß „barocker Nationalismus“ „in Verbindung mit politischer Aktion ... ebensowenig getreten, als sich barocke Konventionsfeindschaft bis zum revolutionären Willen des Sturm und Drang oder dem romantischen Kriege gegen das Philisterium von Staat und öffentlichem Leben verdichten sollte“. Die eitle Geschäftigkeit des Intriganten galt als das würdelose Gegenbild der leidenschaftlichen Kontemplation, der einzig und allein die Gabe zugebilligt wurde, den Hochgestellten der satanischen Verstrickung der Geschichte, in welcher das Barock nur Politik sah, zu entbinden. Und doch: auch die Versenkung führte allzu leicht ins Bodenlose. Das lehrt die Theorie der melancholischen Veranlagung.

In diesem imposanten Gute, das dem Barock die Renaissance als Erbstück übergab, an dem fast zwei Jahrtausende gemodelt hatten, besitzt die Nachwelt einen geraderen Kommentar des Trauerspiels als die Poetiken ihn bieten konnten. Harmonisch ordnen sich um dies die philosophischen Gedanken und die politischen Überzeugungen an, welche der Darstellung der Geschichte als eines Trauerspiels zugrunde liegen. Der Fürst ist das Paradigma des Melancholischen. Nichts lehrt so drastisch die Gebrechlichkeit der Kreatur, als daß selbst er ihr unterworfen ist. Es ist eine der gewaltigsten Stellen der „Pensées“, an welcher Pascal mit dieser Überlegung dem Fühlen seines Zeitalters die Stimme leiht. „L‘Ame ne trouve rien en elle qui la contente. Elle n‘y voit rien qui ne l‘afflige quand elle y pense. C‘est ce qui la contraint de se répandre au dehors, et de chercher dans l‘application aux choses extérieures, à perdre le souvenir de son état véritable. Sa joie consiste dans cet oubli; et il suffit, pour la rendre misérable, de l‘obliger de se voir et d‘être avec soi.“ “La dignité royale n‘est-elle pas assez grande d‘elle-même pour rendre celui qui la possède heureux par la seule vue de ce qu‘il est?

Faudra-t-il encore le divertir de cette pensée comme les gens du commun? Je vois bien que c'est rendre un homme heureux que de le détourner de la vue de ses misères domestiques, pour remplir toute sa pensée du soin de bien danser. Mais en sera-t-il de même d'un Roi? Et sera-t-il plus heureux en s'attachant à ces vains amusements qu'à la vue de sa grandeur? Quel objet plus satisfaisant pourrait-on donner à son esprit? Ne serait-ce pas faire tort à sa joie d'occuper son âme à penser à ajuster ses pas à la cadence d'un air, ou à placer adroitement une balle, au lieu de le laisser jouir en repos de la contemplation de la gloire majestueuse qui l'environne? Qu'on en fasse l'épreuve; qu'on laisse un Roi tout seul, sans aucune satisfaction des sens, sans aucun soin dans l'esprit, sans compagnie, penser à soi tout à loisir, et l'on verra qu'un Roi qui se voit n tun homme plein de misères, et qu'il les ressent comme un autre. Aussi on évite cela soigneusement et il ne manque jamais d'y avoir auprès des personnes des Rois un grand nombre de gens qui veillent à faire succéder le divertissement aux affaires, et qui observent tout le temps de leur loisir pour leur fournir des plaisirs et des jeux, en sorte qu'il n'y ait point de vide. C'est-à-dire qu'ils sont environnés de personnes qui n tun soin merveilleux de prendre garde que le Roi ne soit seul et en état de penser à soi, sachant qu'il sera malheureux, tout Roi qu'il est, s'il y pense." Dem gibt das deutsche Trauerspiel vielfältig Echo. Nicht so bald ist es da und es tönt schon aus ihm zurück. Leo Armenius redet vom Fürsten so: „Er zagt vor seinem schwerdt. Wenn er zu tische geht, | Wird der gemischte wein, der in crystalle steht, | In gall und gifft verkehrt. Alsbald der tag erblichen, | Kommt die beschwärzte schaar, das heer der angst geschlichen, | Und wacht in seinem bett. Er kan in helffenbein, | In purpur und scharlat niemahl so ruhig seyn | Als die, so ihren leib vertraun der harten erden, | Mag ja der kurtze schlaff ihm noch zu theile werden, | So fällt ihn Morpheus an und mahlt ihm in der nacht | Durch graue bilder vor, was er bey lichte dacht, | Und schreckt ihn bald mit blut, bald mit gestürztem throne, | Mit brandt, mit ach und tod und hingeraubter crone." Und epigrammatisch: „Wo scepter, da ist furcht!" Oder: „Die traurige Melankoley wohnt mehrentheiles in Pallästen." Diese Aussagen betreffen so sehr die innere Verfassung des Souveräns als seine äußere Lage und sind mit Grund an

Pascal anzuschließen. Denn mit dem Melancholischen ist es „zu Anfang ... als mit Einem, den der tolle Hund gebissen hat: es kommen ihm erschreckliche Träume, er fürchtet sich ohn' Ursach". So Aegidius Albertinus, der münchner Erbauungsschriftsteller, in „Lucifers Königreich und Seelengejäidt", einem Werke, das für die populäre Auffassung charakteristische Belege enthält, gerade weil es von neuen Spekulationen unberührt geblieben war. Ebendort heißt es denn auch: „An den Herrnhöfen ist es gemeinklich Kalt/ vnnd allzeit Winter/ dann die Sonn der Gerechtigkeit ist weit von jhnen ... derowegen Zittern die Hofleut auß lauter Kälte/ Forcht vnd Trawrigkeit." Sie sind vom Schlage des gebrandmarkten Höflings, wie Guevara, den Albertinus übersetzte, ihn geschildert hat, und gedenkt man in ihm des Intriganten, vergegenwärtigt man den Tyrannen, so ist das Bild des Hofs nicht weit verschieden von dem Bild der Hölle, welche ja die Stätte der ewigen Traurigkeit genannt wird. Auch ist der „Trauergeist", der bei Harsdörffer begegnet, mutmaßlich niemand anders als der Teufel. Derselben Melancholie, welche mit den Schauern der Angst ihre Herrschaft über den Menschen antritt, schreiben die Gelehrten jene Erscheinungen zu, unter denen das Ende der Despoten obligat sich vollzieht. Daß schwere Fälle in die Tobsucht münden, gilt als sicher. Und der Tyrann bleibt bis in seinen Untergang Modell. "Also vergehen ihm bei lebendigem Leibe die Sinnen, denn er siehet und höret nicht mehr die Welt, so um ihn her lebet und webet, sondern allein die Lügen, so der Teufel ihm ins Gehirn malet und in die Ohren bläst, bis er am letzten Ende anhebt zu rasen und in Verzweiflung vergeht." So nach Aegidius Albertinus der Ausgang des Melancholikers. Charakteristisch und befremdend genug begegnet in der „Sophonisbe" der Versuch, die „Eifersucht" als allegorische Figur so zu bestreiten, daß ihr Gebären nach dem Bild des wahnwitzigen Melancholikers gezeichnet wird. Mutet nämlich die allegorische Refutation der Eifersucht an dieser Stelle sonderbar schon darum an, weil die des Syphax auf Masinissa mehr als begründet ist, so ist es äußerst auffallend, daß zunächst die Narrheit der Eifersucht als Sinnestäuschung charakterisiert wird – indem sie Käfer, Grashüpfer, Flöhe, Schatten usw. für Nebenbuhler hält –, dann aber die Eifersucht, den Aufklärungen der

Vernunft zum Trotz, jene Geschöpfe in der Erinnerung an Mythen als verwandelte göttliche Nebenbuhler beargwöhnt. Das Ganze ist also nicht die Charakteristik einer Leidenschaft, sondern einer schweren Geistesstörung. Albertinus rät es förmlich an, die Melancholiker in Ketten zu schließen, „damit auß solchen Fantasten keine Wütrich/ Tyrannen vnd der Jugendt oder Weibermörder gebrütet werden. In Ketten erscheint denn auch Hunolds Nebucadnezar.

Die Kodifikation dieses Symptomkomplexes geht ins hohe Mittelalter zurück, und die Form, welche im XII. Jahrhundert die Ärzteschule von Salerno in ihrem Haupte Constantinus Africanus der Temperamentenlehre gegeben hat, ist bis zur Renaissance in Kraft geblieben. Ihr zufolge gilt der Melancholische als „neidisch, traurig, habgierig, geizig, treulos, furchtsam und lehmfarben", der humor melancholicus als die „unedelst complex". . Die Ursache dieser Erscheinungen fand die Humoralpathologie im Überfluß des trockenen und kalten Elements im Menschen. Als dieses Element galt die schwarze Galle – bilis innaturalis oder atra im Gegensatz zur bilis naturalis oder candida –, wie das feuchte und warme – sanguinische – Temperament im Blute, das feuchte und kalte – phlegmatische – im Wasser und das trockene und warme – cholerische – in der gelben Galle gegründet gedacht wurde. Des weitern war nach dieser Theorie die Milz von ausschlaggebender Bedeutung für die Bildung der unheilvollen schwarzen Galle. Das in sie hinabfließende und in ihr überhandnehmende ›dicke und dürre‹ Blut mindert das Lachen des Menschen und ruft die Hypochondrie hervor. Die physiologische Herleitung der Melancholie – „Oder ists nur phantasey, die den müden geist betrübet, | Welcher, weil er in dem cörper, seinen eignen kummer liebet?" heißt es bei Gryphius – mußte für das Barock, dem das Elend des Menschentums in seinem kreatürlichen Stande so genau vor Augen stand, höchst eindrucksvoll sein. Wenn aus den Tiefen des kreatürlichen Bereiches, an das die Spekulation des Zeitalters mit den Banden der Kirche selber sich gefesselt sah, die Melancholie aufsteigt, so war ihre Allmacht erklärt. In der Tat ist sie unter den kontemplativen Intentionen die eigentlich kreatürliche und von jeher hat man bemerkt, daß ihre Kraft im Blick des Hundes nicht geringer sein muß als in der Haltung des grübelnden Genius. „Gnädiger Herr, die Traurigkeit ist zwar nicht für Tiere, sondern für Menschen gemacht; allein wenn die Menschen ihr über alles Maß nachhängen, so werden sie zu Tieren“, mit diesen Worten wendet sich Sancho an Don Quichote. Theologisch gewendet, findet sich – und schwerlich als Ergebnis eigner Deduktionen – der gleiche Gedanke bei Paracelsus. „Die Fröligkeit vnn die Traurigkeit/ ist auch geboren von Adam vnn Eua. Die Fröligkeit ist in Eua gelegen/ vnn die Traurigkeit in Adam ... So ein frölichs Mensch/ als Eua gewesen ist/ wirdt nimmermehr geboren: Deßgleichen als traurig als Adam gewesen ist/ wirdt weiter kein Mensch geboren. Dann die zwo Materien Adae vnd Euae haben sich vermischt/ daß die Traurigkeit temperiert ist worden vonn der Fröligkeit/ vnnd die Fröligkeit deßgleichen von der Traurigkeit ... Der Zorn/ Tyranney/ vnnd die Wuetend Eigenschafft/ deßgleichen die Mildte/ Tugentreiche / vnnd Bescheidenheit/ ist auch von ihn beyden hie: daß Erste von Eua, das Ander von Adamo, und durch Vermischung eingetheilt inn alle Proles.“ Adam, als Erstgeborner reines Geschöpf, hat die kreatürliche Traurigkeit, Eva, geschaffen ihn zu erheitern, hat die Fröhlichkeit. Die konventionelle Verbindung von Melancholie und Raserei ist nicht beobachtet; Eva mußte als Anstifterin des Sündenfalles bezeichnet werden. Ursprünglich ist freilich diese trübe Auffassung der Melancholie nicht. Vielmehr ist sie in der Antike dialektisch gesehen worden. Unter dem Begriffe der Melancholie bindet eine kanonische Aristotelesstelle die Genialität an den Wahnsinn. Mehr als zwei Jahrtausende lang hat die Symptomenlehre der Melancholie, wie sie im xxx. Kapitel der „Problemata“ entwickelt ist, gewirkt. Hercules Aegyptiacus ist der Prototyp des vor seinem Zusammenbruch im Wahnsinn zu den höchsten Taten beflügelten Ingeniums. „Die Gegensätze der intensivsten, geistigen Tätigkeit und ihres tiefsten Verfalles“ werden in solcher Nachbarschaft mit immer gleich starkem Grauen den Betrachter an sich reißen. Es kommt hinzu, daß melancholische Genialität besonders im Divinatorischen sich zu bekunden pflegt. Antik – der Aristotelischen Abhandlung „De divinatione somnium“ entlehnt – ist die Anschauung, daß Melancholie das seherische Vermögen begünstige. Und dieser unverdrängte Rest antiker Theoreme kommt in der mittelalterlichen Überlieferung von den just Melancholischen beschiedenen Seherträumen an den Tag. Auch im XVII. Jahrhundert begegnen solche, freilich immer wieder ins Düstere gewandten Charakteristiken: „Allgemeine Traurigkeit ist eine Wahrsagerin alles zukünftigen Unheils." Sowie mit größtem Nachdruck Tschernings schönes Gedicht „Melancholey Redet selber": „Ich Mutter schweren bluts/ ich faule Last der Erden| Wil sagen/ was ich bin/ und was durch mich kan werden. | Ich bin die schwartze Gall/ ,nechst im Latein gehört/ | Im Deutschen aber nun/ und keines doch gelehrt. | Ich kan durch wahnwitz fast so gute Verse schreiben/ | Als einer der sich last den weisen Föbus treiben/ | Den Vater aller Kunst. Ich fürchte nur allein | Es möchte bey der Welt der Argwohn von mir seyn/ | Als ob vom Höllengeist ich etwas wolt' ergründen/| Sonst könt' ich vor der Zeit/ was noch nicht ist/ verkünden/| Indessen bleib ich doch stets eine Poetinn/| Besinge meinen fall/ und was ich selber bin. | Und diesen Ruhm hat mir mein edles Blut geleget | Und Himmelischer Geist/ wann der sich in mir reget/| Entzünd ich als ein Gott die Hertzen schleunig an/| Da gehn sie ausser sich/ und suchen eine Bahn | Die mehr als Weltlich ist. Hat jemand was gesehen/| Von der Sibyllen Hand so ists durch mich geschehen." Die Langlebigkeit dieses gewiß nicht verächtlichen Schemas tieferer anthropologischer Analysen ist erstaunlich. Noch Kant malte das Bild des Melancholikers mit den Farben, in denen es bei älteren Theoretikern erscheint. „Rachbegierde ... Eingebungen, Erscheinungen, Anfechtungen ... bedeutende Träume, Ahndungen und Wunderzeichen" sprechen die „Beobachtungen über das Gefühl des Schönen und Erhabenen" ihm zu.

Wie in der Schule von Salerno antike Humoralpathologie vermittelt durch die Wissenschaft Arabiens wiederauflebt, so war Arabien auch der Konservator der anderen hellenistischen Wissenschaft, aus der die Lehre vom Melancholiker sich nährte: der Astrologie. Als Hauptquelle mittelalterlicher Sternweisheit hat man die Astronomie des Abû Ma sar, die ihrerseits von spätantiken abhängt, aufgewiesen. Die Theorie der Melancholie steht in genauem Zusammenhang mit der Lehre von den

Gestirneinflüssen. Und unter ihnen konnte nur der unheilvollste, jener des Saturn, der melancholischen Gemütsart vorgesetzt sein. So offenkundig in der Theorie des melancholischen Temperamentes das astrologische und medizinische System geschieden bleiben – so wollte Paracelsus aus dem letzteren die Melancholie durchaus und ganz ausschließlich in das erste weisen –, so offenkundig die harmonisierenden Spekulationen, die man aus beiden ausgesponnen hat, zufällig in bezug auf den empirischen Charakter scheinen müssen, desto erstaunlicher, ja schwerer erklärlich ist die Fülle anthropologischer Einsichten, in welche sie mündet. Entlegene Einzelheiten wie die Neigung des Melancholischen zu weiten Reisen tauchen auf: von daher Meer am Horizont der Dürerschen „Melencolia"; aber auch der fanatische Exotismus Lohensteinscher Dramen, die Lust des Zeitalters an Reisebeschreibungen. Hier ist die astronomische Deduktion dunkel. Anders wenn die Erdferne und die damit gegebene lange Umlaufszeit des Planeten nicht mehr im bösen Sinne, dem die Ärzte von Salerno folgen, vielmehr mit einem Hinweis auf die göttliche Vernunft, die dem bedrohlichen Gestirn den fernsten Platz verordnet, in einem segensreichen aufgefaßt und andererseits der Tiefsinn des Betrübten aus Saturn begriffen wird, der, „als höchster und dem täglichen Leben fernstehender Planet, als der Urheber jeder tiefen Kontemplation die Seele von Äußerlichkeiten ins Innere ruft, sie immer höher steigen läßt und schließlich mit dem höchsten Wissen und prophetischen Gaben beschenkt". In Umdeutungen dieser Art, wie sie der Wandlung jener Lehren ihren faszinierenden Charakter geben, bekundet sich ein dialektischer Zug der Saturnvorstellung, der aufs erstaunlichste der Dialektik des griechischen Melancholiebegriffs sich zuordnet. Diese lebendigste Funktion des Saturnbildes aufgedeckt zu haben, darin beruht wohl die Vollendung, welche Panofsky und Saxl in ihrer schönen Studie über „Dürers Melencolia I" den Entdeckungen ihres außerordentlichen Vorbildes, den Studien Giehlows über „Dürers Melencolia I und den maximilianischen Humanistenkreis" gegeben haben. So heißt es denn in der jüngeren Schrift: „Diese ›Extremitas‹ nun, die die Melancholie den anderen drei ›Temperamenten‹ gegenüber für alle folgenden

Jahrhunderte so bedeutungsvoll und problematisch, so beneidenswert und unheimlich gemacht hat... – sie begründet auch die tiefste und entscheidendste Entsprechung zwischen der Melancholie und dem Saturn ... Wie die Melancholie, so verleiht auch der Saturn, dieser Dämon der Gegensätze, der Seele auf der einen Seite die Trägheit und den Stumpfsinn, auf der andern die Kraft der Intelligenz und Kontemplation, wie sie bedroht auch er die ihm Unterworfenen, mögen sie an und für sich noch so erlauchte Geister sein, stets mit den Gefahren des Trübsinns oder der irren Ekstase – er, der um ... Ficino zu zitieren, ›selten gewöhnliche Charaktere und Schicksale bezeichnet, sondern Menschen, die von den andern verschieden sind, göttliche oder tierische, glückselige oder vom tiefsten Elend darniedergebeugte‹." Was diese Dialektik des Saturn betrifft, so verlangt sie nach einer Erklärung, „die nur in der inneren Struktur der mythologischen Kronosvorstellung als solcher gesucht werden kann ... Die Kronosvorstellung ist nicht nur dualistisch in bezug auf die Wirkung des Gottes nach außen, sondern auch in bezug auf sein eigenes, gleichsam persönliches Schicksal, und sie ist es außerdem in solchem Umfang und in solcher Schärfe, daß man den Kronos geradezu als einen Gott der Extreme bezeichnen könnte. Auf der einen Seite ist er der Herrscher des goldenen Zeitalters ... – auf der andern ist er der traurige, entthronte und geschändete Gott ...; auf der einen Seite erzeugt (und verschlingt) er unzählige Kinder – auf der andern Seite ist er zu ewiger Unfruchtbarkeit verdammt; auf der einen Seite ist er ... ein durch plumpe List zu übertölpelnder Unhold – auf der andern ist er der alte weise Gott, der ... als höchste Intelligenz, als ein προμήθευς und προμάντιος verehrt wird ... In dieser immanenten Polarität des Kronosbegriffs ... findet der besondere Charakter der astrologischen Saturn-Vorstellung seine letzte Erklärung – jener Charakter, der letzten Endes durch einen ganz besonders ausgeprägten und grundsätzlichen Dualismus bestimmt wird." "Noch der Dantekommentator Jacopo della Lana hat z. B. diese immanente Antithetik wieder ganz klar herausgearbeitet und in scharfsinniger Weise begründet, indem er darlegt, daß der Saturn vermöge seiner Qualität, als erdenschweres, kaltes, trockenes Gestirn, die völlig materiellen, nur zu harter Landarbeit sich eignenden Menschen erzeuge – vermöge seiner Lage aber, als höchster der Planeten, gerade umgekehrt die äußerst spirituellen, allem Erdenleben abgekehrten ›religiosi contemplativi‹.“ Im Raume dieser Dialektik spielt die Geschichte des Melancholieproblems sich ab. In ihr führt die Magie der Renaissance den Höhepunkt herauf. Während die Aristotelischen Einsichten in die seelische Doppelheit der melancholischen Gemütsanlage genauso wie die Antithetik des Saturneinflusses im Mittelalter einer rein dämonischen Darstellung dieser beiden, wie sie der christlichen Spekulation sich fügte, Platz gemacht hatten, trat mit der Renaissance aus den Quellen der ganze Reichtum alter Grübeleien neu zutage. Diesen Wendepunkt entdeckt und ihn mit der Wucht einer dramatischen Peripetie dargestellt zu haben, macht das hohe Verdienst und die höhere Schönheit der Arbeit von Giehlow aus. Der Renaissance, die die Umdeutung der saturnischen Melancholie im Sinne einer Lehre vom Genie mit einer auch im Denken der Antike niemals erreichten Rücksichtslosigkeit vollzog, stand nach dem Ausdruck Warburgs „die Saturnfürchtigkeit ... im Mittelpunkte des Sternglaubens“. Schon das Mittelalter hatte des saturnischen Anschauungskreises in mannigfachen Umbildungen sich bemächtigt. Der Monatsbeherrscher, „der griechische Zeitgott und der römische Saatendämon“ sind zum Schnitter Tod mit seiner Sense geworden, die nun nicht mehr der Saat, sondern dem Menschengeschlecht gilt, so wie es nicht mehr der Jahresumlauf mit seiner Wiederkehr von Aussaat, Ernte, Winterbrache ist, der die Zeit beherrscht, sondern das unerbittliche Abrollen jedes Lebens zum Tode. Dem Zeitalter aber, das die Quellen okkulter Natureinsicht um jeden Preis sich zu erschließen bestrebt war, stellte das Bild des Melancholischen die Frage, wie es gelingen könne, dem Saturn die Geisterkräfte abzulauschen und doch dem Wahnsinn zu entgehn. Die erhabene Melancholie, Melencolia „illa heroica“ des Marsilius Ficinus, des Melanchthon galt es von der gemeinen und verderblichen abzulösen. Zu einer präzisen Diätetik des Leibes und der Seele tritt der astrologische Zauber: die Veredlung der Melancholie ist das Hauptthema des Werkes „De vita triplici“ von Marsilius Ficinus. Das magische Quadrat, welches auf der Tafel zu Häupten der Dürerschen

„Melancholie“ sich eingezeichnet findet, ist das Planetensiegel des Jupiter, dessen Einfluß den trüben Kräften des Saturn sich widersetzt. Neben dieser Tafel hängt als Hinweis auf das Sternbild Jupiters die Waage. „Multo generosior est melancholia, si coniunctione Saturni et Iouis in libra temperetur, qualis uidetur Augusti melancholia fuisse.“ Unter dem jovialischen Einfluß wandeln die schädlichen Eingebungen sich in segensreiche, Saturn wird zum Protektor der erhabensten Forschungen; die Astrologie selber gehört ihm zu. So konnte Dürer zu dem Vorhaben gelangen, „in den saturnischen Gesichtszügen auch die divinatorische Geisteskonzentration auszudrücken“.

Die Theorie der Melancholie ist um eine Anzahl alter Sinnbilder kristallisiert, in die denn freilich erst die Renaissance mit beispielloser interpretativer Genialität die imposante Dialektik jener Dogmen hineingedeutet hat. Unter den Requisiten, die vor der Dürerschen Melancholie sich drängen, ist der Hund. Nicht zufällig will eine Schilderung des Aegidius Albertinus von dem Gemütszustand des Melancholikers an die Tollwut gemahnen. Nach alter Überlieferung „beherrscht die Milz den Organismus des Hundes“. Er hat dies mit dem Melancholiker gemein. Entartet jenes, als besonders zart beschriebene Organ, so soll der Hund die Munterkeit verlieren und der Tollwut anheimfallen. Soweit versinnlicht er den finsteren Aspekt der Komplexion. Andererseits hielt man sich an den Spürsinn und die Ausdauer des Tieres, um in ihm das Bild des unermüdlichen Forschers und Grüblers besitzen zu dürfen. „Ausdrücklich sagt Pierio Valeriano in seinem Kommentar zu dieser Hieroglyphe, daß derjenige Hund im Aufspüren und Laufen der beste wäre, welcher ›faciem melancholicam prae se ferat‹.“ Auf dem Dürerschen Blatte zumal wird die Ambivalenz dieses Sinnbilds dadurch bereichert, daß das Tier schlafend dargestellt ist: kommen die bösen Träume aus der Milz, so sind doch auch die divinatorischen das Vorrecht des Melancholikers. Als Gemeingut von Fürsten und Märtyrern sind sie den Trauerspielen bekannt. Aber noch diese Wahrträume sind aus geomantischem Traumschlaf im Schöpfungstempel, nicht als erhabene oder gar heilige Einflüsterung zu verstehen. Denn alle Weisheit des Melancholikers ist der Tiefe hörig; sie ist gewonnen aus der Versenkung ins Leben der kreatürlichen Dinge und von dem Laut der Offenbarung dringt nichts zu ihr. Alles Saturnische weist in die Erdtiefe, darin bewährt sich die Natur des alten Saatengottes. Saturn gibt nach Agrippa von Nettesheim „den Samen der Tiefe und ... die verborgenen Schätze". Der Blick nach unten kennzeichnet dort den Saturnmenschen, der den Grund mit den Augen durchbohrt. So auch Tscherning: „Wem ich noch unbekandt/ der kennt mich von Geberden | Ich wende fort und für mein' Augen hin zur Erden/| Weil von der Erden ich zuvor entsprossen bin/| So seh ich nirgends mehr als auff die Mutter hin." Die Eingebungen der Muttererde dämmern aus der Grübelnacht dem Melancholischen auf wie Schätze aus dem Erdinnern; blitzschnell einschlagende Intuition ist ihm fremd. Zum vollen Reichtum ihrer esoterischen Bedeutung kommt die Erde, vormals als kaltes trocknes Element allein belangvoll, in einer wissenschaftlichen Gedankenwendung des Ficinus. Es ist die neue Analogie von Schwerkraft und gedanklicher Konzentration, mit der das alte Sinnbild in den großen Deutungsprozeß des Renaissancephilosophen sich einfügt. „Naturalis autem causa esse videtur, quod ad scientias, praesertim difficiles consequendas, necesse est animum ab externis ad interna, tamquam a circumferentia quadam ad centrum sese recipere atque, dum speculatur, in ipso (ut ita dixerim) hominis centro stabilissime permanere. Ad centrum vero a circumferentia se colligere figique in centro, maxime terrae ipsius est proprium, cui quidem atra bilis persimilis est. Igitur atra bilis animum, ut se et colligat in unum et sistat in uno comtempleturque, assidue provocat. Atque ipsa mundi centro similis ad centrum rerum singularum cogit investigandum, evehitque ad altissima quaeque comprehendenda."

Wenn hierzu Panofsky und Saxl gegen Giehlow bemerken, davon, daß Ficinus dem Melancholiker die Konzentration ›empfehle‹, dürfe nicht gesprochen werden, so sind sie im Recht. Mit einer Behauptung aber, die wenig bedeutet gegenüber der Analogienreihe, welche Denken – Konzentration – Erde – Galle umfaßt, und zwar nicht einzig und allein, um vom ersten zum letzten Gliede zu führen, sondern doch wohl auch in unverkennbarer Anspielung auf eine neue Deutung der Erde im alten Weisheitsgefüge der Temperamentenlehre. Verdankt doch diese alter Meinung nach ihre Kugelgestalt und damit, wie schon Ptolemäus fand, ihre Vollendung und zentrale Stellung im Weltraum der Konzentrationskraft. So dürfte denn auch Giehlows Vermutung, die Kugel des Dürerschen Blattes sei ein Denksymbol des Grübelnden nicht ohne weiteres von der Hand zu weisen sein. Und diese „reifste, geheimnisvolle Frucht der maximilianeischen kosmologischen Kultur", wie Warburg sie nennt, dürfte recht wohl für einen Keim gelten, in dem die Allegorienfülle des Barock, noch gebändigt von der Kraft eines Genius zu sprengender Entfaltung bereit liegt. Die Rettung älterer Symbole der Melancholie, wie dieses Blatt und wie die zeitgenössische Spekulation sie gab, ist doch an einem wohl vorbeigegangen, wie es denn auch der Aufmerksamkeit Giehlows und andrer Forscher sich entzogen zu haben scheint. Es ist der Stein. Sein Platz im Inventar der Sinnbilder ist ihm gewiß. Liest man bei Aegidius Albertinus vom Melancholiker: „Die Trübsal, als welche sonsten das Herz in Demut erweicht, machet ihn nur immer störrischer in seinem verkehrten Gedanken, denn seine Tränen fallen ihm nicht ins Herz hinein, daß sie die Härtigkeit erweichten, sondern es ist mit ihm wie mit dem Stein, der nur von außen schwitzt, wenn das Wetter feucht ist", so möchte man kaum einhalten, um in diesen Worten einer besonderen Bedeutung nachzugehen. Aber das Bild ändert sich, wenn in der Hallmannschen Leichenrede auf Herrn Samuel von Butschky der Satz begegnet: „Er war von Natur tieffsinnig und Melancholischer Complexion, welche Gemüther einer Sache beständiger nachdencken/ und in allen Actionibus behuttsam verfahren. Das Schlangenvolle Medusen Haupt/ wie auch das Africanische Monstrum, nebst dem weinenden Crocodille dieser Welt konten seine Augen nicht verführen/ viel weniger seine Glieder in einen unarthigen Stein verwandeln." Und zum dritten Male der Stein in Filidors schönem Zwiegespräch zwischen der Melancholei und der Freude: „Melankoley. Freude. Jene ist ein altes Weib/ in verächtlichen Lumpen gekleidet/ mit verhülleten (!) Haupt/ sitzet auff einem Stein/ unter einem dürren Baum/ den Kopff in den Schooß legend/ Neben ihr stehet eine Nacht-Eule ... Melankoley: Der harte Stein/ der dürre Baum/| Der abgestorbenen Zypressen/| Giebt meiner Schwermuth sichern Raum | und macht der Scheelsucht mich vergessen ... Freude: Wer ist diß Murmelthier| hier an den dürren Ast gekrümmet?| Der tieffen Augen röthe | straalt/ wie ein Blut Comete/| der zum Verderb und Schrecken glimmet ... | Jetzt kenn ich dich/ du Feindin meiner Freuden/| Melanckoley/ erzeugt im Tartarschlund | vom drey geköpfften Hund'. | O! sollt' ich dich in meiner Gegend leiden?| Nein/ warlich/ nein! | der kalte Stein/| der Blätterlose Strauch/| muß außgerottet seyn | und du/ Unholdin/ auch."

Es mag sein, daß unter dem Sinnbild des Steins nur die augenfälligste Gestalt des kalten, trocknen Erdreichs zu sehen ist. Aber denkbar ist es sehr wohl, ja angesichts der Stelle bei Albertinus nicht unwahrscheinlich, daß mit der trägen Masse auf den eigentlich theologischen Begriff des Melancholikers angespielt ist, der in dem einer Todsünde vorliegt. Das ist die Acedia, die Trägheit des Herzens. Von ihr stellte der schleichende Umlauf des matten Saturnlichts zu dem Melancholiker eine Beziehung her, die – sei's nun auf astrologischer Grundlage oder auf anderer – bereits in einer Handschrift des XIII. Jahrhunderts bezeugt ist. „Von der tracheit. Du vierde houbet sunde ist. Tracheit. An gottes dienste. Du ist so ich mich kere. Von eime erbeitsamen. Unt sweren guoten werke, zuo einer itelen ruowe. So ich mih kere. Von deme guoten werke, wande ez mir svere ist. Da von kumet bitterkeit des hercen." Bei Dante ist die Acedia das fünfte Glied in der Ordnung der Hauptsünden. In ihrem Höllenkreise herrscht die eisige Kälte und das weist auf die Daten der Humoralpathologie, die kalte trockene Beschaffenheit der Erde zurück. Als Acedia rückt die Melancholie des Tyrannen in neue, geschärfte Beleuchtung. Ausdrücklich ordnet Albertinus den Symptomenkomplex des Melancholischen der Acedia zu: „Artlich wirdt die Accidia oder Trägheit dem Biß eines wütigen Hundts verglichen/ dann wer von demselbigen gebissen wird/ dervberkompt alsbaldt ersdiröckliche Träum/ er förchtet sich im Schlaf/ wird Wütig/ Vnsinnig/ verwirfft alles Getranck/ förchtet das Wasser/ bellet wie ein Hund/ vnd wirdt dermassen forchtsamb/ daß er auß forcht niderfellt. Dergleichen Leut sterben auch bald/ wann jhnen nicht geholfen wirdt." Zumal die Unentschlossenheit des Fürsten ist nichts als saturnische Acedia. Saturn macht „apathisch, unentschlossen, langsam". An der Trägheit des Herzens geht der Tyrann zugrunde. Wie hierin die Gestalt des Tyrannen, so ist durch die Treulosigkeit – einen anderen Zug des Saturnmenschen – die Figur des Höflings betroffen. Nichts Schwankenderes ist vorstellbar als der Sinn des Hofmanns, wie die Trauerspiele ihn malen: der Verrat ist sein Element. Es ist nicht Flüchtigkeit noch unbeholfene Charakterzeichnung der Autoren, wenn in den kritischen Augenblicken die Schranzen, kaum daß sie Zeit zur Besinnung sich gönnen, den Herrscher verlassen, zur Gegenpartei übertreten. Vielmehr trägt ihr Handeln eine Gesinnungslosigkeit zur Schau, die zum Teil bewußte Geste des Machiavellismus, zu einem anderen aber trostloser und schwermütiger Anheimfall an eine für undurchdringlich erachtete Ordnung unheilvoller Konstellationen ist, welche einen geradezu dinglichen Charakter annimmt. Krone, Purpur, Szepter sind ja im letzten Grunde doch Requisiten im Sinne des Schicksalsdramas, und sie haben ein Fatum an sich, dem der Höfling als sein Augur am ersten sich unterwirft. Seine Untreue gegen den Menschen entspricht einer in kontemplativer Ergebenheit geradezu versunkenen Treue gegen diese Dinge. Mit dieser hoffnungslosen Treue zum Kreatürlichen und zu dem Schuldgesetze seines Lebens steht der Begriff dieses Verhaltens selbst erst am Orte seiner adäquaten Erfüllung. Alle wesentlichen Entscheidungen vor Menschen nämlich können gegen die Treue verstoßen, in ihnen walten höhere Gesetze. Restlos angemessen ist sie einzig dem Verhältnis des Menschen zur Dingwelt. Sie kennt kein höheres Gesetz und die Treue keinen Gegenstand, dem sie ausschließlicher gehörte als der Dingwelt. Diese ruft sie denn auch immer um sich hervor, und jedes Geloben oder Gedenken aus Treue umgibt sich mit den Bruchstücken der Dingwelt als ihren eigensten, sie nicht überfordernden Gegenständen. Unbeholfen, ja unberechtigt spricht sie auf ihre Weise eine Wahrheit aus, um derentwillen sie freilich die Welt verrät. Die Melancholie verrät die Welt um des Wissens willen. Aber ihre ausdauernde Versunkenheit nimmt die toten Dinge in ihre Kontemplation auf, um sie zu retten. Der Dichter, von dem das Folgende überliefert wird, spricht aus dem Geiste der Schwermut. „Péguy parlait de cette inaptitude des choses à être sauvées, de cette résistance, de cette pesanteur des choses, des êtres mêmes, qui ne laisse subsister enfin qu'un peu de cendre de l'effort des héros et des saints." Die Beharrlichkeit, die in der Intention der Trauer sich ausprägt, ist aus ihrer Treue zur Dingwelt geboren. So ist ebensowohl die Untreue zu verstehen, welche die Kalender dem Saturnmenschen zusprechen, wie auch die ganz vereinzelte dialektische Gegensetzung, das „treu in der Liebe", das Abû Ma sar dem Saturnmenschen nachsagt, , umzudeuten. Die Treue ist der Rhythmus der emanatistisch absteigenden Intentionsstufen, in welcher die aufsteigenden der neuplatonischen Theosophie beziehungsvoll verwandelt sich abspiegeln. Mit der charakteristischen Haltung gegenreformatorischer Reaktion folgt die Typenbildung im deutschen Trauerspiele überall dem mittelalterlichen Schulbild der Melancholie. Doch die von dieser Typik grundverschiedene Gesamtform dieses Dramas: Stil und Sprache, sind nicht zu denken ohne jene kühne Wendung, mit der die Renaissancespekulationen in den Zügen der weinenden Betrachtung) den Widerschein eines fernen Lichtes gewahrten, das aus dem Grunde der Versenkung ihr entgegenschimmerte. Einmal zumindest ist dem Zeitalter gelungen, die menschliche Gestalt zu beschwören, die dem Zwiespalt neuantiker und medievaler Beleuchtung entsprach, in welchem das Barock den Melancholiker gesehen hat. Aber nicht Deutschland hat das vermocht. Es ist der Hamlet. Das Geheimnis seiner Person ist beschlossen im spielerischen eben dadurch aber gemessenen Durchgang durch alle Stationen dieses intentionalen Raums, wie das Geheimnis seines Schicksals beschlossen ist in einem Geschehen, das diesem seinem Blick ganz homogen ist. Hamlet allein ist für das Trauerspiel Zuschauer von Gottes Gnaden; aber nicht was sie ihm spielen, sondern einzig und allein sein eigenes Schicksal kann ihm genügen. Sein Leben, als vorbildlich seiner Trauer dargeliehener Gegenstand, weist vor dem Erlöschen auf die christliche Vorsehung, in deren Schoß seine traurigen Bilder sich in seliges Dasein verkehren. Nur in einem Leben von der Art dieses fürstlichen löst Melancholie, indem sie sich begegnet, sich ein. Der Rest ist Schweigen. Denn alles nicht Gelebte verfällt unrettbar in diesem Raume, in dem das Wort der Weisheit nur trügerisch geistert. Shakespeare allein vermochte aus der barocken, unstoischen wie unchristlichen, pseudoantiken wie pseudopietistischen Starre des Melancholikers den christlichen Funken zu schlagen. Wenn anders der Tiefblick, mit dem Rochus von Liliencron Saturnkindschaft und Male der Acedia in Hamlets Zügen las, um seinen besten Gegenstand nicht betrogen sein soll, wird er in diesem Drama das einzigartige Schauspiel ihrer Überwindung im christlichen Geiste erblicken. Nur in diesem Prinzen kommt die melancholische Versenkung zur Christlichkeit. Das deutsche Trauerspiel hat sich nie zu beseelen, den Silberblick der Selbstbesinnung in seinem Inneren nie zu erwecken vermocht. Es ist sich selbst erstaunlich dunkel geblieben und hat den Melancholiker nur mit den grellen und verbrauchten Farben der mittelalterlichen Komplexionenbücher zu malen gewußt. Warum also dieser Exkurs? Die Bilder und Figuren, die es stellt, widmet es dem Dürerschen Genius der geflügelten Melancholie. Seine rohe Bühne beginnt vor ihm ihr inniges Leben.

Allegorie und Trauerspiel. (Erster Teil)

Wer diese gebrechliche Hüten/ wo das Elend alle Ecken
zieret/ mit einem vernünftigen Wortschlusse wolte begläntzen/
der würde keinen unförmlichen Ausspruch
machen/ noch das Zielmaß der gegründeten Wahrheit
überschreiten/ wann er die Welt nennte einen allgemeinen
Kauffladen/ eine Zollbude des Todes/ wo der
Mensch die gangbahre Wahre/ der Tod der wunderbahre
Handels-Mann/ Gott der gewisseste Buchhalter/ das
Grab aber das versiegelte Gewand und Kauff-Hauß
ist.
Christoph Männling: Schaubühne des Todes/ oder Leich-Reden

Seit mehr als hundert Jahren lastet auf der Philosophie der Kunst die Herrschaft eines Usurpators, der in den Wirren der Romantik zur Macht gelangt ist. Das Buhlen der romantischen Ästhetiker um glänzende und letztlich unverbindliche Erkenntnis eines Absoluten hat in den simpelsten kunsttheoretischen Debatten einen Symbolbegriff heimisch gemacht, der mit dem echten außer der Bezeichnung nichts gemein hat. Der nämlich, zuständig in dem theologischen Bereiche, vermöchte nie und nimmer in der Philosophie des Schönen jene gemütvolle Dämmerung zu verbreiten, die seit dem Ende der Frühromantik immer dichter geworden ist. Doch gerade der erschlichene Gebrauch von dieser Rede vom Symbolischen ermöglicht die Ergründung jeder Kunstgestalt ›in ihrer Tiefe‹ und trägt ungemessen zum Komfort kunstwissenschaftlicher Untersuchungen bei. Bei diesem, dem vulgären Sprachgebrauch, ist das Auffallendste, daß der Begriff, der in gleichsam imperativischer Haltung auf eine unzertrennliche Verbundenheit von Form und Inhalt sich bezieht, in den Dienst einer philosophischen Beschönigung der Unkraft tritt, der da mangels dialektischer Stählung in der Formanalyse der Inhalt, in der Inhaltsästhetik die Form entgeht. Denn dieser Mißbrauch findet, und zwar überall da, statt, wo im Kunstwerk die ›Erscheinung‹ einer ›Idee‹ als ›Symbol‹ angesprochen wird. Die Einheit von sinnlichem und übersinnlichem Gegenstand, die Paradoxie des theologischen Symbols, wird zu einer Beziehung von Erscheinung und Wesen verzerrt. Die Einführung des derart entstellten Symbolbegriffs in die Ästhetik ging als romantische und lebenswidrige Verschwendung der Öde in der neueren Kunstkritik voran. Als symbolisches Gebilde soll das Schöne bruchlos ins Göttliche übergehen. Die schrankenlose Immanenz der sittlichen Welt in der des Schönen ist von der theosophischen Ästhetik der Romantiker entwickelt worden. Aber ihr Grund war längst gelegt. Deutlich genug geht die Tendenz der Klassik auf die Apotheose des Daseins im nicht nur sittlich vollendeten Individuum. Typisch romantisch ist erst die Einstellung dieses vollendeten Individuums in einen zwar unendlichen doch heilsgeschichtlichen, ja heiligen Verlauf. Ist aber erst einmal das ethische Subjekt ins Individuum gesunken, so kann kein Rigorismus – sei es auch der kantische – es retten und seinen männlichen Kontur bewahren. Sein Herz verliert sich in der schönen Seele. Und der Aktions-, nein, nur der Bildungsradius des dergestalt vollendeten, des schönen Individuums beschreibt den Kreis des ›Symbolischen‹. Demgegenüber ist die barocke Apotheose dialektisch. Sie vollzieht sich im Umschlagen von Extremen. In dieser exzentrischen und dialektischen Bewegung spielt die gegensatzlose Innerlichkeit des Klassizismus schon darum keine Rolle, weil die aktualen Probleme des Barock als religionspolitische gar nicht so sehr das Individuum und seine Ethik als seine kirchliche Gemeinschaft betrafen. – Gleichzeitig mit dem profanen Symbolbegriff des Klassizismus bildet sein spekulatives Gegenstück, der des Allegorischen, sich heraus. Eine eigentliche Lehre von der Allegorie ist zwar damals nicht entstanden noch hatte es sie vordem gegeben. Den neuen Begriff des Allegorischen als spekulativ zu bezeichnen ist aber dadurch gerechtfertigt, daß er in der Tat als der finstere Fond abgestimmt war, gegen den die Welt des Symbols hell sich abheben sollte. Die Allegorie, sowenig wie viele andere Ausdrucksformen, ist durch ›Veralten‹ nicht schlechtweg um ihre Bedeutung gekommen. Vielmehr spielt hier wie oft ein Widerstreit zwischen der früheren und späteren mit, der um so eher im stillen sich auszutragen geneigt war, als er begrifflos, tief und erbittert war. So fremd stand um achtzehnhundert die symbolisierende Denkweise der originären allegorischen Ausdrucksform gegenüber, daß die sehr vereinzelten Versuche theoretischer Auseinandersetzung für die Ergründung der Allegorie wertlos – desto kennzeichnender für die Tiefe des Antagonismus – sind. Als eine negative Nachkonstruktion der Allegorie darf man die folgende versprengte Äußerung Goethes bezeichnen: „Es ist ein großer Unterschied, ob der Dichter zum Allgemeinen das Besondere sucht oder im Besondern das Allgemeine schaut. Aus jener Art entsteht Allegorie, wo das Besondere nur als Beispiel, als Exempel des Allgemeinen gilt; die letztere aber ist eigentlich die Natur der Poesie: sie spricht ein Besonderes aus, ohne ans Allgemeine zu denken oder darauf hinzuweisen. Wer nun dieses Besondere lebendig faßt, erhält zugleich das Allgemeine mit, ohne es gewahr zu werden, oder erst spät.“ So hat, veranlaßt durch ein Schreiben Schillers, sich Goethe zur Allegorie gestellt. Er kann keinen bedenkenswerten Gegenstand in ihr gefunden haben. Ausführlicher eine etwas spätere gleichgesinnte Bemerkung von Schopenhauer. „Wenn nun der Zweck aller Kunst Mittheilung der aufgefaßten Idee ist ...; wenn ferner das Ausgehen vom Begriff in der Kunst verwerflich ist, so werden wir es nicht billigen können, wenn man ein Kunstwerk absichtlich und eingeständlich zum Ausdruck eines Begriffes bestimmt: dieses ist der Fall in der Allegorie ... Wenn also ein allegorisches Bild auch Kunstwerth hat, so ist dieser von dem, was es als Allegorie leistet, ganz gesondert und unabhängig: ein solches Kunstwerk dient zweien Zwecken zugleich, nämlich dem Ausdruck eines Begriffes und dem Ausdruck einer Idee: nur letzterer kann Kunstzweck seyn; der andere ist ein fremder Zweck, die spielende Ergötzlichkeit, ein Bild zugleich den Dienst einer Inschrift, als Hieroglyphe, leisten zu lassen ... Zwar kann ein allegorisches Bild auch gerade in dieser Eigenschaft lebhaften Eindruck auf das Gemüth hervorbringen: dasselbe würde dann aber, unter gleichen Umständen, auch eine Inschrift wirken. Z.B. wenn in dem Gemüth eines Menschen der Wunsch nach Ruhm dauernd und fest gewurzelt ist... und dieser tritt nun vor den Genius des Ruhmes mit seinen Lorbeerkronen; so wird sein ganzes Gemüth dadurch angeregt und seine Kraft zur Thätigkeit aufgerufen: aber dasselbe würde auch geschehen, wenn er plötzlich das Wort ›Ruhm‹ groß und deutlich an der Wand erblickte." Wie nahe mit der letzten Bemerkung das Wesen der Allegorie gestreift ist – der logizistische Grundzug der Darstellung, die in dem Unterschiede von ›dem Ausdruck eines Begriffes und dem Ausdruck einer Idee‹ genau die moderne und unhaltbare Rede von Allegorie und Symbol aufnimmt unbeschadet, daß Schopenhauer selbst den Symbolbegriff anders einstellt –, hindert diese Ausführungen, aus der Reihe der kurzen und bündigen Abfertigungen der allegorischen Ausdrucksform irgendwie herauszutreten. Solche Ausführungen sind bis in die jüngste Zeit maßgebend geblieben. Selbst große Künstler, ungemeine Theoretiker, wie Yeats, bleiben in der Annehme, Allegorie sei ein konventionelles Verhältnis zwischen einem bezeichnenden Bilde und seiner Bedeutung. Von den authentischen Dokumenten der neueren allegorischen Anschauungsweise, den literarischen und graphischen Emblemenwerken des Barock, pflegen die Autoren nur vage Kenntnis zu besitzen. Aus den späten und verbreiteteren Nachzüglern des XVIII. Jahrhunderts spricht deren Geist so schwächlich, daß nur der Leser der ursprünglicheren Werke auf die ungebrochene Kraft der allegorischen Intention stößt. Vor jene aber stellte sich mit dem Verdikt das klassizistische Vorurteil. Es ist, mit einem Wort, die Denunzierung einer Ausdrucksform, wie die Allegorie sie darstellt, als einer bloßen Weise der Bezeichnung. Allegorie das zu erweisen dienen die folgenden Blätter – ist nicht spielerische Bildertechnik, sondern Ausdruck, so wie Sprache Ausdruck ist, ja so wie Schrift. Hier eben lag das experimentum crucis. Gerade die Schrift erschien als konventionelles Zeichensystem vor allen andern. Schopenhauer ist der einzige nicht, der die Allegorie mit dem Hinweis, sie unterscheide sich nicht wesentlich von der Schrift, für abgetan hält. An diesem Einwurf hängt zuletzt das Verhältnis zu jedem großen Gegenstande der Barockphilologie. Deren philosophische Fundierung – sie mag mühevoll, sie mag weitläufig scheinen – ist unumgänglich. Und in ihr Zentrum drängt die Diskussion des Allegorischen; ihr Vorstoß ist in der „Deutschen Barockdichtung" von Herbert Cysarz unverkennbar. Doch sei es, der behauptete Primat der Klassik als der Entelechie barocker Dichtung vereitele, wie deren Wesenseinsicht überhaupt, so insbesondere die Ergründung der Allegorie, sei es, das beharrliche Vorurteil gegen sie rücke den Klassizismus als den eigenen Ahnherrn folgerecht in den Vordergrund – die neue Erkenntnis, daß Allegorik „das beherrschende Stilgesetz in Sonderheit des Hochbarock" sei, kommt durch den Versuch, ganz nebenher als Schlagwort ihre Formulierung einzubringen, um ihren Wert. „Nicht so sehr die Kunst des Symbols als die Technik der Allegorie" sei dem Barock im Gegensatz zur Klassik eigen. Der Zeichencharakter soll auch mit dieser neuen Wendung ihr zuerkannt werden. Es bleibt bei dem alten Vorurteil, dem Creuzer mit dem Terminus der „Zeichenallegorie") zu eigener sprachlicher Prägung verholfen hat.

Im übrigen sind doch gerade die großen theoretischen Ausführungen über Symbolik im ersten Bande der Creuzerschen „Mythologie" mittelbar für die Erkenntnis von dem Allegorischen sehr wertvoll. Neben der älteren banalen Lehre, die in ihnen überdauert, enthalten sie Beobachtungen, deren erkenntnistheoretischer Ausbau Creuzer viel weiter hätte führen können, als er gelangt ist. So setzt er das Wesen der Symbole, denen er den Rang, den Abstand von dem Allegorischen will gewahrt wissen, in die folgenden vier Momente: „Das Momentane, das Totale, das Unergründliche ihres Ursprungs, das Nothwendige“ und vorzüglich bemerkt er an anderer Stelle zu dem ersten: „Jenes Erweckliche und zuweilen Erschütternde hängt mit einer andern Eigenschaft zusammen, mit der Kürze. Es ist wie ein plötzlich erscheinender Geist, oder wie ein Blitzstrahl, der auf einmal die dunkele Nacht erleuchtet. Es ist ein Moment, der unser ganzes Wesen in Anspruch nimmt ... Wegen jener fruchtbaren Kürze vergleichen sie“ – die Alten – „es namentlich mit dem Lakonismus ... In wichtigen Lagen des Lebens, wo jeder Moment eine folgenreiche Zukunft verbirgt, die Seele in Spannung erhält, in verhängnißvollen Augenblicken, waren daher auch die Alten der göttlichen Anzeigen gewärtig, die sie ... Symbola nannten.“ Dagegen lauten denn die „Forderungen an das Symbol ... Klarheit ... Kürze ... das Liebliche und das Schöne“ und vernehmlich spricht in der ersten und den beiden letzten eine Anschauungsweise, die Creuzer mit den klassizistischen Symboltheorien teilt. Das ist die Lehre von dem Kunstsymbol, das als ein höchstes vom befangenen religiösen oder auch mystischen zu unterscheiden sei. Daß Winckelmanns Verehrung der griechischen Skulptur, auf deren Götterbilder in diesem Zusammenhang exemplifiziert wird, für Creuzer hier maßgebend war, steht außer Zweifel. Das Kunstsymbol ist plastisch. Aus Creuzers Antithese des plastischen und mystischen Symbols spricht Winckelmannscher Geist. „Hier waltet das Unaussprechliche vor, das, indem es Ausdruck suchet, zuletzt die irdische Form, als ein zu schwaches Gefäß, durch die unendliche Gewalt seines Wesens zersprengen wird. Hiermit ist aber sofort die Klarheit des Schauens selbst vernichtet, und es bleibet nur ein sprachloses Erstaunen übrig.“ Im plastischen Symbol „strebet das Wesen nicht zum Überschwenglichen hin, sondern, der Natur gehorchend, füget es sich in deren Form, durchdringet und belebet sie. Jener Widerstreit zwischen dem Unendlichen und dem Endlichen ist also auf gelöset, dadurch daß jenes, sich selbst begränzend, ein Menschliches ward. Aus dieser Läuterung des Bildlichen einerseits, und aus der freiwilligen Verzichtleistung auf das Unermeßliche andrerseits, erblühet die schönste Frucht alles Symbolischen. Es ist das Göttersymbol, das die Schönheit der Form mit der höchsten Fülle des Wesens wunderbar vereinigt, und, weil es in der Griechischen Sculptur am vollendetsten ausgeführt ist, das plastische Symbol heißen kann." ›Menschliches‹ als die höchste ›Fülle des Wesens‹ suchte der Klassizismus und griff in diesem Verlangen, wie es die Allegorie verschmähen mußte, auch nur ein Trugbild des Symbolischen. Demgemäß begegnet denn auch bei Creuzer ein den kurrenten Theorien nicht fernstehender Vergleich des Symbols „mit der Allegorie, die der gewöhnliche Sprachgebrauch so oft mit dem Symbole verwechselt". Der „Unterschied zwischen symbolischer und allegorischer Darstellung": „Diese bedeutet blos einen allgemeinen Begriff, oder eine Idee, die von ihr selbst verschieden ist; jene ist die versinnlichte, verkörperte Idee selbst. Dort findet eine Stellvertretung statt ... Hier ist dieser Begriff selbst in diese Körperwelt herabgestiegen, und im Bilde sehen wir ihn selbst und unmittelbar." Damit aber kehrt Creuzer zu seiner originalen Konzeption zurück. „Es ist daher auch der Unterschied beider Arten in das Momentane zu setzen, dessen die Allegorie ermangelt ... Dort" – im Symbol – „ist momentane Totalität; hier ist Fortschritt in einer Reihe von Momenten. Daher auch die Allegorie, nicht aber das Symbol, den Mythus unter sich begreift ..., dessen Wesen das fortschreitende Epos am vollkommensten ausspricht." Doch weit entfernt, daß diese Einsicht zu einer neuen Wertung der allegorischen Ausdrucksweise geführt hätte, heißt es vielmehr, auf diesen Sätzen gründend, an andrer Stelle von den ionischen Naturphilosophen: „Sie setzen das von der geschwätzigen Sage verdrängte Symbol in seine alten Rechte ein: das Symbol, das, ursprünglich ein Kind der Bildnerei, selbst noch der Rede einverleibt, durch seine bedeutsame Kürze, durch die Totalität und gedrungene Exuberanz seines Wesens, weit mehr als die Sage geeignet ist, das Eine und Unaussprechliche der Religion anzudeuten." Zu diesen und dergleichen Ausführungen macht Görres brieflich die vorzügliche Anmerkung: Auf die „Annahme des Symbols als

Seyn, der Allegorie als Bedeuten, gebe ich nichts ... Wir können uns vollkommen begnügen mit der Erklärung, die das Eine als in sich beschlossenes, gedrungenes, stetig in sich beharrendes Zeichen der Ideen nimmt, diese aber als ein successiv fortschreitendes, mit der Zeit selbst in Fluß gekommenes, dramatisch bewegliches, strömendes Abbild derselben anerkennt. Beide sind zu einander wie stumme, große, gewaltige Berg- und Pflanzennatur, und lebendig fortschreitende Menschengeschichte." Manches ist damit ins Rechte gestellt. Denn der Widerstreit einer Symboltheorie, die den Akzent auf das naturhaft Berg- und Pflanzenartige im Wuchse des Symbols legt und Creuzers Betonung des Momentanen darinnen, weist auf den wahren Sachverhalt sehr deutlich hin. Das Zeitmaß der Symbolerfahrung ist das mystische Nu, in welchem das Symbol den Sinn in sein verborgenes und, wenn man so sagen darf, waldiges Innere aufnimmt. Andererseits ist die Allegorie von einer entsprechenden Dialektik nicht frei und die kontemplative Ruhe, mit welcher sie in den Abgrund zwischen bildlichem Sein und Bedeuten sich versenkt, hat nichts von der unbeteiligten Süffisanz, die in der scheinbar verwandten Intention des Zeichens sich findet. Wie gewaltig in diesem Abgrund der Allegorie die dialektische Bewegung braust, das muß unterm Studium der Trauerspielform deutlicher als bei jedem andern an Tag treten. Jene weltliche, die geschichtliche Breite, die Görres und Creuzer der allegorischen Intention zuschreiben, ist als Naturgeschichte, als Urgeschichte des Bedeutens oder der Intention dialektischer Art. Unter der entscheidenden Kategorie der Zeit, welche in dieses Gebiet der Semiotik getragen zu haben die große romantische Einsicht dieser Denker war, läßt das Verhältnis von Symbol und Allegorie eindringlich und formelhaft sich festlegen. Während im Symbol mit der Verklärung des Unterganges das transfigurierte Antlitz der Natur im Lichte der Erlösung flüchtig sich offenbart, liegt in der Allegorie die facies hippocratica der Geschichte als erstarrte Urlandschaft dem Betrachter vor Augen. Die Geschichte in allem was sie Unzeitiges, Leidvolles, Verfehltes von Beginn an hat, prägt sich in einem Antlitz – nein in einem Totenkopfe aus. Und so wahr alle ›symbolische‹ Freiheit des Ausdrucks, alle klassische Harmonie der Gestalt, alles Menschliche einem solchen fehlt – es spricht nicht nur die Natur des Menschendaseins schlechthin, sondern die biographische Geschichtlichkeit eines einzelnen in dieser seiner naturverfallensten Figur bedeutungsvoll als Rätselfrage sich aus. Das ist der Kern der allegorischen Betrachtung, der barocken, weltlichen Exposition der Geschichte als Leidensgeschichte der Welt; bedeutend ist sie nur in den Stationen ihres Verfalls. Soviel Bedeutung, soviel Todverfallenheit, weil am tiefsten der Tod die zackige Demarkationslinie zwischen Physis und Bedeutung eingräbt. Ist aber die Natur von jeher todverfallen, so ist sie auch allegorisch von jeher. Bedeutung und Tod sind so gezeitigt in historischer Entfaltung wie sie im gnadenlosen Sündenstand der Kreatur als Keime enge ineinandergreifen. Die Perspektive des entsponnenen Mythos als Allegorie, wie sie bei Creuzer ihre Rolle spielt, erschließt sich als gemäßigte modernere letzten Endes aus dem gleichen barocken Gesichtspunkt. Gegen sie richtet bezeichnend sich Voß: „Homers Sagen von Welt und Gottheit nahm Aristarch mit allen Besonnenen für einfältigen Glauben der nestorischen Heldenzeit. Krates aber, dem der Geograf Strabo und die späteren Grammatiker sich anschlössen, betrachtete sie als urweltliche Sinnbilder von orfischen Geheimlehren, vorzüglich aus Ägypten. Solche Sinnbildnerei, welche die Erfahrungen und Religionssätze nachhomerischer Zeiten willkührlich in die Urzeit rückte, blieb herrschend, die Mönchsjahrhunderte hindurch, und ward meistens Allegorie genannt." Diese Beziehung von Mythos auf Allegorie mißbilligt der Verfasser; ihre Denkbarkeit aber gesteht er zu, und sie beruht auf einer Theorie der Sage wie sie Creuzer entwickelt. Das Epos ist in der Tat die klassische Form einer Geschichte der bedeutenden Natur wie die Allegorie ihre barocke. Verwandt, wie sie beiden Geistesrichtungen war, mußte die Romantik Epos und Allegorie einander annähern. Und so hat Schelling das Programm der allegorischen Epenauslegung in dem berühmten Diktum formuliert: die Odyssee sei die Geschichte des menschlichen Geistes, die Ilias die Geschichte der Natur.

Mit einer sonderbaren Verschränkung von Natur und Geschichte tritt der allegorische Ausdruck selbst in die Welt. Es ist das Lebenswerk Karl Giehlows gewesen, über dessen Ursprung Licht zu verbreiten. Erst seit seiner monumentalen Untersuchung über „Die Hieroglyphenkunde des Humanismus in der Allegorie der Renaissance, besonders der Ehrenpforte Kaisers Maximilian I." ist es möglich geworden, auch historisch zu beglaubigen, daß und wie die neuere, im xvi. Jahrhundert entspringende Allegorie von der mittelalterlichen sich abhebt. Gewiß – und das wird im Verlaufe dieser Studie als höchst bedeutungsvoll erscheinen – hängen beide genau und wesentlich zusammen. Doch nur wo der Zusammenhang sich als Konstante von der historischen Variablen abhebt, gibt er sich dem Gehalt nach zu erkennen, und solche Scheidung ist erst nach Giehlows Entdeckung möglich geworden. Unter den ältern Forschern scheinen nur Creuzer, Görres, insbesondere aber Herder einen Blick für die Rätsel dieser Ausdrucksform besessen zu haben. Gerade von den fraglichen Epochen bekennt der letzte: „Die Geschichte dieser Zeit und dieses Geschmacks liegt noch sehr im Dunkeln." Seine eigene Vermutung: „Man ahmte den alten Mönchsgemählden nach; aber mit viel Verstände und großer Anschauung der Dinge, daher ich dies Zeitalter beinahe das emblematische nennen möchte", , geht im Geschichtlichen fehl, spricht aber aus einer Ahnung vom Gehalt dieser Literatur mit der er den romantischen Mythologen überlegen ist. Creuzer bezieht sich auf ihn in Ausführungen über das neuere Emblem. „Auch späterhin blieb man noch dieser Liebe zum Allegorischen zugethan, ja mit dem sechszehnten Jahrhundert schien sie wieder neu aufzuleben ... In derselben Periode nahm die Allegorie unter den Deutschen, nach dem Ernste ihres Nationalcharakters, eine mehr ethische Richtung. Mit den Fortschritten der Reformation mußte das Symbolische als Ausdruck der Religionsgeheimnisse mehr und mehr verschwinden ... Die alte Liebe zum Anschaulichen äußerte sich ... in sinnbildlichen Darstellungen moralischer und politischer Art. Mußte die Allegorie doch oft jetzt selbst die neuerkannte Wahrheit versinnlichen. Ein großer Schriftsteller unserer Nation, der, nach seinem umfassenden Geiste, auch diese Äußerung deutscher Kraft nicht kindisch und unmündig findet, sondern würdig und betrachtungswerth, nimmt von der damaligen Allgemeinheit jener Darstellungsweise Veranlassung, jenes Zeitalter der Reformation das emblematische zu nennen, und giebt darüber beherzigenswerthe

Winke.“ Dem damaligen schwankenden Stande der Kenntnis gemäß, vermochte auch Creuzer nur die Wertung, nicht die Erkenntnis der Allegorie zu korrigieren. Erst Giehlows Werk, als solches historischer Art, eröffnet die Möglichkeit geschichtlich-philosophischer Durchdringung dieser Form. Den Anstoß ihres Werdens entdeckte er in den Bemühungen der humanistischen Gelehrten um die Entzifferung der Hieroglyphen. Sie entnahmen die Methode ihrer Versuche einem pseudepigraphischen Corpus, den zu Ende des II., möglicherweise auch des IV. Jahrhunderts nach Christus verfaßten „Hieroglyphica“ des Horapollon. Diese beschäftigen sich – das charakterisiert sie und bestimmte von Grund auf ihren Einfluß auf die Humanisten – nur mit den sogenannten symbolischen oder änigmatischen Hieroglyphen, bloßen Bildzeichen, wie sie außerhalb der kurrenten phonetischen im Rahmen der sakralen Unterweisung als letzte Stufe einer mystischen Naturphilosophie dem Hierogrammaten vorgeführt wurden. Mit den Reminiszenzen dieser Lektüre ging man an die Obelisken und ein Mißverständnis wurde Grundlage der reichen, unabsehbar verbreiteten Ausdrucksform. Denn von der allegorischen Auslegung ägyptischer Hieroglyphen, bei der an Stelle von historischen und kultischen Daten naturphilosophische, moralische und mystische Gemeinplätze sich einstellten, schritten die Literaten zum Ausbau dieser neuen Schriftart fort. Es entstanden die Ikonologien, welche nicht nur deren Phrasen ausbildeten, ganze Sätze „Wort für Wort durch besondere Bildzeichen“ übersetzten, sondern nicht selten als Lexika auftraten. . „Unter der Führung des Künstler-Gelehrten Alberti begannen so die Humanisten, statt mit Buchstaben mit Dingbildern (rebus) zu schreiben, entstand so auf Grund der änigmatischen Hieroglyphen das Wort ›Rebus‹ und füllten sich mit solchen Räthselschriften die Medaillen, Säulen, Ehrenpforten und alle möglichen Kunstgegenstände der Renaissance.“ “Mit der griechischen Lehre von der Freiheit künstlerischer Anschauung entnahm die Renaissance dem Alterthum gleichzeitig das ägyptische Dogma des künstlerischen Zwanges. Beide Anschauungen mußten in einem durch geniale Künstler zunächst zurückgedrängten Kampfe liegen und die letztere siegen, sobald ein hieratischer Geist die Welt beherrschte.“)

Immer erkennbarer wird in den Hervorbringungen des reifen Barock der Abstand von den hundert Jahre früheren Anfängen der Emblematik und immer flüchtiger die Ähnlichkeit mit dem Symbol und dringlicher die hieratische Ostentation. So etwas wie natürliche Theologie der Schrift spielt denn schon in den „Libri de re aedificatoria decem" des Leon Battista Alberti seine Rolle. „Bei Gelegenheit einer Untersuchung über die an Grabmälern anzubringenden Titel, Zeichen und Sculpturen nimmt er Veranlassung, eine Parallele zwischen der Buchstabenschrift und den ägyptischen Zeichen zu ziehen. Er betont als Mangel der ersteren, daß sie, nur ihrer Zeit bekannt, später der Vergessenheit anheimfallen müsse ... Im Gegensatz dazu hebt er das System der Ägypter hervor, wie sie z.B. durch ein Auge Gott, den Geier die Natur, einen Kreis die Zeit, das Rind den Frieden kennzeichnen." Gleichzeitig aber wandte die Spekulation sich einer weniger rationalistischen Apologie der Emblematik zu, die viel entschiedener das Hieratische der Form bekennt. In seinem Kommentar zu den Plotinschen „Enneaden" bemerkt Marsilius Ficinus über die Hieroglyphik, durch sie „hätten" die ägyptischen Priester „etwas dem göttlichen Denken Entsprechendes schaffen wollen, da ja die Gottheit das Wissen aller Dinge nicht als eine wechselnde Vorstellung sondern gleichsam als die einfache und feste Form der Sache selbst besitze. Die Hieroglyphen also ein Abbild der göttlichen Ideen! Als Beispiel dient ihm die für den Zeitbegriff gebrauchte Hieroglyphe der geflügelten, sich in das Schwanzende beißenden Schlange. Denn die Vielfältigkeit und Beweglichkeit der menschlichen Vorstellung von der Zeit, wie sie im schnellen Kreislauf den Anfang mit dem Ende verbinde, wie sie Klugheit lehre, Sachen bringe und nehme, diese ganze Gedankenreihe enthalte das bestimmte und feste Bild des Schlangenkreises." Was anders als die theologische Überzeugung, daß die Hieroglyphen der Ägypter eine, jede Dunkelheit der Natur aufhellende, Erbweisheit enthalten, spricht aus Pierio Valerianos Satz: „Quippe cum hieroglyphice loqui nihil aliud sit, quam diuinarum humanarumque rerum naturam aperire." Ebendiese „Hieroglyphica" bemerken in ihrer „Epistola nuncupatoria": „Nee deerit occasio recte sentientibus, qui aecommodate ad religionem nostram haec retulerint et exposuerint. Nee etiam arborum et herbarum consideratio nobis ociosa est, cum B. Paulus et ante eum Dauid ex rerum creatarum cognitione, Dei magnitudinem et dignitatem intellegi tradant. Quae cum ita sint, quis nostrum tarn torpescenti, ac terrenis faeeibusque immerso erit animo, qui se non innumeris obstrictum a Deo benefieiis fateatur, cum se hominem creatum uideat, et omnia quae coelo, aëre, aqua, terraque continent, hominis causa generata esse.“ Nicht so der Teleologie der Aufklärung, der Menschenglück der oberste Naturzweck war, als einer gänzlich andern des Barock ist im ›hominis causa‹ zu gedenken. Gewidmet weder irdischer noch sittlicher Glückseligkeit der Kreaturen, ist sie angelegt einzig auf ihre geheimnisvolle Unterweisung. Denn dem Barock gilt die Natur als zweckmäßig für den Ausdruck ihrer Bedeutung, für die emblematische Darstellung ihres Sinnes, die als allegorische unheilbar verschieden von seiner geschichtlichen Verwirklichung bleibt. Geschichte galt in den moralischen Exempeln und den Katastrophen nur als ein stoffliches Moment der Emblematik. Es siegt das starre Antlitz der bedeutenden Natur und ein für allemal soll die Geschichte verschlossen bleiben in dem Requisit. Christlich-didaktisch ist die mittelalterliche Allegorie – in mystisch-naturhistorischem Sinne geht das Barock auf die Antike zurück. Es ist die ägyptische, doch bald auch die griechische. Als Entdecker ihrer geheimen Erfindungsschätze galt Ludovico da Feltre, „von seiner unterirdisch-›grotesken‹ Entdeckertätigkeit ›il Morto‹ genannt. Auch an den antiken Maler, den man sich als Klassiker der Groteske aus der vielerörterten Stelle des Plinius über die Dekorationsmalerei heraushob, den ›Balkonmaler‹ Serapion, hat sich durch Vermittlung eines gleichnamigen Anachoreten schließlich in der Literatur die Personifikation des Unterirdisch-Phantastischen, Geheim-Gespenstischen geknüpft (in E.T.A. Hoffmanns ›Serapionsbrüdern‹). Denn schon damals scheint sich das Rätselhaft-Geheime der Wirkung beizugesellen dem Unterirdisch-Geheimen in der Herkunft der Groteske aus verschütteten Ruinen und Katakomben. Nicht von ›grotta‹ im buchstäblichen Sinne sei es herzuleiten, sondern von dem ›Versteckten‹ – Verhohlenen –, was die Höhle und Grotte ausdrückt ... Noch im 18. Jahrhundert gab es dafür ... den Ausdruck des ›Verkrochenen‹. Also das ›Änigmatische‹ daran wirkte von

Anfang.“ Nicht durchaus fern hiervon steht Winckelmann. „Wie scharf er auch gegen die Stilprinzipien der barocken Allegorie sich wendet, seine Theorie bleibt früheren Autoren vielfach eng verwandt. Sehr klar sieht das Borinski am „Versuch einer Allegorie“. „Gerade hier steht Winckelmann noch ganz im allgemeinen Verbande des Renaissanceglaubens an die ›sapientia veterum‹, an das geistige Band zwischen Urwahrheit und Kunst, zwischen Intellektualwissenschaft und Archäologie ... Er sucht in der echten, aus der Fülle der Homerischen Inspiration, ›eingeblasenen‹ ›Allegorie der Alten‹ das ›seelische‹ Allheilmittel für die ›Sterilität‹ der ewigen Wiederholung von Marter- und mythologischen Szenen in der Kunst der Neueren ... Nur diese Allegorie lehrt den Künstler ›erfinden‹: das, was ihn auf eine Höhe mit dem Dichter stellt.“ So fällt das schlicht Erbauliche vielleicht noch radikaler als in dem Barock vom Allegorischen ab.

Je weiter die Entwickelung der Emblematik sich verzweigte, desto undurchdringlicher wurde dieser Ausdruck. Ägyptische, griechische, christliche Bildersprache durchdrangen sich. Für die Bereitwilligkeit, mit der die Theologie dem entgegenkam, ist ein Werk wie der „Polyhistor symbolicus“ bezeichnend, verfaßt durch ebenden Jesuiten Caussinus, dessen lateinische „Felicitas“ Gryphius übertragen hat. Auch konnte keine geeigneter erscheinen als solche nur den Gebildeten faßliche Rätselschrift, die hochpolitischen Maximen echter Lebensweisheit zu verschließen. Herder hat in seinem Aufsatz über Johann Valentin Andreä sogar gemutmaßt, daß sie für manchen Gedanken, den man vor Fürsten klar nicht habe nennen wollen, ein Asyl gewesen sei. Paradoxer hört Opitz sich an. Denn einerseits faßt er zwar die theologische Esoterik dieser Ausdrucksform als die Erhärtung einer vornehmen Abstammung der Poesie, andererseits aber meint er, um der Allgemeinverständlichkeit willen sei sie eingeführt worden. Dem Satze der „Art poétique“ des Delbene: „La poésie n'était au premier âge qu'une théologie allégorique“ hat er eine bekannte Formulierung des zweiten Kapitels der „Deutschen Poeterey“ nachgebildet. „Die Poeterey ist anfangs nichts anderes gewesen als eine verborgene Theologie.“ Aber andererseits: „Weil die erste und rawe weit gröber und ungeschlachter war/ als das sie hetten die lehren von weißheit und himmlischen dingen recht fassen und verstehen können/ so haben weise Männer/ was sie zu erbawung der gottesfurcht/ guter sitten und wandels erfunden/ in Reime und Fabeln/ welche sonderlich der gemeine Pöfel zu hören geneiget ist/ verstecken und verbergen müssen." Diese Auffassung blieb maßgebend und begründet auch bei Harsdörffer, vielleicht dem konsequentesten Allegoriker, die Theorie dieser Ausdrucksform. Wie sie in alle weitesten und beschränktesten Geistesbezirke sich eingenistet hatte, von der Theologie, Naturbetrachtung und Moral bis hinab zu Heraldik, Festpoem und Liebessprache, so unbeschränkt ist der Fundus ihrer anschaulichen Requisiten. Für jeden Einfall trifft der Augenblick des Ausdrucks zusammen mit einer wahren Bilderuption, als deren Niederschlag die Menge der Metaphern chaotisch ausgestreut liegt. So stellt in diesem Stile das Erhabne sich dar. „Universa rerum natura materiam praebet huic philosophiae (sc. imaginum) nee qvicqvam ista protulit, qvod non in emblema abire possit, ex cujus contemplatione utilem virtutum doctrinam in vita civili capere liceat: adeo ut qvemadmodum Historiae ex Numismatibus, ita Morali philosophiae ex Emblematis lux inferatur." Dieser Vergleich ist besonders glücklich. Haftet doch der Natur, die da geschichtlich geprägt, nämlich Schauplatz ist, durchaus etwas Numismatisches an. Derselbe Autor – ein Referent der „Acta eruditorum" – sagt an anderer Stelle: „Quamvis rem symbolis et emblematibus praebere materiam, nee quic quam in hoc universo existere, quod non idoneum iis argumentum suppeditet, supra in Actis ... fuit monitum; cum primum philosophiae imaginum tomum superiori anno editum enarraremus. Cujus assertionis alter hie tomus, qui hoc anno prodiit, egregia praebet documenta; a naturalibus et artificialibus rebus, elementis, igne, montibus ignivomis, tormentis pulverariis et aliis machinis bellicis, chymicis item instrumentis, subterraneis cuniculis, fumo luminaribus, igne sacro, aere et variis avium generibus depromta symbola et apposita lemmata exhibens." Ein einziger Beleg mag zur Genüge erweisen, wie weit man in dieser Richtung ging. In Böcklers „Ars heraldica" steht zu lesen: „Von Blättern. Man findet selten Blätter in den

Wappen/ wo sie aber gefunden werden/ so führen sie die Deutung der Warheit/ weilen sie etlicher Massen der Zungen und dem Hertzen gleichen.“ “Von Wolcken. Gleichwie die Wolcken sich übersich (!) in die Höhe schwingen/ hernach fruchtbaren Regen herab giessen/ davon das Feld/ Frucht und Menschen erfrischet und erquicket werden/ also soll auch ein Adeliches Gemüth/ in Tugend-Sachen gleichsam in die Höhe aufsteigen/ alsdenn mit seinen Gaben/ dem Vatterland zu dienen/ beflissen seyn.“ “Die weise (!) Pferde bedeuten den obsiegenden Frieden/ nach geendigtem Krieg/ und zugleich auch die Geschwindigkeit.“ Das Erstaunlichste ist eine komplette Farbenhieroglyphik, zu der, als Kombinatorik von je zwei Farben, dieses Buch anweist. „Roth zu Silber/ Verlangen sich zu rächen“, “Blau ... zu Roth/ Unhöflichkeit“, “Schwartz ... zu Purpur/ beständige Andacht“, um nur so viel zu nennen. „Die vielfachen Dunkelheiten des Zusammenhanges zwischen Bedeutung und Zeichen ... schreckten nicht ab sondern reizten vielmehr dazu, immer entfernter liegende Eigenschaften des darstellenden Gegenstandes zu Sinnbildern zu verwerthen, um durch neue Klügeleien sogar die Ägypter zu übertreffen. Dazu kam die dogmatische Kraft der von den Alten überlieferten Bedeutungen, sodaß ein und dieselbe Sache ebenso gut eine Tugend wie ein Laster, also schließlich Alles versinnbildlichen kann.“

Dieser Umstand führt auf die Antinomien des Allegorischen, deren dialektische Abhandlung sich nicht umgehen läßt, wenn anders das Bild der Trauerspiele beschworen sein will. Jede Person, jedwedes Ding, jedes Verhältnis kann ein beliebiges anderes bedeuten. Diese Möglichkeit spricht der profanen Welt ein vernichtendes doch gerechtes Urteil: sie wird gekennzeichnet als eine Welt, in der es aufs Detail so streng nicht ankommt. Doch wird, und dem zumal, dem allegorische Schriftexegese gegenwärtig ist, ganz unverkennbar, daß jene Requisiten des Bedeutens alle mit eben ihrem Weisen auf ein anderes eine Mächtigkeit gewinnen, die den profanen Dingen inkommensurabel sie erscheinen läßt und sie in eine höhere Ebene hebt, ja heiligen kann. Demnach wird die profane Welt in allegorischer Betrachtung sowohl im Rang erhoben wie entwertet. Von dieser religiösen Dialektik des Gehalts ist die von Konvention und Ausdruck das formale Korrelat. Denn die Allegorie ist beides, Konvention und Ausdruck; und beide sind von Haus aus widerstreitend. Doch so wie die barocke Lehre überhaupt Geschichte als erschaffenes Geschehn begriff, gilt insbesondere die Allegorie, wennschon als Konvention wie jede Schrift, so doch als geschaffene wie die heilige. Die Allegorie des XVII. Jahrhunderts ist nicht Konvention des Ausdrucks sondern Ausdruck der Konvention. Ausdruck der Autorität mithin, geheim der Würde ihres Ursprungs nach und öffentlich nach dem Bereiche ihrer Geltung. Und wiederum die gleiche Antinomik ist's, die bildnerisch begegnet im Konflikt der kalten schnellfertigen Technik mit dem eruptiven Ausdruck der Allegorese. Auch hier eine dialektische Lösung. Sie liegt im Wesen der Schrift selber. Von der offenbarten Sprache nämlich läßt ohne Widerspruch ein lebendiger, freier Gebrauch, in welchem sie nichts von ihrer Würde verlöre, sich denken. Nicht so von deren Schrift, als welche die Allegorie sich zu geben suchte. Die Heiligkeit der Schrift ist vom Gedanken ihrer strengen Kodifikation untrennbar. Denn alle sakrale Schrift fixiert sich in Komplexen, die zuletzt einen einzigen und unveränderlichen ausmachen oder doch zu bilden trachten. Daher entfernt sich die Buchstabenschrift als eine Kombination von Schriftatomen am weitesten von der Schrift sakraler Komplexe. Diese prägen in der Hieroglyphik sich aus. Will die Schrift sich ihres sakralen Charakters versichern – immer wieder wird der Konflikt von sakraler Geltung und profaner Verständlichkeit sie betreffen – so drängt sie zu Komplexen, zur Hieroglyphik. Das geschieht im Barock. Äußerlich und stilistisch – in der Drastik des Schriftsatzes wie in der überladenen Metapher – drängt das Geschriebene zum Bilde. Kein härterer Gegensatz zum Kunstsymbol, dein plastischen Symbol, dem Bilde der organischen Totalität ist denkbar als dies amorphe Bruchstück, als welches das allegorische Schriftbild sich zeigt. In ihm erweist sich das Barock als souveränes Gegenspiel der Klassik, wie man bisher in der Romantik nur es anerkennen wollte. Und es ist die Versuchung nicht abzuweisen, in beiden die Konstante zu ergründen. In beiden: in Romantik wie Barock handelt es sich nicht sowohl um ein Korrektiv der Klassik als um eines der Kunst selbst. Und jenem kontrastierenden Präludium der Klassik, dem

Barock, ist eine höhere Konkretion, ja bessere Autorität und dauerndere Geltung dieser Korrektur kaum abzusprechen. Wo die Romantik in dem Namen der Unendlichkeit, der Form und der Idee das vollendete Gebilde kritisch potenziert, da verwandelt mit einem Schlage der allegorische Tiefblick Dinge und Werke in erregende Schrift. Eindringlich ist ein solcher Blick noch in Winckelmanns „Beschreibung des Torso des Hercules im Belvedere zu Rom“: : wie er Stück für Stück, Glied für Glied in unklassischem Sinne ihn durchgeht. Nicht umsonst vollzieht sich das am Torso. Das Bild im Feld der allegorischen Intuition ist Bruchstück, Rune. Seine symbolische Schönheit verflüchtigt sich, da das Licht der Gottesgelahrtheit drauf trifft. Der falsche Schein der Totalität geht aus. Denn das Eidos verlischt, das Gleichnis geht ein, der Kosmos darinnen vertrocknet. In den dürren rebus, die bleiben, liegt Einsicht, die noch dem verworrenen Grübler greifbar ist. Unfreiheit, Unvollendung und Gebrochenheit der sinnlichen, der schönen Physis zu gewahren, war wesensmäßig dem Klassizismus versagt. Gerade diese aber trägt die Allegorie des Barock, verborgen unter ihrem tollen Prunk, mit vordem ungeahnter Betonung vor. Eine gründliche Ahnung von der Problematik der Kunst – es war durchaus nicht nur ständische Ziererei, sondern religiöser Skrupel, der die Beschäftigung mit ihr den ›Nebenstunden‹ zuweist – tritt als Rückschlag ihrer renaissancistischen Selbstherrlichkeit auf. Wenn die Künstler und Denker des Klassizismus sich nicht mit dem, was ihnen Fratze war, beschäftigt haben, so geben Sätze der neukantischen Ästhetik einen Begriff von der Schärfe der Kontroverse. Die Dialektik dieses Ausdrucks wird verkannt und als Zweideutigkeit verdächtigt. „Zweideutigkeit aber, Mehrdeutigkeit ist der Grundzug der Allegorie; auf den Reichtum von Bedeutungen ist die Allegorie, ist der Barock stolz. Diese Zweideutigkeit aber ist der Reichtum der Verschwendung; die Natur hingegen ist nach den alten Regeln der Metaphysik, wie nicht minder auch nach denen der Mechanik, nicht zuletzt an das Gesetz der Sparsamkeit gebunden. Zweideutigkeit ist daher überall der Widerspruch zur Reinheit und Einheit der Bedeutung.“ Nicht weniger doktrinär Erörterungen von einem Schüler Hermann Cohens, Carl Horst, der durch das Thema der „Barockprobleme“ zu einer konkreteren Betrachtung gehalten war. Dem ungeachtet heißt's von der Allegorie, daß sie „immer ein ›Überschreiten der Grenzen der anderen Art‹, ein Übertreten der bildenden Künste ins Darstellungsgebiet der ›redenden‹ zu erkennen gibt. Und solche Grenzverletzung“, fährt der Autor fort, „rächt sich nirgends unnachsichtiger als in der reinen Gefühlskultur, die den rein gehaltenen bildenden Künsten‹ mehr obliegt als den ›redenden‹, und jene so der Musik näher stellt ... In dem kaltsinnigen Durchdringen der verschiedenartigsten menschlichen Äußerungsweisen mit herrschsüchtigen Gedanken ... wird ... Kunstgefühl und -Verständnis abgelenkt und vergewaltigt werden. Das verrichtet die Allegorie im Felde der ›bildenden‹ Künste. Man könnte ihr Eindringen deshalb als groben Unfug gegen Ruhe und Ordnung künstlerischer Gesetzmäßigkeit bezeichnen. Und doch hat sie niemals in ihrem Reiche gefehlt, und größte Bildner haben ihr große Werke gewidmet.“ Dieses Faktum allein hätte selbstverständlich eine andere Betrachtungsweise der Allegorie veranlassen müssen. Die undialektische Denkweise der neukantischen Schule ist nicht befähigt, die Synthese zu fassen, die in der allegorischen Schrift aus dem Kampf von theologischer und künstlerischer Intention im Sinne nicht sowohl eines Friedens als einer treuga dei zwischen den widerstreitenden Meinungen sich ergibt.

Wenn mit dem Trauerspiel die Geschichte in den Schauplatz hineinwandert, so tut sie es als Schrift. Auf dem Antlitz der Natur steht ›Geschichte‹ in der Zeichenschrift der Vergängnis. Die allegorische Physiognomie der Natur-Geschichte, die auf der Bühne durch das Trauerspiel gestellt wird, ist wirklich gegenwärtig als Ruine. Mit ihr hat sinnlich die Geschichte in den Schauplatz sich verzogen. Und zwar prägt, so gestaltet, die Geschichte nicht als Prozeß eines ewigen Lebens, vielmehr als Vorgang unaufhaltsamen Verfalls sich aus. Damit bekennt die Allegorie sich jenseits von Schönheit. Allegorien sind im Reiche der Gedanken was Ruinen im Reiche der Dinge. Daher denn der barocke Kultus der Ruine. Von ihm weiß, weniger erschöpfend im Begründen als treffend im Bericht von dem Tatsächlichen, Borinski. „Der gebrochene Giebel, die zertrümmerten Säulen sollen das Wunder bezeugen, daß das heilige Bauwerk selbst den elementarsten Kräften der Zerstörung, Blitz, Erdbeben, standgehalten. Das künstlich Ruinöse dabei erscheint als das letzte Erbe des nur noch tatsächlich, als malerisches Trümmerfeld, auf modernem Boden angesehenen Altertums." Eine Anmerkung sagt: „Man verfolge das Ansteigen dieser Tendenz an dem sinnreichen Brauche der Renaissancekünstler, die Geburt und Anbetung Christi statt in den mittelalterlichen Stall, in die Ruinen eines antiken Tempels zu verlegen. Diese bei einem D. Ghirlandaio (Florenz, Accademia) noch aus lauter tadellos erhaltenen Musterprunkstücken bestehend, erreichen jetzt ihren Selbstzweck, als malerische Kulisse vergänglicher Pracht zu dienen, in den plastisch farbigen Krippendarstellungen." Weit über die antikischen Reminiszenzen setzt aktualstes Stilgefühl sich darin durch. Was da in Trümmern abgeschlagen liegt, das hochbedeutende Fragment, das Bruchstück: es ist die edelste Materie der barocken Schöpfung. Denn jenen Dichtungen ist es gemein, ohne strenge Vorstellung eines Ziels Bruchstücke ganz unausgesetzt zu häufen und in der unablässigen Erwartung eines Wunders Stereotypien für Steigerung zu nehmen. Als ein Wunder in diesem Sinne müssen die barocken Literaten das Kunstwerk betrachtet haben. Und wenn es andererseits als das errechenbare Resultat der Häufung ihnen winkte, ist beides um nichts weniger vereinbar, als das ersehnte wunderbare ›Werk‹ mit den subtilen theoretischen Rezepten in dem Bewußtsein eines Alchimisten. Der Praktik der Adepten ähnelt das Experimentieren der barocken Dichter. Was die Antike hinterlassen hat, sind ihnen Stück für Stück die Elemente, aus welchen sich das neue Ganze mischt. Nein: baut. Denn die vollendete Vision von diesem Neuen war: Ruine. Der überschwänglichen Bewältigung antiker Elemente in einem Bau, der, ohne sie zum Ganzen zu vereinen, in der Zerstörung noch antiken Harmonien überlegen wäre, gilt jene Technik, die im einzelnen ostentativ auf die Realien, Redeblumen, Regeln sich bezieht. ›Ars inveniendi‹ muß die Dichtung heißen. Die Vorstellung von dem genialen Menschen, dem Meister artis inveniendi, ist die eines Mannes gewesen, der souverän mit Mustern schalten konnte. Die ›Phantasie‹, das schöpferische Vermögen im Sinne der Neueren, war unbekannt als Maßstab einer Hierarchie der

Geister. „Daß bishero unsern Opitius niemand in der teutschen Poeterey nur gleichkommen, viel weniger überlegen sein können (welches auch ins künftige nicht geschehen wird), ist die vornehmste Ursache, daß neben der sonderbaren Geschicklichkeit der trefflichen Natur, so in ihm ist, er in der Latiner und Griechen Schriften sowohl (!) belesen und selbe so artig auszudrücken und inventieren weiß." Die deutsche Sprache aber, wie die Grammatiker der Zeit sie sahen, ist in diesem Sinne nur eine andere ›Natur‹ neben der der antiken Muster. „Die Sprachnatur", so erläutert Hankamer deren Auffassung, „enthält schon alle Geheimnisse wie die materielle Natur." Der Dichter „führt ihr keine Kräfte zu, schafft keine neue Wahrheit aus der eigenschöpferischen Seele, die sich ausspricht". Sein Kombinieren darf der Dichter nicht vertuschen, wenn anders nicht sowohl das bloße Ganze, denn dessen offenbare Konstruktion das Zentrum aller intentionierten Wirkungen war. Daher die Ostentation der Faktur, die, bei Calderon zumal, hervorbricht wie die aufgemauerte Wand am Gebäude, dessen Verputz sich gelöst hat. So ist, wenn man will, die Natur auch den Dichtern dieser Periode die große Lehrmeisterin geblieben. Aber ihnen erscheint sie nicht in der Knospe und Blüte sondern in Überreife und Verfall ihrer Geschöpfe. Natur schwebt ihnen vor als ewige Vergängnis, in der allein der saturnische Blick jener Generationen die Geschichte erkannte. In ihren Denkmälern, den Ruinen, hausen, nach Agrippa von Nettesheim, die Saturntiere. Mit dem Verfall, und einzig und allein mit ihm, schrumpft das historische Geschehen und geht ein in den Schauplatz. Der Inbegriff jener verfallenden Dinge ist der extreme Gegensatz zum Begriff der verklärten Natur, den die Frührenaissance faßte. Von diesem hat Burdach gezeigt, daß er „keineswegs der unsrige" war. „Er bleibt noch lange abhängig vom Sprachgebrauch und Denken des Mittelalters, mag auch die Wertung des Worts und der Vorstellung ›Natur‹ sichtlich steigen. Unter Naturnachahmung jedesfalls versteht die Kunsttheorie des 14. bis 16. Jahrhunderts die Nachahmung der von Gott gestalteten Natur." Diejenige Natur aber, in welche das Bild des Geschichtsverlaufes sich eindrückt, ist die gefallene. Die Neigung des Barock zur Apotheose ist Widerspiel von der ihm eigenen Betrachtungsart der Dinge. Sie tragen auf der Vollmacht ihres allegorischen Bedeutens das Siegelbild des Allzu-Irdischen. Niemals verklären sie sich von innen. Daher ihre Bestrahlung im Rampenlicht der Apotheose. Kaum je war eine Dichtung, deren virtuoser Illusionismus gründlicher ihren Werken jenen Schein ausgetrieben hätte, der da verklärt und durch den mit Recht man einst das Wesen künstlerischer Bildung zu bestimmen strebte. Von der Scheinlosigkeit aller barocken Lyrik läßt sich als einem ihrer strengsten Charakteristika sprechen. Im Drama ist es nicht anders. „So muß man durch den Tod in jenes Leben dringen/| Das uns Aegyptens Nacht in Gosems Tag verkehrt/| Und den beperlten Rock der Ewigkeit gewehrt!" – so malt, vom Standpunkt des Theaterfundus, Hallmann das ewige Leben. Das verstockte Haften am Requisit vereitelte die Darstellung der Liebe. Weltfremde, in die Vorstellung verlorene Geilheit hat das Wort. „Ein schönes Weib ist ja, die tausend Zierden mahlen,| Ein unverzehrlich Tisch, der ihrer viel macht satt.| Ein unverseigend Quell, das allzeit Wasser hat,| Ja süsse Libes-Milch; Wenn gleich in hundert Röhre| Der linde Zukker rinnt. Es ist der Unhold Lehre,| Des schelen Neides Art, wenn andern man verwehrt| Die Speise, die sie labt, sich aber nicht verzehrt." Jede zulängliche Verhüllung im Gehalt fehlt den typischen Barockwerken. Ihr Anspruch, selbst in den geringen Dichtungsformen, ist beklemmend. Und vollends fehlt der Zug zum Kleinen, zum Geheimnis. So üppig wie vergeblich trachtet man durch Rätselhaftes und Verstecktes es abzulösen. Lust weiß im wahren Kunstwerk sich flüchtig zu machen, im Augenblick zu leben, hinzuschwinden, neuzuwerden. Das barocke Kunstwerk will nichts als dauern und klammert sich mit allen Organen ans Ewige. Mit welcher befreiender Süße den Leser die ersten ›Tändeleyen‹ des neuen Jahrhunderts verführten und wie die Chinoiserie dem Rokoko zum Gegenbilde des hieratischen Byzanz ward, begreift sich nur so. Spricht der barocke Kritiker vom Gesamtkunstwerk als dem Gipfel in der ästhetischen Hierarchie des Zeitalters und als dem Ideal der Trauerspiele selbst, so bekräftigt er auf neue Art diesen Geist der Schwere. Harsdörffer als gewiegter Allegoriker ist, unter vielen Theoretikern, am gründlichsten für die Verflechtung aller Künste eingetreten. Denn eben dies diktiert die Herrschaft allegorischer

Betrachtung. Winckelmann macht den Zusammenhang, polemisch übertreibend, doch nur deutlich, denn er bemerkt: „Vergebens ist ... die Hoffnung derjenigen, welche glauben, es sey die Allegorie so weit zu treiben, daß man so gar eine Ode würde mahlen können." Ein anderes tritt, befremdender, hinzu. Wie führen die Dichtungen des Jahrhunderts sich ein: Widmungen, Vor- und Nachreden, eigene sowohl als fremde, Gutachten, Referenzen vor den Meistern sind die Regel. Als überladenes Rahmenwerk umgeben sie die größeren und die Gesamtausgaben ausnahmslos. Denn der Blick, der an der Sache selbst sich zu genügen gewußt hätte, war selten. Mitten in ihren weltläufigen Beziehungen gedachte man Kunstwerke sich anzueignen und weit weniger als später war die Beschäftigung mit ihnen rechenschaftfreie Privatsache. Die Lektüre war obligat und war bildend. Als Korrelat solcher Verfassung unterm Publikum begreift sich die gedachte Massigkeit, Geheimnislosigkeit und Breite der Produkte. Sie fühlen minder in der Zeit mit Wachstum auszubreiten sich bestimmt als irdisch, gegenwärtig ihren Platz zu füllen. Sie haben in so manchem Sinne ihren Lohn dahin. Doch eben darum liegt mit seltener Deutlichkeit in ihrer ferneren Dauer die Kritik entfaltet. Sie sind von Anbeginn auf jene kritische Zersetzung angelegt, die der Verlauf der Zeit an ihnen übte. Die Schönheit hat nichts Eigenstes für den Unwissenden. Dem ist das deutsche Trauerspiel spröde wie weniges. Sein Schein ist abgestorben, weil es der roheste war. Was dauert, ist das seltsame Detail der allegorischen Verweisungen: ein Gegenstand des Wissens, der in den durchdachten Trümmerbauten nistet. Kritik ist Mortifikation der Werke. Dem kommt das Wesen dieser mehr als jeder andern Produktion entgegen. Mortifikation der Werke: nicht also – romantisch – Erweckung des Bewußtseins in den lebendigen, sondern Ansiedlung des Wissens, in ihnen, den abgestorbenen. Schönheit, die dauert, ist ein Gegenstand des Wissens. Und ist es fraglich, ob die Schönheit, welche dauert, so noch heißen dürfe, – fest steht, daß ohne Wissenswürdiges im Innern es kein Schönes gibt. Die Philosophie darf nicht versuchen, es abzustreiten, daß sie das Schöne der Werke wieder erweckt. „Die Wissenschaft kann zum naiven Kunstgenuß nicht anleiten, so wenig die Geologen und Botaniker den

Sinn für eine schöne Landschaft erwecken können“; ; diese Behauptung ist so schief, wie das Gleichnis, das sie decken soll, irrig. Sehr wohl vermögen dies der Geologe, der Botaniker. Ja, ohne ein zumindest ahnendes Erfassen vom Leben des Details durch die Struktur bleibt alle Neigung zu dem Schönen Träumerei. Struktur und Detail sind letzten Endes stets historisch geladen. Es ist der Gegenstand der philosophischen Kritik zu erweisen, daß die Funktion der Kunstform eben dies ist: historische Sachgehalte, wie sie jedem bedeutenden Werk zugrunde liegen, zu philosophischen Wahrheitsgehalten zu machen. Diese Umbildung der Sachgehalte zum Wahrheitsgehalt macht den Verfall der Wirkung in dem von Jahrzehnt zu Jahrzehnt das Ansprechende der früheren Reize sich mindert, zum Grund einer Neugeburt, in welcher alle ephemere Schönheit vollends dahinfällt und das Werk als Ruine sich behauptet. Im allegorischen Aufbau des barocken Trauerspiels zeichnen solch trümmerhafte Formen des geretteten Kunstwerks von jeher deutlich sich ab.

Der Wendung von Geschichte in Natur, die Allegorischem zugrunde liegt, kam selbst die Heilsgeschichte weit entgegen. Wie sehr sie immer weltlich, retardierend ausgelegt ward – nur selten hat sich das so weit verstiegen wie bei Sigmund von Birken. Seine Poetik gibt „als Beispiele für Geburts-, Hochzeits- und Begräbnisgedichte, für Lobgedichte und Siegglückwünschungen Lieder auf die Geburt und den Tod Christi, auf seine geistliche Hochzeit mit der Seele, auf seine Herrlichkeit und seinen Sieg an“. Aus dem mystischen ›Nu‹ wird das aktuelle ›Jetzt‹; das Symbolische wird ins Allegorische verzerrt. Aus dem heilsgeschichtlichen Geschehen sondert man das Ewige ab und was bleibt, ist ein allen Korrekturen der Regie erreichbares lebendes Bild. Es entspricht das im Innersten der endlos vorbereitenden, umschweifigen, wollüstig zögernden Art der barocken Formgebung. Zutreffend ist ja, von Hausenstein, bemerkt worden, daß in den malerischen Apotheosen der Vordergrund mit outrierter Realistik pflege behandelt zu werden, um desto verläßlicher die entferntern Visionsgegenstände erscheinen zu lassen. Der drastische Vordergrund sucht in sich alles Weltgeschehen zu sammeln, nicht nur um die Spannweite von Immanenz und Transzendenz zu steigern sondern auch um die denkbar größte Strenge, Ausschließlichkeit und Unerbittlichkeit für diese zu erwirken. Es ist eine Geste von nicht zu überbietender Sinnfälligkeit, wenn dergestalt auch Christus ins Vorläufige, Alltägliche, Unzuverlässige geschoben wird. Schlagkräftig fällt der Sturm und Drang da ein und schreibt mit Merck, daß es „dem großen Manne nichts benehmen kann, wenn man weiß, daß er in einem Stall geboren ist, und zwischen Ochs und Esel in Windeln lag". Und nicht zuletzt ist das Verletzende, das Ausfallende dieser Geberde barock. Wo das Symbol den Menschen in sich zieht, schießt aus dem Seinsgrund Allegorisches der Intention auf ihrem Weg hinab entgegen und schlägt sie dergestalt vors Haupt. Der barocken Lyrik ist die gleiche Bewegung eigentümlich. In ihren Gedichten ist „keine fortschreitende Bewegung, sondern eine Anschwellung von innen her". Um der Versenkung Widerpart zu halten, hat ständig neu und ständig überraschend das Allegorische sich zu entfalten. Das Symbol dagegen bleibt, gemäß der Einsicht der romantischen Mythologen, beharrlich dasselbe. Welch auffallender Kontrast zwischen den einförmigen Verszeilen der Emblemenbücher, dem ›vanitas vanitatum vanitas‹ und dem modischen Betrieb, in welchem von der Jahrhundertmitte an eines das andere jagte! Allegorien veralten, weil das Bestürzende zu ihrem Wesen gehört. Wird der Gegenstand unterm Blick der Melancholie allegorisch, läßt sie das Leben von ihm abfließen, bleibt er als toter, doch in Ewigkeit gesicherter zurück, so liegt er vor dem Allegoriker, auf Gnade und Ungnade ihm überliefert. Das heißt: eine Bedeutung, einen Sinn auszustrahlen, ist er von nun an ganz unfähig; an Bedeutung kommt ihm das zu, was der Allegoriker ihm verleiht. Er legt's in ihn hinein und langt hinunter: das ist nicht psychologisch sondern ontologisch hier der Sachverhalt. In seiner Hand wird das Ding zu etwas anderem, er redet dadurch von etwas anderem und es wird ihm ein Schlüssel zum Bereiche verborgenen Wissens, als dessen Emblem er es verehrt. Das macht den Schriftcharakter der Allegorie. Ein Schema ist sie, als dieses Schema Gegenstand des Wissens, ihm unverlierbar erst als ein fixiertes: fixiertes Bild und fixierendes Zeichen in einem. Das Wissensideal des Barock, die Magazinierung, deren Denkmal die riesigen Büchersäle waren, wird im Schriftbild erfüllt. Fast gleich sehr wie in China ist es als ein solches Bild nicht Zeichen des zu Wissenden allein sondern wissenswürdiger Gegenstand selbst. Auch über diesen Zug kam die Allegorie mit den Romantikern zum Anfang einer Selbstbesinnung. Zumal mit Baader. In seiner Schrift „Über den Einfluß der Zeichen der Gedanken auf deren Erzeugung und Gestaltung“ heißt es: „Bekanntlich hängt es nur von uns ab, irgend einen Naturgegenstand als ein conventionelles Gedankenzeichen zu brauchen, wie wir dieses in der symbolischen und Hieroglyphen-Schrift sehen, und dieser Gegenstand nimmt dann nur einen neuen Charakter an, indem wir nicht seine natürlichen Merkmale, sondern die ihm von uns gleichsam geliehenen, durch ihn kund geben wollen.“ Den Kommentar gibt eine Anmerkung zu dieser Stelle: „Es hat seinen guten Grund, daß Alles, was wir an der äußern Natur sehen, schon Schrift an uns, sohin eine Art Zeichensprache ist, welcher indeß das Wesentlichste: die Pronunciation, fehlt, die dem Menschen schlechterdings anderswoher gekommen und gegeben sein müßte.“ ›Anderswoher‹ greift denn der Allegoriker sie auf und meidet darin keinesfalls die Willkür als drastische Bekundung von der Macht des Wissens. Die Chiffernfülle, die derselbe in der historisch tief geprägten Kreaturwelt liegen fand, rechtfertigt Cohens Klagen über ›Verschwendung‹. Sie mag dem Walten der Natur wohl ungemäß sein; die Wollust, mit welcher die Bedeutung als finsterer Sultan im Harem der Dinge herrscht, bringt sie unvergleichlich zum Ausdruck. Es ist ja dem Sadisten eigentümlich, seinen Gegenstand zu entwürdigen und darauf – oder dadurch – zu befriedigen. So tut denn auch der Allegoriker in dieser von erdichteten wie von erfahrenen Grausamkeiten trunkenen Zeit. Bis in die religiöse Malerei spielt das hinein. Der „Augenaufschlag“, den barocke Malerei „zu einem Schema“ ausbildet, „das ganz unabhängig ist von der im augenblicklichen Vorwurf bedingten Situation“, verrät und entwertet die Dinge auf unaussprechliche Weise. Nicht sowohl Enthüllung als geradezu Entblößung der sinnlichen Dinge ist die Funktion der barocken Bilderschrift. Der Emblematiker gibt nicht das Wesen „hinter dem Bilde“. Als Schrift, als Unterschrift, wie diese in Emblemenbüchern innig mit dem Dargestellten zusammenhängt, zerrt er dessen Wesen vors Bild. Im Grunde ist denn auch das Trauerspiel, erwachsen im Bereich des Allegorischen, seiner Form nach Lesedrama. Über den Wert und die Möglichkeit seiner Aufführungen sagt diese Erkenntnis nichts aus. Wohl aber stellt sie klar, daß der erwählte Zuschauer solcher Trauerspiele grüblerisch, und mindestens dem Leser gleichend, sich in sie versenkte; daß die Situationen nicht allzu oft, dann aber blitzartig wechselten wie der Aspekt des Satzspiegels, wenn man umblättert; und wie in einer wenn auch befremdeten und widerwilligen Ahnung vom Gesetz dieser Dramen die ältere Forschung darauf beharrte, daß sie niemals seien aufgeführt worden.

Gewiß war diese Anschauung im Unrecht. Ist doch Allegorie das einzige und das gewaltige Divertissement, das da dem Melancholiker sich bietet. Wohl räumt die hochfahrende Ostentation, mit welcher der banale Gegenstand aus der Tiefe der Allegorie hervorzustoßen scheint, bald seinem trostlosen Alltagsantlitz den Platz, wohl folgt der versunkenen Anteilnahme des Kranken am Vereinzelten und Geringen jenes enttäuschte Fallenlassen des entleerten Emblems, dessen Rhythmik ein spekulativ veranlagter Beobachter im Gehaben der Affen vielsagend wiederholt finden könnte. Aber immer von neuem drängen die amorphen Einzelheiten, welche allein allegorisch sich geben, herzu. Denn wenn die Vorschrift lautet, „jedes Ding“ sei „für sich zu betrachten, so“ werde „die Intelligenz wachsen, die Feinheit des Geschmacks sich entfalten“, so ist der adäquate Gegenstand solcher Intention jederzeit gegenwärtig. Harsdörffer begründet in den „Gesprächspielen“ eine besondere Gattung damit, „daß, nach Iudic. IX 8, statt der Thierwelt der Äsopischen Fabel leblose Gegenstände, Wald, Baum, Stein, handelnd und redend sich einführen, während sogar noch eine andere Art dadurch entsteht, daß Worte, Silben, Buchstaben als Personen auftreten“. In dieser letzten Richtung hat sich Christian Gryphius, der Sohn des Andreas, in seinem didaktischen Schauspiel „Der deutschen Sprache unterschiedene Alter“ hoch hervorgetan. Vollends ist diese Stückelung in der Graphik als ein Prinzip der allegorischen Betrachtung deutlich. Zumal in dem Barock sieht man die allegorische Person gegen die Embleme zurücktreten, die meist in wüster, trauriger Zerstreuung sich den Blicken darbieten. Als Revolte gegen diesen Stil ist ein gut Teil von Winckelmanns „Versuch einer Allegorie“ zu verstehen. „Die Einfalt bestehet in Entwerfung eines Bildes, welches mit so wenig Zeichen als möglich ist, die zu bedeutende Sache ausdrücke, und dieses ist die Eigenschaft der Allegorien in den besten Zeiten der Alten. In spätem Zeiten fieng man an viele Begriffe durch eben so viel Zeichen in einer einzigen Figur zu vereinigen, wie die Gottheiten sind, die man Panthei nennet, welche die Attributa aller Götter beygeleget haben ... Die beste und vollkommenste Allegorie eines Begriffes oder mehrerer, ist in einer einzigen Figur begriffen oder vorzustellen.“ So spricht der Wille zur symbolischen Totalität wie der Humanismus im Menschenbild sie verehrte. Als Stückwerk aber starren aus dem allegorischen Gebild die Dinge. Für sie hatten die eigentlichen Theoretiker dieses Gebietes auch unter den Romantikern nichts übrig. Sie wurden abgewogen gegen das Symbol und wurden zu leicht befunden. „Das deutsche Sinnbild ... ermangelt jener bedeutungsvollen Würde gänzlich. Es sollte daher auf die niedere Sphäre ... eingeschränkt bleiben, und gänzlich ausgeschlossen werden von symbolischen Sprüchen.“ Zu diesem Satz von Creuzer äußert Görres: „Da Sie das mystische Symbol als das formale erklären, worin der Geist die Form aufzuheben und den Leib zu zerstören strebt, das plastische aber als die reine Mittellinie zwischen Geist und Natur, so fehlt noch der Gegensatz von jenem, das reale, wo die leibliche Form die Beseelung verschlingt, und an diese Stelle paßt dann recht gut das Emblem und das teutsche Sinnbild in seinem bornirtern Sinne.“ Der romantische Standort beider Autoren war zu wenig gefestigt, als daß die rationale Didaktik, deren diese Form verdächtig schien, sie nicht animos gestimmt hätte; andererseits freilich mußte das Biedere, Schrullige, Volkstümliche, das vielen ihrer Erzeugnisse eignet, Görres zumindest doch wohl anmuten. Zur Klarheit ist er nicht gekommen. Und auch heute ist es nichts weniger als selbstverständlich, daß im Primat des Dinghaften vor dem Personalen, des Bruchstücks vor Totalen die Allegorie dem Symbol polar aber ebendarum gleich machtvoll gegenübertritt. Immer hat die allegorische Personifikation darüber getäuscht, daß nicht Dinghaftes zu personifizieren, vielmehr durch Ausstaffierung als Person das Dingliche nur imposanter zu gestalten ihr oblag. Sehr scharf hat gerade hier Cysarz gesehen. „Das Barock vulgarisiert die alte Mythologie, um in alles Figuren (nicht Seelen) hineinzulegen: die letzte Stufe der Veräußerlichung nach der Ovidischen Ästhetisierung und der neulateinischen Profanation der hieratischen Glaubensinhalte. Von einer Vergeistigung des Körperlichen kein leisester Schimmer. Die ganze Natur wird verpersönlicht, aber nicht um verinnerlicht, sondern im Gegenteil – entseelt zu werden." Die verlegene Schwerfälligkeit, die man auf Rechnung, sei's der unbegabten Künstler, sei's uneinsichtiger Besteller, setzte, ist der Allegorie notwendig. Desto bemerkenswerter, daß Novalis, der unvergleichlich genauer als die späteren Romantiker von klassischen Idealen sich geschieden wußte, an den wenigen Stellen, welche diesen Gegenstand streifen, vom Wesen der Allegorie eine tiefe Kunde erweist. Mit einem Schlag ersteht das Interieur des hochbeamteten, in den geheimen Staatsgeschäften wohl erfahrenen und mit Obliegenheiten überhäuften Dichters des XVI. Jahrhunderts dem aufmerksamen Leser folgender Notiz: „Auch Geschäftsarbeiten kann man poetisch behandeln... Eine gewisse Altertümlichkeit des Stils, eine richtige Stellung und Ordnung der Massen, eine leise Hindeutung auf Allegorie, eine gewisse Seltsamkeit, Andacht und Verwunderung, die durch die Schreibart durchschimmert, – dies sind einige wesentliche Züge dieser Kunst." In diesem Geiste wendet in der Tat barocke Praxis sich zu den Realien. Daß das romantische Genie gerade im Raum des Allegorischen mit der barocken Geistesart kommuniziert, belegt gleich deutlich dieses weitere Fragment: „Gedichte, bloß wohlklingend und voll schöner Worte, aber auch ohne allen Sinn und Zusammenhang – höchstens einzelne Strophen verständlich – wie Bruchstücke aus den verschiedenartigsten Dingen. Höchstens kann wahre Poesie einen allegorischen Sinn im großen haben und eine indirekte Wirkung, wie Musik usw., tun. Die Natur ist daher rein poetisch, und so die Stube eines Zauberers, eines Physikers, eine Kinderstube, eine Polter- und Vorratskammer." Keineswegs wird diese Beziehung des Allegorischen aufs Bruchstückhafte, Ungeordnete und Überhäufte von Zauberstuben oder alchimistischen Laboratorien, wie gerade das Barock sie kannte; als zufällig gelten dürfen. Sind nicht die Werke von Jean Paul, des größten Allegorikers unter den deutschen Poeten, dergleichen Kinder- und Geisterkammern? Ja eine wahre Geschichte der romantischen Ausdrucksmittel vermöchte nirgends besser als bei ihm selbst das Fragment und selbst die Ironie als Umbildung des Allegorischen zu erweisen. Genug: die Technik der Romantik führt von mancher Seite in den Bereich der Emblematik und Allegorie. Allegorie – so darf man das Verhältnis dieser beiden formulieren – führt in ihrer ausgebildeten Form, der barocken, einen Hof mit sich; ums figurale Zentrum, das den eigentlichen Allegorien im Gegensatze zu Begriffsumschreibungen nicht fehlt, gruppiert die Fülle der Embleme sich. Sie scheinen willkürlich angeordnet: „Der verwirrte ›Hof‹" – der spanische Trauerspieltitel – ließe als Schema der Allegorie sich ansprechen. ›Zerstreuung‹ und ›Sammlung‹ heißt das Gesetz dieses Hofes. Die Dinge sind zusammengetragen nach ihrer Bedeutung; die Anteillosigkeit an ihrem Dasein zerstreute sie wieder. Die Unordnung der allegorischen Szenerie stellt da ein Gegenstück zu dem galanten Boudoir. Der Dialektik dieser Ausdrucksform gemäß hält einem Fanatismus der Versammlung die Schlaffheit in der Anordnung die Waage: besonders paradox die üppige Verteilung von Werkzeugen der Buße oder der Gewalt. Daß, wie Borinski ausgezeichnet von der barocken Bauform sagt, „dieser Stil für seine konstruktiven Überforderungen dekorativ, in seiner Sprache ›galant‹ entschädigt", , beglaubigt ihn als Zeitgenossen der Allegorie. Stilkritisch, im Sinne dieser Bemerkung, will auch die barocke Poetik gelesen sein. Ihre Theorie der ›Tragödie‹ nimmt die Gesetze der antiken als leblose Bestandteile einzeln auf und häuft sie um eine allegorische Figur der tragischen Muse. Nur dank der klassizistischen Mißdeutung des Trauerspiels, wie das Barock als Selbstverkennung sie geübt hat, konnten die ›Regeln‹ der antiken Tragödie zu den amorphen, obligaten und emblematischen werden, mit denen die neue Form sich heranbildete. In solcher allegorischen Zerbröckelung und Zertrümmerung erschien das Bild der griechischen Tragödie als einzig mögliches, als natürliches Wahrzeichen ›tragischer‹ Dichtung überhaupt. Ihre Regeln werden bedeutungsschwere Hinweise aufs Trauerspiel, ihre Texte gelesen wie als Trauerspieltexte. Wieweit das möglich war und möglich blieb, davon geben die Hölderlinschen Sophoklesübersetzungen aus der von Hellingrath nicht umsonst ›barock‹ genannten Spätzeit des Dichters den rechten Begriff.

Allegorie und Trauerspiel. (Zweiter Teil)

Ihr kraft beraubte Wort', ihr seid zerstückte Stück',
Und seichte schattenstreif, allein, entweicht zu rük;
Vermehlet mit Gemähl ihr werdet zu gelassen,
Wenn ein tief Sinnebild hilft das verborgne fassen.
Franz Julius von dem Knesebeck:
Dreyständige Sinnbilder

Die philosophische Erkenntnis der Allegorie allein, die dialektische von ihrer Grenzform insbesondere, ist der Grund, auf dem das Bild des Trauerspiels mit lebendigen – und, wenn das ausgesprochen werden darf, mit schönen – Farben sich abhebt, der einzige, auf dem das Grau der Retuschen nicht haftet. In Chor und Zwischenspiel tritt allegorische Struktur am Trauerspiel so aufdringlich heraus, daß sie ganz nie den Betrachtern entgehen konnte. Aber eben darum blieben das die kritischen Einfallsstellen, durch die man in den Bau, der so vermessen als Griechentempel sich behaupten wollte, eindrang, um ihn zu zerstören. So Wackernagel: „Der Chor ist Erbe und Eigenthum der griechischen Bühne: er ist auch nur auf ihr die organische Folge historischer Prämissen. Bei uns war nirgend ein Anlaß auf den sich ein solcher hätte bilden können, und so haben denn auch die Versuche die von den deutschen Dramatikern des XVI. und XVII. Jahrhunderts... sind gemacht worden ihn auch auf die deutsche Bühne überzuleiten, nur verunglücken können.“ Unbezweifelbar ist die nationelle Bedingtheit des griechischen Chordramas, ebenso unbezweifelbar aber, daß eine gleiche sich in der scheinbaren Griechennachahmung des XVII. Jahrhunderts auswirkt. Der Chor im Barockdrama ist nichts Äußerliches. Er ist im gleichen Sinn sein Inneres, wie das gotische Schnitzwerk eines Altars als Inneres hinter den aufgeklappten, mit Historien bemalten Flügeln, sich zeigt. Im Chor, beziehungsweise in dem Zwischenspiel, ist die Allegorie nicht mehr bunt, geschichtsbezogen, sondern rein und streng. Am Schluß des IV. Akts der Lohensteinschen „Sophonisbe" treten Wollust und Tugend im Streit auf. Zuletzt wird die Wollust entlarvt und läßt von der Tugend sich sagen: „Wol! wir wolln bald des Engels Schönheit sehn! | Ich muß dir den geborgten Rock ausziehen. | Kan sich ein Bettler in was ärgers nehn? | Wer wollte nicht für dieser Sclavin fliehen? | Wirff aber auch den Bettler-Mantel weg. | Schaut/ ist ein Schwein besudelter zu schauen? | Diß ist ein Krebs- und diß ein Aussatz-Fleck. | Muß dir nicht selbst für Schwer- und Eyter grauen? | Der Wollust Kopff ist Schwan/ der Leib ein Schwein. | Laßt uns die Schminck' im Antlitz auch vertilgen. | Hier fault das Fleisch/ dort frißt die Lauß sich ein/ | So wandeln sich in Koth der Wollust Liljen. | Noch nicht genug! zeuch auch die Lumpen aus; | Was zeigt sich nun? Ein Aaß/ ein todt Gerippe. | Besieh' itzt auch der Wollust innres Haus: | Daß man sie in die Schinder-Grube schippe!" Das ist das alte allegorische Motiv von der Frau Welt. Aus dergleichen markanten Stellen ist hin und wieder auch den Autoren des vorigen Jahrhunderts eine Vorstellung von dem gekommen, worum es hier geht. „In den Reyen", heißt es bei Conrad Müller, „wird der Druck der geschraubten Natur Lohensteins auf sein Sprachgenie geringer, weil das Schnörkelwerk seiner Worte, das sich seltsam an dem stilvollen Tempel der Tragödie ausnimmt, eigen mit dem Gaukelputz der Allegorie zusammenstimmt." Und wie im Wort manifestiert das Allegorische sich auch im Figuralen und im Szenischen. Das erreicht in den Zwischenspielen mit ihren personifizierten Eigenschaften, den fleischgewordenen Tugenden und Lastern, seinen Höhepunkt, ohne irgendwie auf sie beschränkt zu sein. Denn es erhellt, daß eine Typenreihe, wie König, Höfling, Narr sie bilden, von allegorischer Bedeutung ist. Hier gelten wieder die Divinationen des Novalis: „Eigentliche Schauszenen, nur die gehören aufs Theater. Allegorische Personen, die meisten sehn nur solche um sich. Kinder sind

Hoffnungen, Mädchen sind Wünsche und Bitten.“ Einsichtsvoll weist das auf Zusammenhänge eigentlicher Schaustellung mit Allegorie. Deren Figurinen waren freilich im Barock andere und – christlich und höfisch – bestimmtere als Novalis sie ausmalt. Wie selten und wie schwankend sich die Fabel auf deren eigentümliche Moralität bezieht, darin verraten die Figuren sich als allegorisch. Im „Leo Armenius“ bleibt ganz dunkel, ob Balbus einen Schuldigen oder einen Schuldlosen trifft. Genug daß es der König ist. Auch läßt sich anders nicht verstehn, daß nahezu beliebige Personen in das lebende Bild einer allegorischen Apotheose einrücken können. Die „Tugend“ preist den Masinissa, einen erbärmlichen Wicht. Nie hat das deutsche Trauerspiel vermocht, die Züge der Person so geheim in tausend Falten einer allegorischen Gewandfigur, wie Calderon es konnte, zu verteilen. Nicht besser hat ihm Shakespeares große Interpretation der allegorischen Gestalt in neuen einzigartigen Rollen glücken wollen. „Gewisse Figuren Shakespeare's haben den physiognomischen Zug der Moral- Play-Allegorie an sich; doch nur für das geübteste Auge erkennbar; sie gehen, hinsichtlich dieses Zuges, gleichsam in der allegorischen Tarnkappe, umher. Derartige Figuren sind Rosenkranz und Güldenstern.“ Dem deutschen Trauerspiel blieb die Unscheinbarkeit des Allegorischen dank der Vergaffung in den Ernst versagt. Das Bürgerrecht in dem profanen Drama leiht Allegorischem allein die Komik, wo sie jedoch im Ernst den Einzug hält, da ist es unversehens der tödliche.

Die wachsende Bedeutung des Zwischenspiels, das schon in der mittleren Periode des Gryphius vor der dramatischen Katastrophe die Stelle des Chores einnimmt, fällt mit der zunehmenden Aufdringlichkeit seiner allegorischen Prachtentfaltung zusammen. Sie erreicht bei Hallmann den Höhepunkt. „Wie das Ornamentale der Rede das Konstruktive, den logischen Sinn überwuchert ... und sich zu Katachresen verzerrt, so ... verdeckt das aus dem Redestil geborgte Ornamentale als inszeniertes Exemplum, inszenierte Antithese und inszenierte Metapher die Struktur des ganzen Dramas.“ Sinnfällig geben diese Zwischenspiele den Ertrag aus den Prämissen allegorischer Betrachtung, um welche das

Vorangeschickte sich bemühte. Ob nach dem Beispiel des jesuitischen Schuldramas ein allegorisch, ›spiritualiter‹ zutreffendes Exemplum aus der antiken Geschichte abgehandelt wird – Hallmann: der Dido-Reyen aus „Adonis und Rosibella“, der Callisto-Reyen aus „Catharina“ –, ob die Chöre, wie Lohenstein es bevorzugt, eine erbauliche Psychologie der Leidenschaften entwickeln, oder, wie bei Gryphius, die religiöse Reflexion in ihnen vorwaltet – mehr oder minder ist in allen diesen Typen der dramatische Vorfall nicht als einmaliger, vielmehr als die naturnotwendige, im Weltlauf angelegte Katastrophe aufgefaßt. Aber selbst die allegorische Nutzanwendung ist nicht Zuspitzung des dramatischen Verlaufs, sondern breites, exegetisches Zwischenspiel. Nicht einer aus dem andern schießen die Akte empor, sie staffeln sich vielmehr terrassenartig. In breiten Ebnen simultaner Umschau ist das dramatische Gefüge abgesetzt, wobei der Stufenbau des Zwischenspiels zum Standort einer ausladenden Statuarik wurde. „Es geht mit der Erwähnung des Exemplums in der Rede seine szenische Darstellung als lebendes Bild parallel (Adonis); es stehen solche Exempla sogar bis auf drei, vier und sieben gehäuft nebeneinander auf der Bühne (Adonis). Dieselbe szenische Umsetzung hat auch die rhetorische Apostrophe: Schau, wie ... in den prophetischen Geisterreden erfahren.“ Mit aller Macht holt in der ›stillen Vorstellung‹ der Wille zur Allegorie das verklingende Wort in den Raum zurück, um es der phantasielosen Anschauung zugänglich zu machen. Der, sozusagen, atmosphärische Ausgleich zwischen dem Raum einer visionären Wahrnehmung der dramatischen Person und der profanen des Zuschauers – ein theatralisches Wagnis, das selbst Shakespeare kaum je unternimmt – läßt, je weniger es diesen geringern Meistern gelungen ist desto deutlicher, seine Tendenz hervortreten. Die visionäre Beschreibung des lebenden Bildes ist ein Triumph barocker Drastik und barocker Antithetik – „Handlung und Reyen sind zwei getrennte Welten, sie unterscheiden sich wie Traum und Wirklichkeit“. “So ist die dramatische Technik des Andreas Gryphius, daß in Handlung und Reyen die reale Welt der Dinge und Geschehnisse sehr scharf getrennt ist von einer idealen Welt der Bedeutungen und Ursachen.“ Ist es erlaubt, dieser beiden Aussagen als zweier Prämissen sich zu bedienen, so ist der Schluß nicht weit, daß die im Reyen vernehmbar sich machende Welt die der Träume und Bedeutungen sei. Erfahrung von der Einheit dieser beiden ist eigenster Besitz des Melancholikers. Doch auch die radikale Trennung von Handlung und von Zwischenspiel besteht nicht vor den Augen seines erwählten Beschauers. Hier und da tritt im dramatischen Vorgang selber die Verbindung zutage. So wenn im Reyen Agrippina von Seejungfrauen sich gerettet findet. Nirgends bezeichnenderweise schöner und eindringlicher, als durch die Person eines Schlafenden, wie das Intermezzo nach dem IV. Akt des „Papinian" in dem Kaiser Bassian ihn vorstellt. Während seines Schlummers führt ein Reyen sein bedeutendes Spiel auf. „Der Käyser erwachet und gehet traurig ab." "Wie sich übrigens der Dichter, dem Gespenster Realitäten waren, die Verbindung dieser mit Allegorien vorgestellt hat, bleibt eine müßige Frage", bemerkt Steinberg mit Unrecht. Gespenster wie die tief bedeutenden Allegorien sind Erscheinungen aus dem Reiche der Trauer; durch den Trauernden, den Grübler über Zeichen und Zukunft, werden sie angezogen. Nicht gleich klar liegen die Zusammenhänge für das eigentümliche Auftreten der Geister von Lebenden. „Die Seele der Sophonisbe" tritt in dem ersten Reyen jenes Lohensteinschen Trauerspiels ihren Leidenschaften gegenüber, während im Hallmannschen Szenar zur „Liberata") und in „Adonis und Rosibella" es nur um die Verkleidung ins Gespenst sich handelt. Wenn Gryphius einen Geist in der Gestalt Olympiens kommen läßt, , so ist das eine neue Wendung des Motivs. Das alles bedeutet natürlich nicht reinen „Unsinn", wie Kerckhoffs bemerkt, gibt vielmehr ein absonderliches Zeugnis von dem Fanatismus, der auch das schlechthin Singulare, die Person, im Allegorischen vervielfältigt. Um eine noch weit mehr bizarre Allegorisierung handelt es sich vielleicht in einer Vorschrift, die sich in der „Sophia" Hallmanns findet: wenn nämlich, wie man fast vermuten muß, es nicht zwei Tote, vielmehr Erscheinungen des Todes sind, die als „zwey Todte mit Pfeilen ... ein höchst trauriges Ballet nebst untergemischten grausamen Geberden gegen die Sophie tantzen". Dergleichen ist gewissen emblematischen Darstellungen verwandt. Die „Emblemata selectiora" etwa haben eine Tafel, die eine

Rose gleichzeitig halb blühend, halb verwelkt, die Sonne in der gleichen Landschaft auf- und untergehend zeigt. „Das Wesen des Barock ist die Gleichzeitigkeit seiner Handlungen“, , heißt es ziemlich grobschlächtig, doch in einer Ahnung des Sachverhaltes bei Hausenstein. Denn fürs Vergegenwärtigen der Zeit im Raume – und was ist deren Säkularisierung anderes, als in die strikte Gegenwart sie wandeln? – ist Simultaneisierung des Geschehens das gründlichste Verfahren. – Die Zweiheit von Bedeutung und von Wirklichkeit hat in der Einrichtung der Bühne sich gespiegelt. Der Zwischenvorhang ließ ein Spiel auf der Vorderbühne mit Szenen, welche in die ganze Tiefe sich erstreckten, wechseln. Und „der Prunk, den man zu entfalten nicht zögerte, konnte ... nur auf der Hinterbühne recht vorgeführt werden“. Da nun die Auflösung der Situation nicht tunlich ohne die Apotheose des Schlusses war, so konnten sich die Verwicklungen im beschränkten Raume der Vorderbühne nur schürzen, die Lösung fand in der allegorischen Fülle statt. Die gleiche Teilung geht durch die tektonische Struktur des Ganzen. Es wurde angedeutet, daß ein klassizistisches Gerüst zum Ausdrucksstil in diesen Dramen kontrastierend steht. Auf ein entsprechendes Faktum stieß Hausenstein und behauptet, das Mathematische bestimme die Gestaltung des Außenbaus bei Schloß und Haus, bis zu einem gewissen Grade selbst bei der Kirche, der Innenstil sei das Feld der wuchernden Einbildungskraft. . Wenn anders Überraschung, ja Verschlingung im Aufbau dieser Dramen für etwas steht und gegen eine klassizistische Durchsichtigkeit des Handlungslaufes zu betonen ist, so ist der Exotismus in der Stoffwahl ihm nicht fremd. Das Trauerspiel veranlaßt zur Erfindung der dichterischen Fabel nachdrücklicher als die Tragödie. Und wurde hier aufs bürgerliche Trauerspiel verwiesen, so könnte man in diesem Sinne weit gehen und an den ersten Titel über Klingers „Sturm und Drang“ erinnern wollen. „Der Wirrwarr“ hatte der Dichter dies Drama genannt. Verwicklung sucht schon das barocke Trauerspiel mit seinen Wechselfällen und Intrigen. Greifbar deutlich ist gerade hier, wie genau die Allegorie es betrifft. In einer komplizierten Konfiguration setzt sich der Sinn von seiner Handlung wie Lettern im Monogramm durch. Birken nennt eine Art der Singspiele ein Ballett, „damit andeutend, daß die

Stellung und Anordnung der Figuren, und die Pracht des äußern Aufzuges dabei das Wesentlichste ist. Ein solches Ballett ist weiter Nichts als ein allegorisches Gemälde mit lebenden Figuren ausgeführt, und in seinen Scenen wechselnd. Das Gesprochene will Nichts weniger als ein Dialog sein; es ist nur eine Erklärung der Bilder, von ihnen selbst hergesagt."

Diese Erklärungen betreffen, wenn anders man auf die forcierte Anwendung verzichtet, auch Trauerspiele. Daß es in ihnen um die Schaustellung einer allegorischen Typik sich handelt, erhellt allein aus der Gepflogenheit der Doppeltitel. Es lohnte wohl der Mühe, nachzuforschen, warum nur Lohenstein nichts von ihr weiß. Von solchen Titeln geht der eine auf die Sache, der andere auf das Allegorische daran. In Anlehnung an mittelalterlichen Sprachgebrauch erscheint das allegorische Gebilde triumphierend. „Wie nun Catharine den sieg der heiligen liebe über den tod vorhin gewiesen, so zeigen diese den triumph oder das sieges-gepränge des todes über die irdische liebe", heißt es in der Inhaltsangabe von „Cardenio und Celinde". „Der Hauptzweck dieses Hirtenspieles", bemerkt Hallmann zu „Adonis und Rosibella", „ist die Sinnreiche und über den Todt triumphierende Liebe." "Obsiegende Tugend" übertitelt Haugwitz den „Soliman". Die neuere Mode dieser Ausdrucksform kam aus Italien, wo die trionfi in den Prozessionen herrschten. Die eindrucksvolle Übersetzung der „Trionfi", die 1643 in Köthen erschien, mag für die Geltung dieses Schemas förderlich gewesen sein. Von jeher war Italien, das Ursprungsland der Emblematik, in diesen Dingen tonangebend gewesen. Oder wie Hallmann sagt: „Die Italiäner gleich wie sie in allen Erfindungen excelliren: also haben sie nichts weniger in Emblematischer Entschattung" der „Menschlichen Unglückseeligkeit ... ihre Kunst erwiesen." Nicht selten ist die Rede in den Dialogen nur die an allegorischen Konstellationen, in welchen die Figuren zueinander sich befinden, hervorgezauberte Unterschrift. Kurz: die Sentenz erklärt das Szenenbild als seine Unterschrift für allegorisch. In diesem Sinne können denn Sentenzen sehr passend „schöne eingemengte Sprüche" heißen, wie Klai in der Vorrede des Herodesdramas sie nennt. Bestimmte Weisungen sind noch von Scaliger her für ihre Anordnung im Umlauf.

„Die Lehr- und Dancksprüche (lies: Denksprüche) sind gleichsam des Trauerspiels Grundseulen; Solche aber müssen nicht von Dienern und geringen Leuten/ sondern von den fürnemsten und ältsten Personen angeführet ... werden.“ Aber nicht nur eigentlich emblematische Aussprüche, sondern ganze Reden klingen hin und wieder, als stünden sie von Haus aus unter einem allegorischen Kupfer. So die Eingangsverse des Helden im „Papinian“. „Wer über alle steigt und von der stoltzen höh | Der reichen ehre schaut, wie schlecht der pövel geh, | Wie unter ihm ein reich in lichten flammen krache, | Wie dort der wellen schaum sich in die felder mache | Und hier der himmel zorn, mit blitz und knall vermischt, | In thürm und tempel fahr, und was die nacht erfrischt, | Der heiße tag verbrenn, und seine sieges-zeichen | Sieht hier und dar verschränckt mit vielmahl tausend leichen, | Hat wol (ich geb es nach) viel über die gemein. | Ach! aber ach! wie leicht nimmt ihn der schwindel ein.“ Was in barocker Malerei der Lichteffekt, ist hier Sentenz: grell blitzt sie in dem Dunkel allegorischer Verschlingung auf. Wiederum schwingt sich eine Brücke zu älterem Ausdruck hinüber. Wenn Wilken in seiner Schrift „Über die kritische Behandlung der geistlichen Spiele“ die Rollen solcher Spiele mit Spruchbändern, die „auf alten gemälden zu den bildern der personen, denen sie aus dem Munde gehen ... beigefügt sind“. verglichen hat, so kann das gleiche von vielen Stellen der Trauerspieltexte gelten. „Uns stört es“, konnte vor fünfundzwanzig Jahren R. M. Meyer noch schreiben, „wenn auf den Gemälden alter Meister den Figuren Spruchbänder aus dem Munde hingen ... und wir schaudern fast bei der Vorstellung, daß einmal jegliche von Künstlerhänden gefertigte Gestalt gleichsam ein solches Band im Munde trug, das der Beschauer lesen sollte wie einen Brief, um den Boten dann wieder zu vergessen. Dennoch dürfen wir ... nicht übersehen: daß dieser fast kindlichen Auffassung des Einzelnen eine großartige Gesamtauffassung zu Grunde lag.“ Freilich wird deren kritische Betrachtung aus dem Stegreif sie nicht nur halbherzig beschönigen sondern auch von ihrem Verständnis sich so weit entfernen müssen, wie der Verfasser es mit der Erklärung tut, aus der „Urzeit“ da „alles belebt“ war, sei diese Anschauungsweise herzuleiten. Vielmehr – und das wird darzulegen sein – ist im Verhältnis zum Symbol die abendländische Allegorie ein spätes, auf sehr prägnanten kulturellen Auseinandersetzungen beruhendes Gebilde. Dem Spruchband ist die allegorische Sentenz vergleichbar. Und wieder anders ließe sie als Rahmen, als obligater Ausschnitt sich bezeichnen, in den die Handlung, stets verändert, stoßweise einrückt, um sich als emblematisches Süjet darin zu zeigen. Was das Trauerspiel kennzeichnet, ist also durchaus nicht Unbeweglichkeit, ja auch nur Langsamkeit des Vorgangs – „au lieu du mouvement on rencontre l'immobilité", , bemerkt Wysocki – sondern die intermittierende Rhythmik eines beständigen Einhaltens, stoßweisen Umschlagens und neuen Erstarrens.

Je nachdrücklicher ein Vers sich als Sentenz einprägen will, desto reicher pflegt der Dichter ihn mit Namen von Dingen auszustatten, die der emblematischen Schilderei des Gemeinten entsprechen. Das Requisit, dessen Bedeutung im Barocktrauerspiel angelegt ist, bevor sie mit der Befugnis des Schicksalsdramas offenkundig wird, tritt in der Form der emblematischen Metapher im XVII. Jahrhundert schon aus der Latenz. In einer Stilgeschichte dieser Zeit – die Erich Schmidt zwar plante, aber nicht verwirklicht hat – wäre mit den Belegen dieser Bildmanier ein stattliches Kapitel anzufüllen. In ihnen allen ist die überwuchernde Metaphorik, der „ausschließlich sinnliche Charakter" der Redefiguren einer Neigung zur allegorischen Ausdrucksweise, nicht aber einer viel berufenen ›poetischen Sinnlichkeit‹ zuzurechnen, weil gerade die entwickelte Sprache, und zwar auch die poetische, die ständige Betonung eines Metaphorischen, das ihr zugrunde liegt, vermeidet. Doch auf der andern Seite „das Prinzip..., die Sprache eines Teiles ihres sinnlichen Charakters zu entkleiden, sie abstrakter zu gestalten" als solches, „das sich bei Bestrebungen, die Sprache feinerem geselligen Verkehr dienstbar zu machen, stets offenbart", in jener ›modischen‹ Manier zu reden aufzusuchen, ist ebenso verkehrt und eine irrige Verallgemeinerung von einem Grundsatz ›alamodischer‹ Stutzersprache auf die ›modische‹ der damaligen großen Poesie. Denn das Preziöse dieser, wie überhaupt barocker Ausdrucksweise liegt zum großen Teile in dem extremen Rückgang auf die Worte für Konkreta. Und die Manie, dergleichen einzusetzen einerseits, die elegante

Antithetik andrerseits zu zeigen, ist so entschieden, daß dem Abstraktum, wenn es denn schon unvermeidlich scheint, ganz ungemein oft das Konkretum dergestalt beigegeben ist, daß neue Worte Zustandekommen.

So: „Verleumbdungs-Blitz“, “Hoffahrts-Gifft“, “Unschulds-Zedern“, “Freundschaffts-Blut“. Oder: „So weil auch Mariamn' als eine Natter beißt | Und mehr die Zwietrachts-Gall' als Friedens-Zucker liebet.“ Triumphierend erweist sich das Gegenstück solcher Anschauungsweise, wo die bedeutende Aufteilung eines Lebendigen in die disiecta membra der Allegorie gelingt, so wie in einem Bilde des Hoflebens bei Hallmann. „Es hat Theodoric auch auff dem Meer geschifft/ | Wo statt der Wellen/ Eiß; des Saltzes/ heimlich Gifft/ | Der Ruder/ Schwerd und Beil; der Seegel/ Spinneweben; | Der Ancker/ falsches Bley/ des Nachens Glaß umgeben.“ “Jeder Einfall“, heißt es sehr treffend bei Cysarz, „wird zum Bild platt gewalzt, sei er auch noch so abstrakt, und dieses Bild wird dann in Worte gestanzt, sei es auch noch so konkret.“ Unter den Dramatikern unterliegt keiner dieser Manier wie Hallmann. Sie verdirbt ihm das Konzept seiner Dialoge. Denn kaum stellt irgendeine Kontroverse sich ein, so ist sie auch im Handumdrehen schon vom einen oder anderen Unterredner in ein Gleichnis verwandelt, das durch viele Repliken mehr oder weniger variiert, fortwuchert. Mit der Bemerkung „Der Tugenden Pallast kan Wollust nicht beziehn“ beleidigt Sohemus den Herodes schwer: und der, weit entfernt diese Beschimpfung zu ahnden, versinkt bereits in die Allegorie: „Man siehet Eisen-Kraut bey edlen Rosen blühn.“ So verdunsten vielfach die Gedanken in Bildern. Auf einige der ungeheuerlichen Sprachgebilde, zu denen insbesondere diesen Dichter die Jagd nach den ›concetti‹ führte, ist von so manchen Literarhistorikern gewiesen worden. “Mund und Gemüthe stehn in einem Meineids-Kasten | Dem hitz'ger Eifer nun die Riegel loß gemacht.“ “Seht/ wie dem Pheroras das traur'ge Sterbe-Kleid | Im Gifft-Glas wird gereicht.“ “Imfall die Warheit kan der Greuel-That erhell'n/ | Daß Mariamnens Mund unreine Milch gesogen | Aus Tyridatens Brust/ so werde stracks vollzogen/ | Was Gott und Recht befihlt/ und Rath und König schleußt.“ Gewisse Worte, bei Hallmann zumal „Comet“, finden groteske allegorische Verwendung. Um Unheilvolles, das im Schlosse zu Jerusalem sich zuträgt, zu kennzeichnen, bemerkt Antipater, daß „die Cometen sich in Salems Schloß begatten“. Stellenweise scheint dies Bilderwesen kaum mehr regiert und das Dichten in Gedankenflucht auszuarten. Ein Musterstück dieser Art stellt Hallmann: „Die Frauen-List: Wenn meine Schlang' in edlen Rosen lieget/ | Und Züngelnd saugt den Weißheits-vollen Safft/ | Wird Simson auch von Delilen besieget/ | Und schnell beraubt der überird'schen Krafft: | Hat Joseph gleich der Juno Fahn getragen/ | Herodes ihn geküßt auff seinem Wagen/ | So schaut doch/ wie ein Molch (möglicherweise für: Dolch) diß Karten-Blat zerritzt/ | Weil ihm sein Eh-Schatz selbst durch List die Bahre schnitzt.“ In der „Maria Stuarda“ des Haugwitz bemerkt – sie spricht von Gott – eine Kammerfrau zur Königin: „Er treibt die See von unsern Hertzen/ | Daß derer Wellen stoltzer Guß | Uns offt erziehlet heisse Schmertzen/ | Doch ist es nur der Wunder-Fluß/ | Durch dessen unbegreifflichs regen/ | Sich unsers Unglücks Kranckheit legen.“ Das ist ebenso dunkel und ebenso reich an Anspielungen wie die Psalmdichtung von Quirinus Kuhlmann. Die rationalistische Kritik, die diese Dichtungen in Acht und Bann tut, setzt mit Polemik gegen ihre sprachliche Allegorese ein. „Welche hieroglyphische und Rätzelmässige Dunckelheit schwebet über dem gantzen Ausdruck“, heißt es von einer Stelle der Lohensteinschen „Cleopatra“ in Breitingers „Critischer Abhandlung von der Natur, den Absichten und dem Gebrauche der Gleichnisse“. „Er hüllet die Begriff' in Gleichniß und Figur | als einen Kerker ein“. bemerkt im gleichen Sinne Bodmer gegen Hofmannswaldau.

Diese Dichtung war in der Tat unfähig, den derart ins bedeutende Schriftbild gebannten Tiefsinn im beseelten Laut zu entbinden. Ihre Sprache ist voll von materialischem Aufwand. Niemals ist unbeschwingter gedichtet worden. Die Umdeutung der antiken Tragödie ist um nichts befremdender als die neue Hymnenform, die dem – wie immer dunklen und barocken – Schwung des Pindar gleichen wollte. Dem deutschen Trauerspiele des Jahrhunderts ist – mit Baader zu reden – nicht gegeben, sein Hieroglyphisches lautbar zu machen. Denn seine Schrift verklärt sich im Laute nicht; vielmehr bleibt dessen Welt ganz selbstgenugsam auf die Entfaltung ihrer eigenen Wucht bedacht. Schrift und Laut stehen in hochgespannter Polarität einander gegenüber. Ihr Verhältnis begründet eine Dialektik, in deren Licht der ›Schwulst‹ als durch und durch planvolle, konstruktive Sprachgeberde sich rechtfertigt. Die Wahrheit zu sagen, fällt diese Ansicht der Sache, als der reichsten und glücklichsten eine, dem, der die Quellenschriften aufgeschlossen vornimmt, in den Schoß. Nur wo ein Schwindel vor der Tiefe ihres Abgrunds die Kraft des forschenden Durchdenkens überwog, konnte der Schwulst zum Popanz der epigonalen Stilistik werden. Die Kluft zwischen bedeutendem Schriftbild und berauschendem Sprachlaut nötigt, wie das gefestete Massiv der Wortbedeutung in ihr aufgerissen wird, den Blick in die Sprachtiefe. Und wiewohl das Barock die philosophische Reflexion über dieses Verhältnis nicht kannte, geben Böhmes Schriften nicht zu mißdeutende Winke. Jakob Böhme, der größten Allegoriker einer, hat, wo er auf Sprache zu reden kommt, den Wert des Lautes dem stummen Tiefsinn gegenüber hochgehalten. Er hat die Lehre von der ›sensualischen‹ oder Natur-Sprache entwickelt. Und zwar ist diese nicht – das ist entscheidend – das Lautwerden der allegorischen Welt, als welche vielmehr ins Schweigen gebannt bleibt. ›Wortbarock‹ und ›Bildbarock‹ – wie Cysarz diese Ausdrucksformen nur eben benannt hat – sind polar ineinander fundiert. Unermeßlich ist im Barock die Spannung zwischen Wort und Schrift. Das Wort, so darf man sagen, ist die Ekstase der Kreatur, ist Bloßstellung, Vermessenheit, Ohnmacht vor Gott; die Schrift ist ihre Sammlung, ist Würde, Überlegenheit, Allmacht über die Dinge der Welt. So wenigstens gilt es im Trauerspiel, während in Böhmes freundlicherer Anschauung ein positiveres Bild der Lautsprache steht. „Das ewige Wort oder Göttliche Hall oder Stimme/ welche ein Geist ist/ das hat sich in Formungen als in ein außgesprochen Wort oder Hall mit der Gebährung des grossen Mysterii eingeführet/ und wie das Freudenspiel im Geiste der ewigen Gebährung in sich selber ist/ also ist auch der Werckzeug/ als die außgesprochene Form in sich selber/ welches der lebendige Hall führet/ und mit seinem eigenen ewigen Willen-geist schläget/ daß es lautet und hallet/ gleich wie eine Orgel von vielen

Stimmen mit einer einigen Lufft getrieben wird/ daß eine jede Stimme/ ja eine jede Pfeiffe ihren Thon gibt.“ “Alles was von GOtt geredet/ geschrieben oder gelehret wird/ ohne die Erkäntnüß der Signatur, das ist stumm und ohne Verstand/ dann es kommt nur aus einem historischen Wahn/ von einem andern Mund/ daran der Geist ohne Erkäntnüß stumm ist: So ihm aber der Geist die Signatur eröffnet/ so verstehet er des andern Mund/ und versteht ferner/ wie sich der Geist ... im Hall mit der Stimme hat offenbahret ... Dann an der äusserlichen Gestaltnüß aller Creaturen/ an ihrem Trieb und Begierde/ item, an ihrem außgehenden Hall/ Stimm oder Sprache/ kennet man den verborgenen Geist ... Ein jedes Ding hat seinen Mund zur Offenbahrung. Und das ist die Natur-sprache/ daraus jedes Ding aus seiner Eigenschafft redet/ und sich immer selber offenbahret.“ Die Lautsprache ist demnach der Bereich der freien, ursprünglichen Äußerung der Kreatur, wogegen das allegorische Schriftbild die Dinge in den exzentrischen Verschränkungen der Bedeutung versklavt. Diese Sprache, wie sie bei Böhme die der seligen, im Vers der Trauerspiele der gefallenen Kreaturen ist, wird als natürlich nicht nur ihrem Ausdruck, vielmehr selbst ihrer Genesis nach angesetzt. „Von den Wörtern ist diese alte Streitfrage/ ob dieselbige(!)/ als äusserliche Anzeigungen unsers inwendigen Sinnbegriffs/ weren von Natur oder Chur/ natürlich oder willkührlich/ φύσει oder δέσει: Und wird von den Gelahrten/ was die Wörter in den Hauptsprachen betrifft/ dieses einer sonderbaren natürlichen Wirckung zugeschrieben.“ Selbstverständlich ging unter den „Hauptsprachen“ die „deutsche Haupt- und Heldensprache“ – so zum ersten Male in Fischarts „Geschichtklitterung“ 1575 – voran. Ihre unmittelbare Abstammung vom Hebräischen war weitverbreitete Theorie und nicht die radikalste. Andere führten das Hebräische, Griechische, Lateinische sogar aufs Deutsche zurück. Man „bewies“, sagt Borinski, „in Deutschland historisch aus der Bibel, daß ursprünglich die ganze Welt, also auch die des klassischen Altertums, deutsch sei“. So suchte man einerseits die entlegensten Bildungsgehalte sich anzueignen, andererseits war man darauf bedacht, das Erkünstelte dieser Haltung zu vertuschen und bemühte sich um eine heftige Verkürzung der historischen Perspektive. Im gleichen atmosphärenlosen

Raum ist alles aufgestellt. Was aber die gänzliche Angleichung aller Lautphänomene an einen Urständ der Sprache betrifft, so wurde die bald spiritualistisch, bald ins Naturalistische gewendet. Die Theorie von Böhme und die Praxis der Nürnberger bezeichnen die Extreme. Für beides lag bei Scaliger ein, gewiß nur sachlicher, Ausgangspunkt. Die fragliche Stelle der „Poetik" lautet merkwürdig genug. „In A, latitudo. In I, longitudo. In E, profunditas. In O, coarctatio ... Multum potest ad animi suspensionem, quae in Voto, in Religione: praesertim cum producitur, vt dij. etiam cum corripitur: Pij. Et ad tractum omnen denique designandum, Littora, Lites, Lituus, It, Ira, Mitis, Diues, Ciere, Dicere, Diripiunt ... Dij, Pij, Iit: non sine manifestissima Spiritus profectione. Lituus non sine soni, quem significat, similitudine ... P, tarnen quandam quaerit firmitatem. Agnosco enim in Piget, pudet, poenitet, pax, pugna, pes, paruus, pono, pauor, piger, aliquam fictionem. Parce metu, constantiam quandam insinuat. Et Pastor plenius, quam Castor. sie Plenum ipsum, et Purum, Posco, et alia eiusmodi. T, vero plurimum sese ostentat: Est enim litera sonitus explicatrix, fit namque sonus aut per S, aut per R, aut per T. Tuba, tonitru, tundo. Sed in fine tametsi maximam verborum claudit apud Latinos partem, tarnen in iis, quae sonum afferunt, affert ipsum quoque soni non minus. Rupit enim plus rumpit, quam Rumpo." Analog, unabhängig von Scaliger selbstverständlich, hat Böhme seine Lautspekulationen verfolgt. „Nicht als ein Reich der Wörter, sondern ... in ihre Laute und Klänge aufgelöst", steht die Sprache der Kreaturen ihm im Gemüt. „A war ihm der erste Buchstabe, der aus dem Herzen dringt, i das Zentrum der höchsten Liebe, das r weil es ›schnarrt, prasselt und rasselt‹, hat den Charakter des Feuerquelles, s war ihm heiliges Feuer." Man darf annehmen: die Evidenz, welche solche Beschreibungen damals gehabt haben, verdanken sie zum Teil der Lebenskraft der Dialekte, die noch überall in Blüte standen. Denn die Normierungsversuche der Sprachgesellschaften beschränkten sich auf das Schriftdeutsch. – Andrerseits wurde die kreatürliche Sprache naturalistisch als onomatopoetisches Gebilde beschrieben. Buchners Poetik ist dafür bezeichnend und führt darin nur seines Lehrers Opitz Meinung durch. Eigentliche Onomatopoetik ist zwar gerade nach

Buchner in den Trauerspielen nicht statthaft. Aber eben das Pathos ist gewissermaßen der königliche Naturlaut des Trauerspiels. Am weitesten gehen die Nürnberger. Klajus behauptet, „es sei kein Wort im Deutschen, welches nicht Dasjenige, was es bedeute, durch ein ›sonderliches Gleichniß‹ ausdrücke". Umgekehrt wendet Harsdörffer den Satz. „Die Natur redet in allen Dingen/ welche ein Getön von sich geben/ unsere Teutsche Sprache/ und daher haben etliche wähnen wollen/ der erste Mensch Adam habe das Geflügel und alle Thier auf Erden nicht anderst als mit unseren Worten nennen können/ weil er jedes eingeborne selbstlautende Eigenschafft Naturmäßig ausgedruket; und ist sich deswegen nicht zu verwundern/ daß unsere Stammwörter meinsten Theils mit der heiligen Sprache gleichstimmig sind." Daraus leitete er die Aufgabe der deutschen Lyrik ab, „diese Sprache der Natur gleichsam in Worten und Rhythmen aufzufangen. Für ihn wie auch für Birken war eine solche Lyrik sogar eine religiöse Forderung, weil Gott es ist, der sich im Rauschen der Wälder ... und im Brausen des Sturmes offenbart.") Ähnliches kommt im Sturm und Drang wieder zum Vorschein. „Die allgemeine Sprache der Völker ist Thränen und Seufzer; – ich verstehe auch den hülflosen Hottentotten und werde mit Gott, wenn ich aus Tarent bin, nicht taub sein!... Der Staub hat Willen, das ist mein erhabenster Gedanke an den Schöpfer, und den allmächtigen Trieb zur Freiheit schätz' ich auch in der sich sträubenden Fliege." Das ist die Philosophie der Kreatur und ihrer Sprache, gelöst aus dem Zusammenhang des Allegorischen.

Die Ableitung des Alexandriners als Versform des barocken Trauerspiels aus jener strengen Unterschiedenheit der beiden Hälften, die oft zur Antithetik führt, reicht nicht ganz hin. Nicht weniger charakteristisch ist, wie mit der logischen – und wenn man will: der klassizistischen – Gestaltung der Fassade die phonetische Wildheit im Innern kontrastiert. Ist doch, mit Omeis zu reden, der „tragische Stilus ... mit prächtigen, langtönenden Wörtern angefüllet". Wenn man im Angesicht der kolossalen Proportion barocker Baukunst und barocker Malerei die „Raumerfüllung vortäuschende Eigenschaft" von beiden hervorheben konnte, so hat die im Alexandriner malerisch ausladende Sprache des Trauerspiels die gleiche Aufgabe. Die Sentenz muß – so stationär auch die von ihr getroffene Handlung im Moment verharrt – Bewegung wenigstens vortäuschen; darin lag eine technische Notwendigkeit des Pathos. Deutlich wird die Gewalt, die noch Sentenzen, weil überhaupt dem Verse, eignet, von Harsdörffer anschaulich gemacht. „Warum solche Spiele meistentheils in gebundner Rede geschrieben werden? Antwort: weil die Gemüter eifferigst sollen bewegt werden/ ist zu den Trauer- und Hirtenspielen das Reimgebäud bräuchlich/ welches gleich einer Trompeten die Wort/ und Stimme einzwenget/ daß sie so viel grössern Nachdruk haben." Und da die an dem Bilderfundus oftmals unfrei haftende Sentenz das Denken gern in ausgefahrne Gleise schiebt, wird Lautliches um so beachtenswerter. Unvermeidlich war, daß die stilkritische Behandlung auch des Alexandriners dem allgemeinen Irrtum der älteren Philologie verfiel, die antiken Anregungen oder auch Vorwände der Formgebung als die Indizien ihres Wesens hinzunehmen. Typisch ist folgende in ihrem ersten Teile sehr zutreffende Anmerkung aus Richters Untersuchung „Liebeskampf 1630 und Schaubühne 1670": „Der besondere Kunstwert der großen Dramatiker des 17. Jahrhunderts hängt mit der schöpferischen Ausprägung ihres Wortstiles aufs engste zusammen. Viel mehr als die Charakteristik oder gar die Komposition ... behauptet die hohe Tragödie des 17. Jahrhunderts ihre einzige Stellung durch das, was sie mit den rhetorischen Kunstmitteln, die in letzter Linie immer auf die Antike zurückgehen, leistet. Aber die bilderschwere Gedrungenheit und der festgefügte Bau der Perioden und Stilfiguren widerstrebten nicht nur dem Gedächtnis der Schauspieler, sondern sie wurzelten doch in dieser völlig heterogenen Formwelt der Antike so sehr, daß der Abstand von der Volkssprache ein unendlich großer war ... Es ist bedauerlich, daß man ... keinerlei Dokumente darüber besitzt, wie sich der Durchschnittsmensch mit ihr abfand." Wäre selbst die Sprache dieser Dramen ausschließlich Gelehrtenangelegenheit gewesen, so hätten Ungeschulte immer an den Schaustücken ihre Freude gehabt. Aber der Schwulst entsprach den Ausdrucksimpulsen der Zeit, und diese Impulse pflegen ungleich stärker zu sein, als der verstandesmäßige Anteil an einer bis in die Einzelheiten transparenten Fabel. Die Jesuiten, die sich meisterhaft auf das Publikum verstanden, haben bei ihren Aufführungen kaum ein ausschließlich lateinkundiges Auditorium gehabt. Sie durften der alten Wahrheit sich überzeugt halten, daß die Autorität einer Äußerung so wenig von ihrer Faßlichkeit abhängt, daß sie durch Dunkelheit vielmehr gesteigert werden kann.

Die sprachtheoretischen Grundsätze und die Gepflogenheiten dieser Dichter treiben ein Grundmotiv allegorischer Anschauung an einer durchaus überraschenden Stelle hervor. In den Anagrammen, den onomatopoetischen Wendungen und vielen Sprachkunststücken anderer Art stolziert das Wort, die Silbe und der Laut, emanzipiert von jeder hergebrachten Sinnverbindung, als Ding, das allegorisch ausgebeutet werden darf. Die Sprache des Barock ist allezeit erschüttert von Rebellionen ihrer Elemente. Und die folgende Stelle aus Calderons Herodesdrama ist nur der Anschaulichkeit nach, dank ihrer Kunst, verwandten, insbesondere des Gryphius, überlegen. Durch einen Zufall wird Mariamne, des Herodes Gattin, der Fetzen eines Briefes ansichtig, in welchem ihr Gemahl, für den Fall seines eigenen Todes, sie, seine vermeintlich gefährdete Ehre zu wahren, zu töten befiehlt. Diese Fetzen nimmt sie vom Boden auf und von ihrem Inhalt gibt sie in höchst prägnanten Versen sich Rechenschaft. „Was enthalten denn die Blätter? | Tod ist gleich das erste Wort, | Das ich finde; hier steht: Ehre, | Und dort les' ich: Mariamne. | Was ist dieses? Himmel, rette! | Denn sehr viel sagt in drei Worten | Mariamne, Tod und Ehre, | Hier steht: in der Stille; hier: | Würde; hier: heischt; und hier: Streben; | Und hier: sterb' ich, fährt es fort, | Doch was zweifl' ich? Schon belehren | Mich die Falten des Papiers, | Die, entfaltend solchen Frevel, | Auf einander sich beziehen, | Flur, auf deinem grünem Teppich, | Laß mich sie zusammen fügen!“ Die Worte erweisen sich noch in ihrer Vereinzelung verhängnisvoll. Ja man ist versucht zu sagen, schon die Tatsache, daß sie, so vereinzelt, noch etwas bedeuten, gibt dem Bedeutungsrest, der ihnen verblieb, etwas Drohendes. Dergestalt wird die Sprache zerbrochen, um in ihren Bruchstücken sich einem veränderten und gesteigerten Ausdruck zu leihen. Das Barock hat in die deutsche Rechtschreibung die Majuskel eingebürgert. Nicht nur der Anspruch auf Pomp sondern zugleich das zerstückelnde, dissoziierende Prinzip der allegorischen Anschauung kommt darin zur Geltung. Zweifellos haben zunächst von den großgeschriebenen Worten viele für den Leser einen Einschlag ins Allegorische gewonnen. Die zertrümmerte Sprache hat in ihren Stücken aufgehört, bloßer Mitteilung zu dienen und stellt als neugeborner Gegenstand seine Würde neben die der Götter, Flüsse, Tugenden und ähnlicher, ins Allegorische hinüberschillernder Naturgestalten. So ganz besonders drastisch, wie gesagt, beim Jüngern Gryphius. Läßt ein Gegenstück zu der unvergleichlichen Calderonstelle dem Deutschen sich auch weder hier noch sonst entnehmen, so tritt denn doch neben die Feinheit des Spaniers die Wucht des Andreas Gryphius nicht unrühmlich. Denn ganz erstaunlich meistert er die Kunst, Personen wie mit ausgebrochenen Redestücken einander im Disput entgegnen zu lassen. So in der „zweiten Abhandlung“ des „Leo Armenius“. „Leo: Diß hauß wird stehn, dafern des hauses feinde fallen, | Theodosia: Wo nicht ihr fall verletzt, die dieses hauß umwallen. | Leo: Umwallen mit dem schwerdt. Theodosia: Mit dem sie uns beschützt. | Leo: Das sie auf uns gezuckt. Theodosia: Die unsern stuhl gestützt.“ Wo die Entgegnungen böse und heftig werden, finden sich Häufungen zerstückter Redeteile mit Vorliebe. Sie sind bei Gryphius zahlreicher als bei den Spätern und fügen nebst den schroffen Lakonismen sich gut in das stilistische Gesamtbild seiner Dramen: denn beide rufen sie den Eindruck des Zerbrochenen und Chaotischen hervor. So glücklich diese Technik der Darstellung theatralischer Erregungen sich bietet, so wenig ist sie auf das Drama angewiesen. Als pastoralen Kunstgriff weiß sie sich in der folgenden Äußerung bei Schiebel: „Noch heutiges Tages bekömmt manchmal ein andächtiger Christ ein Tröpfflein Trostes/ (auch wohl ein Wörtgen nur / aus einem geistreichen Liede oder erbaulichen Predigt/) das schlingt er (gleichsam) so appetitlich hinunter/ daß es ihm wohl gedeyet/ inniglich afficiret/ und dermassen erquicket/ daß er bekennen muß/ es stecke was Göttliches darunter.“ Nicht umsonst stellt solch eine Redewendung die Aufnahme der Worte gleichsam dem Geschmackssinn anheim. Lautliches ist und bleibt dem Barock ein rein Sinnliches; die Bedeutung ist in der

Schrift zu Hause. Und das verlautbarte Wort wird nur gleichwie von einer unentrinnbaren Krankheit von ihr heimgesucht; im Austönen bricht es ab und eine Stauung des Gefühls, das sich zu ergießen bereit war, weckt die Trauer. Bedeutung begegnet hier und wird noch weiterhin begegnen als der Grund der Traurigkeit. Ihre äußerste Schärfe müßte die Antithetik von Laut und Bedeutung erhalten, wo es gelänge, beide in *einem* zu geben, ohne daß im Sinne des organischen Sprachbaus sie sich zusammenfänden. Diese deduzierbare Aufgabe ist mit einer Szene gelöst, die als Meisterstück in einer übrigens uninteressanten wiener Haupt- und Staatsaktion prangt. In der „Glorreichen Marter Joannes von Nepomuck" zeigt im ersten Akt die vierzehnte Szene einen der Intriganten (Zytho) als Echo bei den mythologischen Reden seines Opfers (Quido) fungieren, wie er mit todverheißenden Bedeutungen ihnen Antwort gibt. Das Umschlagen des rein Lautlichen der kreatürlichen Sprache in die bedeutungsschwangere Ironie, die aus dem Munde des Intriganten zurücktönt, ist für das Verhältnis dieser Charge zur Sprache höchst kennzeichnend. Der Intrigant ist der Herr der Bedeutungen. Im harmlosen Erguß einer onomatopoetischen Natursprache sind sie die Hemmung und Ursprung einer Trauer, an welcher mit ihnen der Intrigant schuld ist. Wenn nun gerade das Echo, die eigentliche Domäne eines freien Lautspiels, von Bedeutung sozusagen befallen wird, so mußte vollends dies als eine Offenbarung des Sprachlichen, wie jene Zeit es fühlte, sich erweisen. Dafür war denn auch eine Form vorgesehn. „Etwas sehr ›artiges‹ und Beliebtes ist das Echo, das die letzten zwei oder drei Silben einer Strophe wiederholt, und zwar oft durch Weglassung eines Buchstabens so, daß es wie Antwort, Warnung oder Prophezeihung klingt." Dies Spiel wie andre seinesgleichen, die man so leicht für Allotria nahm, redet also zur Sache selber. In ihnen verleugnet sich die Sprachgeberde des Schwulstes so wenig, daß sie sehr wohl seine Formel illustrieren könnten. Die Sprache, die einerseits in der Klangfülle kreatürlich ihr Recht sich zu nehmen sucht, ist andererseits im Verlauf der Alexandriner unausgesetzt an eine forcierte Logizität gebunden. Dies das stilistische Gesetz des Schwulstes, die Formel von „Asiatischen Worten" der Trauerspiele. Die Geste, welche dergestalt sich die

Bedeutung einzukörpern sucht, ist eins mit der gewaltsamen Verformung der Geschichte. In der Sprache wie im Leben allein die Typik kreatürlicher Bewegung anzunehmen und doch das Ganze der Kulturwelt von der Antike bis zum christlichen Europa auszusprechen – das ist die außerordentliche Gesinnung, die auch im Trauerspiel sich nie verleugnet. Seiner ungeheuer gekünstelten Ausdrucksweise liegt also dieselbe extreme Natursehnsucht zum Grunde wie den Schäferspielen. Andererseits ist gerade diese Ausdrucksweise, welche nur repräsentiert – nämlich die Natur der Sprache repräsentiert – und die profane Mitteilung tunlichst umgeht, höfisch, vornehm. Von einer wahren Überwindung des Barock, einer Versöhnung von Laut und Bedeutung, kann man vielleicht nicht früher als bei Klopstock dank der, von A. W. Schlegel so genannten, gleichsam ›grammatischen‹ Tendenz seiner Oden reden. Sein Schwulst beruht viel weniger auf Klang und Bild als auf der Wortzusammensetzung, der Wortstellung.

Die phonetische Spannung in der Sprache des XVII. Jahrhunderts führt geradezu auf die Musik als Widerpart der sinnbeschwerten Rede. Wie alle Wurzeln des Trauerspiels sich mit denen des Pastorale versdfilingen, so auch diese. Was als tänzerischer ›Reyen‹ von Beginn an, als oratorischer Sprechchor je länger je mehr im Trauerspiel sich ansiedelt, bekennt sich im Schäferspiel ohne weiteres als opernhaft. Die „Leidenschaft für das Organische", von der man längst beim bildlichen Barock gesprochen hat, ist nicht so leicht im dichterischen zu umreißen. Und immer wird dabei zu merken sein, daß nicht so sehr der äußeren Gestalt als der geheimnisvollen Innenräume des Organischen in solchen Worten zu gedenken ist. Aus diesen Innenräumen dringt die Stimme und recht betrachtet liegt in ihrer Herrschaft in der Tat ein, wenn man will, organisches Moment der Dichtung, wie es zumal bei Hallmann in oratorienhaften Einlagen zu studieren ist. Er schreibt: „Palladius: Der zuckersüsse Tantz ist Göttern selbst geweiht! | Antonius: Der zuckersüsse Tantz verzuckert alles Leid! | Svetonius: Der zuckersüsse Tantz beweget Stein' und Eisen! | Julianius: Den zuckersüssen Tantz muß Plato selber preisen! | Septitius: Der zuckersüsse Tantz besieget alle Lust! | Honorius:

Der zuckersüsse Tantz erquicket Seel' und Brust!“ Aus stilistischen Gründen wird man annehmen können, daß solche Stellen im Chore gesprochen wurden. So auch Flemming bei Gelegenheit des Gryphius: „Den Nebenrollen allzuviel zuzumuten ging nicht an. Drum läßt er sie wenig sprechen, faßt sie viel lieber zum Chor zusammen, und erreicht auf diese Weise wichtige künstlerische Wirkungen, die durch ein naturalistisches Sprechen der einzelnen nie sich hätten erreichen lassen. So wendet der Künstler den Zwang des Materiales zum Nutzen der künstlerischen Wirkung.“ Man hat an die Richter, Verschworenen und Trabanten im „Leo Armenius“, an den Hofstaat der Catharina, die Jungfrauen der Julia zu denken. Zur Oper drängte ferner die musikalische Ouvertüre, die dem Schauspiel bei Jesuiten und Protestanten voranging. Auch die choreographischen Einlagen wie der im tieferen Sinn choreographische Stil der Intrige sind dieser Entwicklung, welche zu Ende des Jahrhunderts die Auflösung des Trauerspiels in die Oper brachte, nicht fremd. – Die Zusammenhänge, auf welche diese Erinnerungen es abstellen, sind von Nietzsche in der „Geburt der Tragödie“ entwickelt worden. Ihm war daran gelegen, Wagners ›tragisches‹ Gesamtkunstwerk gegen die spielerische Oper, welche im Barock sich vorbereitete, gebührend abzuheben. Er sagt ihr Fehde an in der Verwerfung des Rezitativs. Und damit stand er denn bei jener Form, die einer modischen Tendenz, den Urlaut aller Kreatur neu zu beleben, so ganz entsprach. „Man durfte sich ... dem Traume überlassen, jetzt wieder in die paradiesischen Anfänge der Menschheit hinabgestiegen zu sein, in der nothwendig auch die Musik jene unübertroffne Reinheit, Macht und Unschuld gehabt haben müßte, von der die Dichter in ihren Schäferspielen so rührend zu erzählen wußten ... Das Recitativ galt als die wiederentdeckte Sprache jenes Urmenschen; die Oper als das wiederaufgefundene Land jenes idyllisch oder heroisch guten Wesens, das zugleich in allen seinen Handlungen einem natürlichen Kunsttriebe folgt, das bei allem, was es zu sagen hat, wenigstens etwas singt, um, bei der leisesten Gefühlserregung, sofort mit voller Stimme zu singen ... Der kunstohnmächtige Mensch erzeugt sich eine Art von Kunst, gerade dadurch, daß er der unkünstlerische Mensch an sich ist. Weil er die dionysische Tiefe der Musik nicht ahnt, verwandelt er sich den Musikgenuß zur verstandesmäßigen Wort- und Tonrhetorik der Leidenschaft im stilo rappresentativo und zur Wohllust der Gesangeskünste; weil er keine Vision zu schauen vermag, zwingt er den Maschinisten und Decorationskünstler in seinen Dienst; weil er das wahre Wesen des Künstlers nicht zu erfassen weiß, zaubert er vor sich den ›künstlerischen Urmenschen‹ nach seinem Geschmack hin, d. h. den Menschen, der in der Leidenschaft singt und Verse spricht.“ So unzulänglich jeglicher Vergleich mit der Tragödie – von dem mit musikalischen zu schweigen – für die Erkenntnis von der Oper bleibt, so unverkennbar ist, daß von der Dichtung und zumal vom Trauerspiele aus die Oper als Verfallsprodukt erscheinen muß. Die Hemmung der Bedeutung wie der Intrige verliert ihr Gewicht und widerstandslos rollt der Verlauf der Opernfabel wie der Opernsprache ab, um im Banalen zu münden. Mit der Hemmung verschwindet Trauer, die Seele des Werks, und wie das dramatische Gefüge entleert wird, so auch das szenische, das nun, da die Allegorie, wo sie nicht fortfällt, taubes Schaustück wird, eine andre Rechtfertigung sich sucht.

Die schwelgerische Lust am bloßen Klang hat ihren Anteil am Verfall des Trauerspiels. Demungeachtet aber ist Musik – nicht dem Gefallen der Autoren, sondern ihrem eigenen Wesen nach – dem allegorischen Drama innig vertraut. Zumindest würde die Musikphilosophie der wahlverwandten Romantiker, die hier vernommen werden dürfen, dies lehren. Zumindest würde in ihr, und nur in ihr, die Synthesis der vom Barock bedachtsam; aufgerissenen Antithetik und erst mit ihr das volle Recht der Antithetik sich ergeben. Zumindest ist mit einer dergestalt romantischen Betrachtungsart der Trauerspiele doch gefragt, wie die Musik bei Shakespeare und bei Calderon zu ihnen anders als rein theatralisch sich geselle. Denn das tut sie. Und so darf der folgenden Darlegung des genialen Johann Wilhelm Ritter zugemutet werden, eine Perspektive zu eröffnen, in welche das Eindringen als eine unverantwortliche Improvisation diese Darstellung sich versagen muß. Einer fundamentalen geschichtsphilosophischen Auseinandersetzung über Sprache, Musik und Schrift allein wäre es unternehmbar. Es folgen Stellen einer langen, wenn man so sagen darf monologisierenden, Abhandlung, in welcher dem Forscher aus einem Briefe über die Chladnischen Klangfiguren unterm Schreiben vielleicht fast absichtslos die vieles kräftig oder tastender umgreifenden Gedanken sich entspinnen: „Schön wäre es“, bemerkt er von jenen Linien, die auf einer mit Sand bedeckten Glasplatte beim Anschlagen verschiedener Töne verschieden sich abzeichnen, „wie, was hier äußerlich klar würde, genau auch wäre, was uns die Klangfigur innerlich ist: – Lichtfigur, Feuerschrift ... Jeder Ton hat somit seinen Buchstaben immediate bey sich ... Die so innige Verbindung von Wort und Schrift, – daß wir schreiben, wenn wir sprechen ... hat mich längst beschäftigt. Sage selbst: wie verwandelt sich uns wohl der Gedanke, die Idee ins Wort; und haben wir je einen Gedanken, oder eine Idee, ohne ihre Hieroglyphe, ihren Buchstaben, ihre Schrift? – Fürwahr, so ist es; aber wir denken gewöhnlich nicht daran. Daß einst aber, bey kräftigerer Menschennatur, wirklich mehr daran gedacht wurde, beweißt das Daseyn von Wort und Schrift. Ihre erste, und zwar absolute, Gleichzeitigkeit lag darin, daß das Sprachorgan selbst schreibt, um zu sprechen. Nur der Buchstabe spricht, oder besser: Wort und Schrift sind gleich an ihrem Ursprunge eins, und keines ohne das andere möglich ... Jede Klangfigur eine electrische, und jede electrische eine Klangfigur.“ “Ich wollte ... also die Ur- oder Naturschrift auf electrischem Wege wiederfinden oder doch suchen.“ “Wirklich ist die ganze Schöpfung Sprache, und so buchstäblich durch das Wort geschaffen, und das geschaffene und schaffende Wort selbst ... Diesem Wort ist aber auch im Großen der Buchstabe so unzertrennlich verbunden, als im Kleinen.“ “In solche Schrift und Nachschrift, Abschrift, gehört vornemlich alle bildende Kunst: Architectur, Plastik, Malerey, u.s.w.“ Mit dieser Ausführung schließt die virtuelle romantische Theorie der Allegorie gleichsam fragend ab. Und jede Antwort hätte diese Rittersche Divination unter die ihr gemäßen Begriffe zu bringen; Laut- und Schriftsprache, wie auch immer einander zu nähern, so doch nicht anders als dialektisch, als Thesis und Synthesis, zu identifizieren, jenem antithetischen Mittelgliede der Musik, der letzten Sprache aller

Menschen nach dem Turmbau, die ihr gebührende zentrale Stelle der Antithesis zu sichern und wie aus ihr, nicht aber aus dem Sprachlaut unmittelbar, die Schrift erwächst, zu erforschen. Aufgaben, die weit über das Bereich romantischer Intuitionen wie auch untheologischen Philosophierens hinausliegen. Virtuell bleibt diese romantische Theorie des Allegorischen, dennoch ein unverkennbares Denkmal der Verwandtschaft von Barock und Romantik. Unnötig hinzuzufügen, daß eigentliche Erörterungen der Allegorie, wie Friedrich Schlegels im „Gespräch über die Poesie" die Tiefe der Ritterschen Ausführung nicht erreichen, ja, Friedrich Schlegels laxem Sprachgebrauch gemäß, mit dem Satze, alle Schönheit sei Allegorie, doch wohl nichts weiter vorbringen wollen als den klassizistischen Gemeinplatz, sie sei Symbol. Anders Ritter. Mitten ins Zentrum allegorischer Anschauung trifft er mit seiner Lehre, alles Bild sei nur Schriftbild. Das Bild ist im Zusammenhange der Allegorie nur Signatur, nur Monogramm des Wesens, nicht das Wesen in seiner Hülle. Dennoch hat Schrift nichts Dienendes an sich, fällt beim Lesen nicht ab wie Schlacke. Ins Gelesene geht sie ein als dessen ›Figur‹. Die Drucker, ja die Dichter des Barock haben die Schriftfigur der intensivsten Aufmerksamkeit gewürdigt. Von Lohenstein weiß man, daß er „die Umschrift des Kupfers: ›Castus amor Cygnis vehitur, Venus improba corvis‹ eigenhändig in ihrer besten Druckgestalt auf dem Papiere" geübt hat. Herder findet – und das gilt heute noch – die Barockliteratur „im Druck und in Verzierungen ... fast unübertroffen". . Und so ganz fehlte die Ahnung der umfassenden Zusammenhänge von Sprache und Schrift, die das Allegorische philosophisch begründen und die Lösung ihrer wahren Spannung in sich schließen, dem Zeitalter nicht. Wenn anders nämlich Strichs ebenso geistvolle wie einleuchtende Vermutung über die Bildergeschichte das Rechte trifft, bei denen „der Gedanke zugrunde gelegen haben mag, daß die wechselnde Länge der Verse, wenn sie eine organische Form nachbildet, auch einen organisch an- und abschwellenden Rhythmus ergeben muß". Durchaus in diese Richtung weist Birkens Meinung – dem Floridan der „Dannebergischen Helden-Beut" in den Mund gelegt – „jedes Naturgeschehen in dieser Welt könnte die Auswirkung oder Stoffwerdung eines kosmischen Schalls oder Klangs sein, selbst die Bewegung der Gestirne". Das erst macht die sprachtheoretische Einheit von Wort- und Bildbarock.

Allegorie und Trauerspiel. (Dritter Teil)

Ja/ wenn der Höchste wird vom Kirch-Hof erndten ein/
So werd ich Todten-Kopff ein Englisch Antlitz seyn.

Daniel Casper von Lohenstein: Redender Todten-Kopff Herrn Matthäus Machners

Was immer an weitgreifendsten Zusammenhängen in einer hie und da vielleicht noch vage, noch kulturhistorisch anmutenden Methode konnte eingebracht werden, rückt unterm allegorischen Aspekt zusammen, versammelt sich zum Trauerspiel in der Idee. Nur darum darf, ja muß die Darstellung beim allegorischen Gefüge dieser Form so insistent beharren, weil nur dank dem das Trauerspiel die Stoffe, die aus der zeitgeschichtlichen Bedingtheit ihm erwachsen, sich als Gehalt assimiliert. Vollends dieser assimilierte Gehalt ist außerhalb der theologischen Begriffe, deren schon seine Exposition nicht entraten konnte, nicht zu entwickeln. Wenn der Abschluß dieser Studie ohne Umschweife in ihnen redet, so ist das keine μετάβασις είς ἄλλο γένος. Denn kritisch kann die allegorische Grenzform des Trauerspiels einzig vom höheren Bereiche aus, dem theologischen, sich lösen, während innerhalb einer rein ästhetischen Betrachtung Paradoxie das letzte Wort behalten muß. Daß eine solche Auflösung, wie immer die eines Profanen ins Geheiligte, im Sinne der Geschichte, einer Geschichtstheologie und nur dynamisch, nicht statisch im Sinne der garantierten Heilsökonomik zu vollziehen ist, das stünde fest, auch wenn das Trauerspiel des Barock weniger deutlich auf Sturm und Drang, auf Romantik verwiese und weniger dringend, wenn auch wohl vergeblich, von neuesten dramatischen Versuchen die Rettung seines besten Teiles sich erhoffen würde. – Die fällige Konstruktion seines Gehaltes wird – das versteht sich – Ernst zu machen haben zumal mit jenen sprödesten Motiven, denen andere als stoffliche Feststellungen nicht scheinen abgewonnen werden zu können. Vor allem: welche Art Bewandtnis hat es mit jenen Greuel-

und Marterszenen, in denen die barocken Dramen schwelgen? Der unbefangenen, unreflektierten Haltung der barocken Kunstkritik gemäß, fließen die Quellen einer unmittelbaren Antwort spärlich. Eine versteckte aber wertvolle: „Integrum humanum corpus symbolicam iconem ingredi non posse, partem tarnen corporis ei constituendae non esse ineptam.“ So heißt es in der Darstellung einer Kontroverse über die Normen der Emblematik. Nicht anders konnte der orthodoxe Emblematiker denken: der menschliche Körper durfte keine Ausnahme von dem Gebote machen, das das Organische zerschlagen hieß, um in seinen Scherben die wahre, die fixierte und schriftgemäße Bedeutung aufzulesen. Ja, wo konnte dieses Gesetz triumphierender dargestellt werden als am Menschen, der seine konventionelle, mit Bewußtsein staffierte Physis im Stich läßt, um an die vielfachen Regionen der Bedeutung sie auszuteilen. Nicht immer haben Emblematik und Heraldik dem ungehemmt nachgegeben. Vom Menschen heißt es in der schon genannten „Ars heraldica“ nur: „Die Haar bedeuten die vielfältigen Gedancken“, während „die Herolden“ den Löwen regelrecht durchschneiden: „Das Haupt/ die Brust/ und das gantze vordere Theil bedeutet Großmüthigkeit und Dapfferkeit/ das hintere aber/ die Stärcke/ Grimm und Zorn/ so dem Brüllen folget.“ Solche emblematische Aufteilung diktiert – übertragen auf das Gebiet einer den Körper immerhin betreffenden Eigenschaft – Opitz das kostbare Wort von der „Handhabung der Keuschheit“, die er der Judith abgelernt wissen will. Ähnlich Hallmann, wie er diese Tugend an der züchtigen Ägytha illustriert, deren „Geburts-Glied“ noch viele Jahre nach ihrer Bestattung unverwest im Grabe gefunden worden sei. Wenn das Martyrium den Körper des Lebendigen dergestalt emblematisch zurüstet, so ist doch daneben nicht unwichtig, daß der physische Schmerz schlechtweg als Aktionsmotiv jederzeit dem Dramatiker präsent war. Nicht nur der Dualismus des Cartesius ist barock; im höchsten Grade kommt als Konsequenz der Lehre von der psychophysischen Beeinflussung die Theorie von den Passionen in Betracht. Da nämlich der Geist an sich pure, sich selbst treue Vernunft ist und körperliche Influenzen ganz allein ihn mit der Außenwelt in Fühlung setzen, so lag die Qualgewalt, die er erleidet, als Basis heftiger Affekte näher als sogenannte tragische Konflikte. Wenn dann im Tode der Geist auf Geisterweise frei wird, so kommt auch nun der Körper erst zu seinem höchsten Recht. Denn von selbst versteht sich: die Allegorisierung der Physis kann nur an der Leiche sich energisch durchsetzen. Und die Personen des Trauerspiels sterben, weil sie nur so, als Leichen, in die allegorische Heimat eingehn. Nicht um der Unsterblichkeit willen, um der Leiche willen gehn sie zu Grunde. „Er lässt uns seine leichen | Zum pfände letzter gunst", sagt Carl Stuarts Tochter vom Vater, welcher seinerseits es nicht vergaß, um deren Einbalsamierung zu bitten. Produktion der Leiche ist, vom Tode her betrachtet, das Leben. Nicht erst im Verlust von Gliedmaßen, nicht erst in den Veränderungen des alternden Körpers, in allen Prozessen der Ausscheidung und der Reinigung fällt Leichenhaftes Stück für Stück vom Körper ab. Und kein Zufall, daß gerade Nagel und Haare, die vom Lebenden weggeschnitten werden wie Totes, an der Leiche nachwachsen. Ein ›Memento mori‹ wacht in der Physis, der Mneme selber; das Toddurchdrungensein der mittelalterlichen und barocken Menschen wäre ganz undenkbar, wenn nichts als die Erwägung ihres Lebensendes sie beeindruckt hätte. Die Leichenpoesien eines Lohenstein sind ihrem Wesen nach nicht Manieriertheit, sowenig man sie auch darin verkennen wird. Merkwürdige Proben dieses lyrischen Themas begegnen schon unter Lohensteins frühesten Produkten. Noch auf der Schule hat er „das Leiden Christi mit lateinischen und deutschen Gegengedichten, nach den Gliedern des menschlichen Körpers geordnet", einem alten Schema folgend zu feiern gehabt. Denselben Typus zeigt der „Denck- und Danck-Altar", den er seiner toten Mutter errichtete. Neun unnachsichtliche Strophen schildern die Leichenteile im Zustand der Fäulnis ab. Ähnlich aktuell muß dergleichen für Gryphius gewesen sein und gewiß haben neben naturwissenschaftlichen diese sonderbaren emblematischen Interessen sein Studium der Anatomie, dem er immer treu geblieben ist, bestimmt. Vorlagen der entsprechenden Beschreibungen fürs Drama fand man in Senecas „Hercules Ötäus" zumal, doch auch in „Phädra", in den „Troades" und sonst. „In anatomischer Sektion werden, mit unverkennbarer Freude an der Grausamkeit, die einzelnen Körperteile aufgezählt.“ Bekanntlich ist Seneca auch sonst für die Greueldramatik eine hoch geachtete Autorität gewesen und es wäre der Mühe wert, zu untersuchen, wie weit den damals wirksamen Motiven seiner Dramen analoge Voraussetzungen zugrunde liegen. – Für das Trauerspiel des XVII. Jahrhunderts wird die Leiche oberstes emblematisches Requisit schlechthin. Beinahe undenkbar sind ohne sie die Apotheosen. „Mit blassen Leichen prangen“ sie und Sache des Tyrannen, das Trauerspiel damit zu versorgen. So führt der Abschluß des „Papinian“, der Spuren vom Einfluß des Bandenstückes auf den späten Gryphius zeigt, das Werk des Bassianus Caracalla an der Familie des Papinian vor Augen. Der Vater und zwei Söhne sind erlegt. „Beyde leichen werden auf zweyen trauerbetten von Papiniani dienern auf den Schauplatz getragen und einander gegenüber gestellet. Plautia redet nichts ferner, sondern gehet höchst-traurig von einer leiche zu der andern, küsset zuweilen die häupter und hände, bis sie zuletzt auf Papiniani leichnam ohnmächtig sincket und durch ihre statsjungfern den leichen nachgetragen wird.“ Am Schluß der Hallmannschen „Sophia“ eröffnet sich nach der Vollstreckung sämtlicher Martyrien an der standhaften Christin und ihren Töchtern der innere Schauplatz, „in welchem die Todtenmahlzeit gezeiget wird/ nehmlich die drey Köpfe der Kinder mit drey Gläsern Blut“. Die ›Todtenmahlzeit‹ stand in hohem Ansehn. Bei Gryphius wird sie noch nicht dargestellt, vielmehr berichtet. „Fürst Meurab, blind von hass, getrotzt durch so viel leiden, | Ließ der entleibten schaar die bleichen köpff abschneiden, | Und als der häupter reyh, die ihn so hoch verletzt, | Zu einem schaugericht auf seinen tisch gesetzt,| Nam er, schier außer sich, den dargereichten becher | Und schrie: diß ist der kelch, den ich, der meinen rächer, | Nu nicht mehr sclav, erwisch!“ Später erschienen dann solche Mahlzeiten auf der Bühne; dabei verfuhr man nach einem italienischen Trick, den Harsdörffer und Birken empfehlen. Durch ein Loch in der Platte eines Tischs, dessen Decke bis zum Boden herniederhing, erschien das Haupt eines Schauspielers. Gelegentlich gibt es diese Schaustellungen des entseelten Körpers auch zu Anfang des Trauerspiels. Die einleitende Bühnenanweisung der „Catharina von Georgien“ gehört ebenso hierher wie Hallmanns kuriose Szenerie im ersten Akte des „Heraclius“: „Ein grosses Feld/ erfüllet mit sehr vielen Leichen des geschlagenen Krieges-Heeres des Keisers Mauritii nebst etlichen aus dem benachbarten Gebirge entspringenden Wässerbächlein.“

Es ist kein antiquarisches Interesse, welches befiehlt, den Spuren nachzugehen, die deutlicher von dieser Stelle aus als irgend sonst ins Mittelalter zurückführen. Denn die Erkenntnis des christlichen Ursprungs der allegorischen Anschauung in seiner Bedeutung für das Barock kann nicht überschätzt werden. Und von wie vielen, wie verschiedenen Geistern auch geprägt, sind diese Spuren doch die Merkzeichen eines Weges, den da der Genius allegorischer Betrachtung selbst im Wandel seiner Intentionen einschlug. Oft haben die Dichter des XVII. Jahrhunderts dieser Spur sich rückblickend versichert. Für den „Leidenden Christus“ hat Harsdörffer seinen Schüler Klai auf die Passionsdichtung des Gregor von Nazianz hingewiesen115. Auch Gryphius hat „beinahe zwanzig frühmittelalterliche Hymnen ... in seine für diesen feierlich brausenden Stil wohl geeignete Sprache übersetzt; den größten aller Hymniker, den Prudentius, liebt er besonders“. Dreifach ist zwischen der barocken und mittelalterlichen Christlichkeit die sachliche Verwandtschaft. Der Kampf gegen die Heidengötter, der Triumph der Allegorie, das Martyrium der Leiblichkeit gilt ihnen gleichermaßen notwendig. Diese Motive hängen aufs engste zusammen. Sie sind – wie sich ergibt – unter dem religionsgeschichtlichen Aspekt ein und dasselbe. Und zu erhellen ist der Ursprung der Allegorie nur unter ihm. Spielt die Auflösung des antiken Pantheons in diesem Ursprung eine entscheidende Rolle, so ist höchst aufschlußreich, daß dessen Repristination im Humanismus das XVII. Jahrhundert zum Protest auffordert. Rist, Moscherosch, Zesen, Harsdörffer, Birken eifern gegen das mythologisch verzierte Schrifttum wie nur altchristliche Lateiner, und Prudentius, Juvencus, Venantius Fortunatus werden denn auch als lobenswerte Exempel einer züchtigen Muse aufgeführt. „Wahre Teufel“ heißen die Heidengötter bei Birken und geradezu frappant klingt die Denkweise einer tausend Jahre zurückliegenden Vergangenheit aus einer Stelle

Hallmanns, die gewiß nicht der Bemühung um das historische Kolorit zu danken ist. Da heißt es in dem Religionsdisput zwischen Sophia und dem Kaiser Honorius: „Beschützt nicht Jupiter den Kaiserlichen Thron?“ „Vielmehr als Jupiter ist Gottes wahrer Sohn!“ erwidert Sophia. Geradenwegs aus barocker Einstellung kommt diese archaische Schlagfertigkeit. Denn wieder stand die Antike in jener Gestalt, in welcher sie zuletzt der neuen Lehre mit gesammelter Kraft, und nicht erfolglos, sich hatte aufnötigen wollen, drohend dem Christentum nahe: als Gnosis. Mit der Renaissance und begünstigt zumal durch neuplatonische Studien erstarkten okkultistische Strömungen. Rosenkreuzerei und Alchimie traten neben die Astrologie, den alten abendländischen Rückstand des orientalischen Heidentums. Die europäische Antike war gespalten und an ihrem strahlenden Nach-Bilde im Humanismus belebte neu sich ihre dunkle Nach-Wirkung im Mittelalter. Warburg hat aus wahlverwandter Stimmung faszinierend entwickelt, wie in der Renaissance „die Himmelserscheinungen menschlich umfaßt wurden, um ihre dämonische Macht wenigstens bildhaft zu begrenzen“. Die Renaissance belebt das Bildgedächtnis – wie sehr, das zeigen auch die Beschwörungsszenen der Trauerspiele –, zugleich aber erwacht eine Bilderspekulation, die für die Stilgestaltung vielleicht noch entscheidender ist. Und deren Emblematik verbindet sich mit der mittelalterlichen Welt. Keine noch so barocke Ausgeburt allegorischer Phantasien, die nicht in ihr ein Gegenstück fände. Die Allegoriker unter den Mythographen, denen schon das Interesse der frühchristlichen Apologetik sich zuwandte, leben wieder auf. Sechzehnjährig gibt Grotius den Martianus Capella heraus. Ganz im altchristlichen Sinne stehen im Chore des Trauerspiels die antiken Götter mit Allegorien auf ein und derselben Stufe. Und weil durch die Dämonenangst die verdächtigte Leiblichkeit ganz besonders beklemmend erscheinen muß, so ist man schon im Mittelalter radikal an ihre emblematische Bewältigung gegangen. ›Nacktheit als Emblem‹ – so dürfte man die folgende Darstellung bei Bezold überschreiben. „Erst im Jenseits sollten die Seligen einer unverweslichen Körperlichkeit und eines gegenseitigen Genusses ihrer Schönheit in voller Reine teilhaftig werden. (Augustinus, de civitate dei, XXII, 24.) Bis dahin blieb die Nacktheit ein

Zeichen des Unreinen, wie es sich allenfalls für griechische Götter, also für höllische Dämonen, schickte. Dementsprechend suchte auch die mittelalterliche Wissenschaft, wo sie auf unbekleidete Figuren stieß, diese Ungehörigkeit durch eine oft weit hergeholte, meist unfreundliche Symbolik zu deuten. Man lese nur die Erklärungen des Fulgentius und seiner Nachfolger, warum Venus, Cupido, Bacchus nackt gemalt werden, Venus z.B., weil sie ihre Verehrer nackt und bloß heimschickt oder weil das Verbrechen der Wollust sich nicht verhüllen läßt, Bacchus, weil die Trinker sich ihres Besitzes entäußern oder weil der Berauschte seine heimlichsten Gedanken nicht bei sich behalten kann ... Bis zum Überdruß ausgeklügelt sind die Beziehungen, die ein karolingischer Dichter, Walahfrid Strabo, in seiner höchst unklaren Beschreibung einer nackten Skulptur zu entdecken strebt. Es handelt sich um eine Nebenfigur der vergoldeten Reiterstatue Theoderichs ... Daß ... der schwarze, nicht vergoldete ›Begleiter‹ seine bloße Haut zur Schau trug, verleitet den Poeten zu dem Gedankenspiel, der Nackte gereiche so dem auch Nackten, d.h. dem jeder Tugend baren arianischen Tyrannen, zum besonderen Schimpf." Wie hieraus zu entnehmen ist, wies die allegorische Exegese vor allem in zwei Richtungen: sie war bestimmt, die wahre, die dämonische Natur antiker Götter christlich festzulegen und galt der frommen Mortifikation des Leibes. Daher gefielen Mittelalter und Barock sich nicht von ungefähr in sinnreichen Zusammenstellungen von Götzenbildern mit Gebeinen Toter. Eusebius weiß in der „Vita Constantini" von Schädeln und von Knochen in den Götterstatuen zu berichten, und Männling gibt vor, die „Egyptier" hätten „in höltzernen Bildern Leichen begraben".

Gerecht kann der Begriff des Allegorischen dem Trauerspiele nur in der Bestimmtheit werden, in der er nicht allein vom theologischen Symbol sondern gleich deutlich von dem bloßen Schmuckwort sich abhebt. Entsprungen ist die Allegorie ja nicht als scholastische Arabeske zur antiken Göttervorstellung. Von dem Spielerischen, Unbeteiligten und Überlegenen, das man mit Rücksicht auf ihre spätesten Ausgeburten ihr zu leihen pflegt, eignet ursprünglich ihr nichts als das Gegenteil. Hätte die

Kirche kurzerhand die Götter aus dem Gedächtnis ihrer Gläubigen verdrängen können, so wäre die Allegorese nie entstanden. Denn sie ist nicht epigonales Denkmal eines Sieges; viel eher das Wort, das einen ungebrochenen Rest antiken Lebens bannen soll. Freilich haben in den ersten Jahrhunderten der christlichen Ära die Götter selbst sehr häufig einen Zug in das Abstrakte angenommen. „In dem maaße als der glaube an die götter der classischen zeit seine kraft verlor, wurden auch die göttervorstellungen, wie dichtung und kunst sie gestaltet hatte, frei und verfügbar als bequeme mittel dichterischer darstellung. Von den Dichtern der Neronischen zeit, ja von Horatius und Ovidius an können wir diesen vorgang verfolgen, der in der jüngeren Alexandrinischen schule seinen höhepunkt erreichte: der bedeutendste und für die folgezeit maaßgebende Vertreter ist Nonnos, in der lateinischen litteratur der zu Alexandreia geborene Claudius Claudianus. Alles, jede handlung, jedes ereigniss, setzt sich bei ihnen zu einem spiel göttlicher kräfte um. Daß bei diesen dichtern auch abstracten begriffen breiter raum gewährt wird, ist kein wunder; die persönlichen götter haben für sie keine tiefere bedeutung als jene begriffe, sie sind beide gleich sehr bewegliche vorstellungsformen dichterischer einbildungskraft geworden." So Usener. Dies alles ist freilich intensive Vorbereitung der Allegorie. Wenn anders sie selbst aber mehr ist als die wie immer abstrakte Verflüchtigung theologischer Wesenheiten, nämlich deren Fortleben in einer ihnen ungemäßen, ja feindlichen Umwelt, so ist nicht diese spätrömische die eigentliche allegorische Auffassung. Im Verfolg einer solchen Dichtung hätte die antike Götterwelt aussterben müssen und gerade die Allegorie hat sie gerettet. Ist doch die Einsicht ins Vergängliche der Dinge und jene Sorge, sie ins Ewige zu retten, im Allegorischen eins der stärksten Motive. In Kunst sowie in Wissenschaft und Staat gab es im frühen Mittelalter nichts, was den Trümmern, welche in allen diesen Bereichen die Antike hinterlassen hatte, an die Seite gestellt werden konnte. Damals entsprang das Wissen um Vergänglichkeit unentrinnbarer Anschauung, so wie einige Jahrhunderte später zur Zeit des Dreißigjährigen Krieges das gleiche sich der europäischen Menschheit vor Augen stellte. Dabei ist zu bemerken, daß vielleicht die sinnfälligsten Verheerungen diese Erfahrung nicht bittrer den Menschen aufdringen, als der Wandel der mit dem Anspruch des Ewigen ausgestatteten Rechtsnormen, wie er in jenen Zeitwenden sich besonders sichtbar vollzog. Die Allegorie ist am bleibendsten dort angesiedelt, wo Vergänglichkeit und Ewigkeit am nächsten zusammenstoßen. Usener selbst hat in den „Götternamen“ die Handhabe gegeben, genau die geschichtsphilosophische Demarkationslinie zwischen der nur „scheinbar abstracten“ Natur gewisser antiker Gottheiten und der allegorischen Abstraktion zu ziehen. „Wir müssen uns also in die tatsache finden, daß die erregbare religiöse empfindung des alterthums auch abstracte begriffe ohne weiteres zu göttlichem rang zu erheben vermochte. Daß sie fast durchweg schattenhaft und gleichsam blutleer blieben, hatte keinen andern grund als daß auch die sondergötter vor den persönlichen erblassen mußten: die durchsichtigkeit des worts.“ Durch diese religiösen Improvisationen ward wohl der Boden der Antike für die Aufnahme der Allegorie bearbeitet: diese selbst aber ist christliche Saat. Denn durchaus entscheidend für die Ausgestaltung dieser Denkart war, daß im Bezirk der Götzen wie der Leiber nicht die Vergänglichkeit allein, sondern die Schuld sinnfällig angesiedelt scheinen mußte. Dem allegorisch Bedeutenden ist es durch Schuld versagt, seine Sinnerfüllung in sich selbst zu finden. Schuld wohnt nicht nur dem allegorisch Betrachtenden bei, der die Welt um des Wissens willen verrät, sondern auch dem Gegenstande seiner Kontemplation. Diese Anschauung, begründet in der Lehre von dem Fall der Kreatur, die die Natur mit sich herabzog, macht das Ferment der tiefen abendländischen Allegorese, die von der orientalischen Rhetorik dieses Ausdrucks sich scheidet. Weil sie stumm ist, trauert die gefallene Natur. Doch noch tiefer führt in das Wesen der Natur die Umkehrung dieses Satzes ein: ihre Traurigkeit macht sie verstummen. Es ist in aller Trauer der Hang zur Sprachlosigkeit und das ist unendlich viel mehr als Unfähigkeit oder Unlust zur Mitteilung. Das Traurige fühlt sich so durch und durch erkannt vom Unerkennbaren. Benannt zu sein – selbst wenn der Nennende ein Göttergleicher und Seliger ist – bleibt vielleicht immer eine Ahnung von Trauer. Wie viel mehr aber, nicht benannt, sondern nur gelesen, unsicher durch den Allegoriker gelesen und hochbedeutend nur durch ihn geworden zu sein. Je mehr andererseits die Natur wie die Antike als schuldbeladen empfunden wurden, desto obligater ward ihre allegorische Interpretierung als die denn doch allein noch absehbare Rettung. Denn mitten in jener wissentlichen Entwürdigung des Gegenstandes bewahrt ja die melancholische Intention auf unvergleichliche Art seinem Dingsein die Treue. Aber die Weissagung des Prudentius: „Rein von allem Blut wird endlich der Marmor strahlen; schuldlos werden die Bronzen dastehen, die jetzt für Idole gehalten werden", ist noch zwölfhundert Jahre später nicht wahr geworden. Marmor und Bronzen der Antike behielten fürs Barock, ja für die Renaissance noch von dem Schauer, mit welchem Augustinus „gleichsam Leiber der Götter" in ihnen erkannt hatte. „Es wohnten in deren Innerm Geister, die herbeygerufen würden, und vermögend wären, denjenigen, die sie verehren und anbethen, zu schaden, oder ihre Wünsche zu erfüllen." Oder, wie Warburg für die Renaissance das ausspricht: „Die formale Schönheit der Göttergestalten und der geschmackvolle Ausgleich zwischen christlichem und heidnischem Glauben darf uns eben doch nicht darüber hinwegtäuschen, daß selbst in Italien etwa 1520, also zur Zeit des freiesten, schöpferischsten Künstlertums die Antike gleichsam in einer Doppelherme verehrt wurde, die ein dämonisch-finsteres Antlitz trug, das abergläubischen Kult erheischte, und ein olympisch-heiteres, das ästhetische Verehrung forderte." Demnach sind die drei wichtigsten Momente im Ursprung abendländischer Allegorese unantik, widerantik: die Götter ragen in die fremde Welt hinein, sie werden böse und sie werden Kreatur. Es bleibt das Kleid der Olympischen zurück, um das im Laufe der Zeit die Embleme sich sammeln. Und dieses Kleid ist kreatürlich wie ein Teufelsleib. In diesem Sinne stellt kurioserweise die aufgeklärte hellenistische Theologie des Euhemeros an ihrem Teil ein Element des werdenden Volksglaubens. Denn „so verband sich die Herabsetzung der Götter zu bloßen Menschen immer enger mit der Vorstellung, daß in den Resten ihres Kultus, vor allem in ihren Bildern, bösartige magische Kräfte fortwirkten. Der Nachweis ihrer völligen Ohnmacht wurde doch wieder abgeschwächt, indem sich satanische Stellvertreter der ihnen abgesprochenen Befugnisse bemächtigten.“ Andererseits bleiben neben den Emblemen und Kleidern die Worte und Namen zurück und werden in dem Grade wie die Lebenszusammenhänge verloren gehen, aus denen sie stammen, zu Ursprüngen von Begriffen, in denen diese Worte einen neuen, zur allegorischen Darstellung prädisponierten Inhalt gewinnen, wie die Fortuna, Venus (als Frau Welt) und andere dergleichen es sind. Abgestorbenheit der Gestalten und Abgezogenheit der Begriffe sind also für die allegorische Verwandlung des Pantheons in eine Welt magischer Begriffskreaturen die Voraussetzung. Auf ihr beruht die Vorstellung des Amor „als Dämon der Unkeuschheit mit Fledermausflügeln und Krallen bei Giotto“, beruht das Fortleben der Fabelwesen, wie Faun, Zentaur, Sirene und Harpyie als allegorischer Figuren im Kreise der christlichen Hölle. „Die klassisch-veredelte, antike Götterwelt ist uns seit Winckelmann freilich so sehr als Symbol der Antike überhaupt eingeprägt, daß wir ganz vergessen, daß sie eine Neuschöpfung der gelehrten humanistischen Kultur ist; diese ›olympische‹ Seite der Antike mußte ja erst der althergebrachten ›dämonischen‹ abgerungen werden; denn als kosmische Dämonen gehörten die antiken Götter ununterbrochen seit dem Ausgange des Altertums zu den religiösen Mächten des christlichen Europa und bedingten dessen praktische Lebensgestaltung so einschneidend, daß man ein von der christlichen Kirche stillschweigend geduldetes Nebenregiment der heidnischen Kosmologie, insbesondere der Astrologie, nicht ableugnen kann.“ Den antiken Göttern in erstorbener Dinghaftigkeit entspricht die Allegorie. So trifft denn, tiefer als vermeint ist, zu: „Die Götternähe ist nun einmal ein wichtigstes Lebensbedürfnis für die kräftige Entwicklung der Allegorese.“

Die allegorische Anschauung hat ihren Ursprung in der Auseinandersetzung der schuldbeladenen Physis, die das Christentum statuierte, mit einer reineren natura deorum, die sich im Pantheon verkörperte. Indem mit der Renaissance Heidnisches, mit der Gegenreformation Christliches neu sich belebte, mußte auch die Allegorie, als Form ihrer Auseinandersetzung, sich erneuern. Fürs Trauerspiel fällt dabei ins Gewicht: das Mittelalter hat in der Gestalt des

Satan fest die Verknotung zwischen Materialischem und dem Dämonischen geschürzt. Vor allem war mit der Konzentration der mannigfachen heidnischen Instanzen zum *einen* theologisch streng umrissenen Antichrist eindeutiger als in Dämonen der Materie die finstere, überragende Erscheinung zugedacht. Und nicht nur kam das Mittelalter dergestalt dazu, die Forschung über die Natur in enge Grenzen zu verweisen; sogar die Mathematiker verdächtigt dies teufelhafte Wesen der Materie. „Was immer sie denken", erklärt der Scholastiker Heinrich von Gent, „ist etwas Räumliches (Quantum), oder besitzt doch einen Ort im Raume wie der Punkt. Daher sind solche Leute melancholisch und werden die besten Mathematiker, aber die schlechtesten Metaphysiker." – Wenn die allegorische Intention auf die kreatürliche Dingwelt, das Abgestorbene, zuhöchst das Halblebendige sich richtet, so tritt der Mensch nicht in ihren Blickkreis. Hält sie an den Emblemen einzig fest, ist Umschwung, ist Errettung nicht undenkbar. Aber es vermag aller emblematischen Verkleidung spottend in triumphierender Lebendigkeit und Blöße aus dem Erdschoß die unverstellte Teufelsfratze vor dem Blick des Allegorikers sich zu erheben. Die spitzigen, geschärften Züge dieses Satan hat erst das Mittelalter ins ursprünglich größere antike Dämonenhaupt geätzt. Die Materie, nach gnostisch-manichäischer Doktrin geschaffen um der ›Detartarisation‹ der Welt willen, bestimmt also, das Teuflische in sich zu nehmen, auf daß mit ihrer Abscheidung die Welt gereinigt sich darstelle, besinnt im Teufel sich auf ihre Tartarusnatur, spottet ihrer allegorischen ›Bedeutung‹ und höhnt jedweden, der da glaubt, in ihre Tiefen ungestraft ihr nachgehen zu können. Wie also die irdische Traurigkeit zur Allegorese gehört, so die höllische Lustigkeit zu ihrer im Triumph der Materie vereitelten Sehnsucht. Daher die höllische Spaßhaftigkeit des Intriganten, daher seine Intellektualität, daher sein Wissen um Bedeutung. Die stumme Kreatur ist fähig, auf Rettung durchs Bedeutete zu hoffen. Die kluge Versatilität des Menschen spricht sich selber aus und setzt, indem sie im verworfensten Kalkül ihr Materialisches im Selbstbewußtsein menschenähnlich macht, dem Allegoriker das Hohngelächter der Hölle entgegen. In ihm ist freilich das Verstummen der Materie überwunden.

Gerad im Gelächter nimmt mit höchst exzentrischer Verstellung Materie überschwänglich Geist an. So geistig wird sie, daß sie weit die Sprache überschießt. Höher will sie hinaus und endet in dem gellenden Gelächter. Das ist, so tierisch es von außen wirkt, dem innern Wahnwitz nur als Geistigkeit bewußt. „Lucifer/ Fürst der finsternis/ regierer der tiefen trawrigkeit/ keiser des Hellischen Spuls/ Hertzog des Schwebelwassers/ König des abgrunds") läßt seiner nicht spotten. Die „urallegorische Figur" nennt Julius Leopold Klein ihn mit Recht. Gerade eine der mächtigsten Shakespeareschen Gestalten ist, wie dieser Literarhistoriker mit ausgezeichneten Bemerkungen es angedeutet hat, nur so, von der Allegorie, vom Satan her verständlich. „Auf die Iniquity-Rolle des Vice beruft sich ... Shakespeare's Richard III., der zum historischen Buffoon-Devil gediehene Vice, seine theatergeschichtliche Entwicklungs-Abstammung vom Mysterien-Teufel und vom doppelzüngig ›moralisierenden‹ Vice des ›Moral-Play‹, als Beider, des Devil und des Vice, legitimer, zu geschichtlichem Fleisch und Blut verkörperter Nachfolger, höchst-merkwürdiglich bekundend." In einer Anmerkung ist das belegt: „›Gloster (beiseit): So, wie im Fastnachtspiel die Sündlichkeit, | Deut' ich zwei Meinungen aus Einem Wort.‹ In Richard III. erscheint Devil und Vice zu einem kriegsheroischen Tragödienhelden von historischem Vollblut, laut eigenem Abseits-Geständniss, verschmolzen." Zu einem Tragödienhelden nun eben nicht. Vielmehr mag dieser flüchtige Exkurs sein Recht im wiederholten Hinweis darauf finden, daß für Richard III. wie für Hamlet, wie für die Shakespeareschen ›Tragödien‹ überhaupt die Theorie des Trauerspieles Prolegomena der Deutung zu enthalten vorbestimmt ist. Denn Allegorisches bei Shakespeare reicht weit tiefer als in die Formen der Metapher, wo es Goethe auffiel. „Shakespeare ist reich an wundersamen Tropen, die aus personifizierten Begriffen entstehen und uns gar nicht kleiden würden, bei ihm aber völlig am Platze sind, weil zu seiner Zeit alle Kunst von der Allegorie beherrscht wurde." Entschiedener heißt es bei Novalis: „Es ist möglich, in einem Shakespeareschen Stück eine willkürliche Idee, Allegorie usw. zu finden." Aber der Sturm und Drang, der Shakespeare für Deutschland entdeckte, hat allein an ihm das Elementarische im Auge, das Allegorische nicht. Und doch kennzeichnet Shakespeare gerade dies, daß jene beiden Seiten ihm gleich wesentlich sind. Alle elementare Äußerung der Kreatur wird durch deren allegorische Existenz bedeutungsvoll und alles Allegorische nachdrücklich durch das Elementare der Sinnenwelt. Mit dem Ersterben des allegorischen Moments geht auch die elementare Kraft dem Drama verloren, bis sie im Sturm und Drang sich neu, und zwar zum Trauerspiel, belebt. Die Romantik ahnte dann wieder das Allegorische. Es blieb jedoch, soweit sie sich an Shakespeare hielt, bei dieser Ahnung. Denn in Shakespeare hat den Primat das Elementarische, in Calderon das Allegorische. – Ehe in der Trauer Satan schrickt, versucht er. Als Initiator leitet er zu einem Wissen, das da zum Grund des sträflichen Verhaltens liegt. Wenn Sokrates' Belehrung darin irren mag, daß Wissen um das Gute Gutes tun macht, so gilt für Wissen um das Böse dies weit eher. Und es ist nicht das innere Licht, kein lumen naturale, das in der Nacht der Traurigkeit als dieses Wissen sich auftut, sondern ein unterirdisches Leuchten dämmert aus dem Erdschoß hervor. Der rebellische Tiefblick des Satan entzündet sich im Grübler an ihm. Von neuem bestätigt sich die Bedeutung barocker Vielwisserei für die Trauerspieldichtung. Denn nur für den Wissenden kann etwas sich allegorisch darstellen. Andererseits aber ist es gerade das Sinnen, dem, wenn es nicht sowohl geduldig auf Wahrheit, denn unbedingt und zwangshaft mit unmittelbarem Tiefsinn aufs absolute Wissen geht, Dinge nach ihrem schlichten Wesen sich entziehen, um als rätselhafte allegorische Verweisungen und weiterhin als Staub vor ihm zu liegen. Die Intention der Allegorie ist so sehr der auf Wahrheit widerstreitend, daß deutlicher in ihr als irgend sonst die Einheit einer puren, auf das bloße Wissen abgezweckten Neugier mit der hochmütigen Absonderung des Menschen zutage tritt. „Der greuliche Alchimist der erschreckliche Todt“ – diese tiefsinnige Metapher von Hallmann hat nicht allein in dem Verwesungsvorgang ihren Grund. Das magische Wissen, dem die Alchimie beizählt, droht dem Adepten mit Vereinsamung und geistigem Tode. Wie Alchimie und Rosenkreuzerei, wie die Beschwörungen in den Trauerspielen es beweisen, war diese Zeit nicht minder als die Renaissance der Magie ergeben. Was immer sie ergreift, verwandelt ihre Midashand in ein Bedeutendes. Verwandlung aller Art, das war ihr Element; und deren Schema war Allegorie. Je weniger diese Leidenschaft auf die Periode des Barock beschränkt geblieben ist, um so geeigneter ist sie, in spätern eindeutig ein Barockes aufzuzeigen. An ihr legitimiert sich denn ein jüngerer Sprachgebrauch, der eine barocke Geberde beim späten Goethe wie beim späten Hölderlin erkennen will. – Wissen, nicht Handeln ist die eigenste Daseinsform des Bösen. Und demgemäß ist physische Verführung, als Wollust, Völlerei und Trägheit, sinnlich nur begriffen, bei weitem nicht sein einziger, ja streng genommen gar kein letzter und genauer Seinsgrund. Dieser vielmehr eröffnet sich mit der Fata morgana eines Reiches der absoluten, das ist gottlosen, Geistigkeit, wie es, als Gegenstück dem Materialischen verbunden, das Böse erst konkret erfahren läßt. Der in ihm herrschende Gemütszustand ist die Trauer, zugleich die Mutter der Allegorien und ihr Gehalt. Und ihm entstammen drei ursprüngliche satanische Verheißungen. Sie sind geistiger Art. In der Gestalt bald des Tyrannen, bald des Intriganten zeigt immerfort das Trauerspiel sie wirksam. Was lockt, ist der Schein der Freiheit – im Ergründen des Verbotnen; der Schein der Selbständigkeit – in der Sezession aus der Gemeinschaft der Frommen; der Schein der Unendlichkeit – in dem leeren Abgrund des Bösen. Denn es eignet aller Tugend, ein Ende – ihr Vorbild nämlich, in Gott – vor sich zu haben; so wie alle Verworfenheit einen unendlichen Progreß in die Tiefe eröffnet. Die Theologie des Bösen ist somit dem Sturze Satans, in dem die genannten Motive sich bestätigen, weit eher zu entnehmen, als den Verwarnungen, in denen die kirchliche Lehre den Seelenfänger darzustellen pflegt. Die absolute Geistigkeit, die im Satan gemeint ist, bringt in der Emanzipation vom Heiligen sich um das Leben. Die – hier allein entseelte – Stofflichkeit wird ihre Heimat. Das schlechthin Materialische und jenes absolute Geistige sind Pole des satanischen Bereichs: und das Bewußtsein ihre gauklerische Synthesis, mit welcher sie die echte, die des Lebens, äfft. Sein lebensfremdes Spekulieren aber, das an der Dingwelt der Embleme haftet, trifft schließlich auf das Wissen der Dämonen. „Sie werden“, heißt es im „Gottesstaate“ Augustins, „Δαίμονες genannt, weil dieses griechische

Wort ausdrückt, daß sie Wissenschaften besitzen." Und höchst spirituell ging das Verdikt fanatischer Spiritualität vom Munde des Franciscus von Assisi. Es weist von seinen Jüngern einem, der in allzu tiefes Studium sich verschloß, den rechten Weg: „Unus solus daimon plus scit quam tu."

Als Wissen führt der Trieb in den leeren Abgrund des Bösen hinab, um dort der Unendlichkeit sich zu versichern. Es ist aber auch der Abgrund des bodenlosen Tiefsinns. Dessen Daten sind unvermögend, in philosophische Konstellationen zu treten. So liegen sie als bloßer Fundus düstrer Prachtentfaltung in den Emblemenbüchern des Barock. Das Trauerspiel vor allen andern Formen arbeitet mit diesem Fundus. Unermüdlich verwandelnd, deutend und vertiefend vertauscht es seine Bilder miteinander. Vor allem herrscht dabei der Gegensatz. Und dennoch wäre es verfehlt, zumindest oberflächlich, auf Lust an bloßer Antithetik jene zahllosen Effekte zu beziehen, in welchen der Thronsaal in den Kerker, das Lustgemach in eine Totengruft, die Krone in den Kranz aus blutigen Zypressen anschaulich, oder sprachlich nur, verwandelt wird. Sogar der Gegensatz von Schein und Sein trifft diese Technik der Metaphern und Apotheosen nicht genau. Zugrunde liegt das Schema des Emblems, aus welchem mittels eines Kunstgriffs, der stets von neuem überwältigen mußte, sinnfällig das Bedeutete hervorspringt. Die Krone – sie bedeutet den Zypressenkranz. Unter den unabsehbar vielen Dokumenten dieses emblematischen Furors – längst hat man sich Belege eingesammelt – ist es an stolzer Kraßheit nicht zu überbieten, wenn Hallmann „wann der Politische Himmel blitzet" eine Harfe sich ins „Mordbeil" wandeln läßt. Ebendahin gehört diese Exposition seiner „Leichreden": „Denn betrachtet man die unzählbahren Leichen/ womit theils die raasende Pest/ theils die Kriegerischen Waffen nicht nur unser Teutschland/ sondern fast gantz Europam erfüllet/ so müssen wir bekennen/ daß unsere Rosen in Dornen/ unsre Lilgen in Neßeln/ unsre Paradise in Kirchhöfe/ ja unser gantzes Wesen in ein Bildnüß deß Todes verwandelt worden. Dannenhero wird mir hoffentlich nicht ungütig gedeutet werden/ daß ich auf dieser allgemeinen Schaubühne deß Todes auch meinen papirenen Kirchhoff zu eröffnen mich unterwunden." Auch in den Reyen sind solche Verwandlungen angesiedelt. Wie Stürzende im Fallen sich überschlagen, so fiele von Sinnbild zu Sinnbild die allegorische Intention dem Schwindel ihrer grundlosen Tiefe anheim, müßte nicht gerade im äußersten unter ihnen so sie umspringen, daß all ihre Finsternis, Hoffart und Gottferne nichts als Selbsttäuschung scheint. Heißt es doch ganz das Allegorische verkennen, den Bilderschatz, in welchem dieser Umschwung in das Heil der Rettung sich vollzieht, von jenem düstern, welcher Tod und Hölle meint, zu sondern. Denn gerade in Visionen des Vernichtungsrausches, in welchen alles Irdische zum Trümmerfeld zusammenstürzt, enthüllt sich weniger das Ideal der allegorischen Versenkung denn ihre Grenze. Die trostlose Verworrenheit der Schädelstätte, wie sie als Schema allegorischer Figuren aus tausend Kupfern und Beschreibungen der Zeit herauszulesen ist, ist nicht allein das Sinnbild von der Öde aller Menschenexistenz. Vergänglichkeit ist in ihr nicht sowohl bedeutet, allegorisch dargestellt, denn, selbst bedeutend, dargeboten als Allegorie. Als die Allegorie der Auferstehung. Zuletzt springt in den Todesmalen des Barock – nun erst im rückgewandten größten Bogen und erlösend – die allegorische Betrachtung um. Die sieben Jahre ihrer Versenkung sind nur ein Tag. Denn auch diese Zeit der Hölle wird im Raume säkularisiert und jene Welt, die sich dem tiefen Geist des Satan preisgab und verriet, ist Gottes. In Gottes Welt erwacht der Allegoriker. „Ja/ wenn der Höchste wird vom Kirch-Hof erndten ein/ | So werd ich Todten-Kopff ein Englisch Antlitz seyn." Das löst die Chiffer des Zerstückeltsten, Erstorbensten, Zerstreutesten. Damit freilich geht der Allegorie alles verloren, was ihr als Eigenstes zugehörte: das geheime, privilegierte Wissen, die Willkürherrschaft im Bereich der toten Dinge, die vermeintliche Unendlichkeit der Hoffnungsleere. All das zerstiebt mit jenem *einen* Umschwung, in dem die allegorische Versenkung die letzte Phantasmagorie des Objektiven räumen muß und, gänzlich auf sich selbst gestellt, nicht mehr spielerisch in erdhafter Dingwelt sondern ernsthaft unterm Himmel sich wiederfindet. Das eben ist das Wesen melancholischer Versenkung, daß ihre letzten Gegenstände, in denen des Verworfnen sie am völligsten sich zu versichern glaubt, in Allegorien umschlagen, daß sie das Nichts, in dem sie sich darstellen, erfüllen und verleugnen, so wie die Intention zuletzt im Anblick der Gebeine nicht treu verharrt, sondern zur Auferstehung treulos überspringt.

„Mit Weinen streuten wir den Samen in die Brachen | und giengen traurig aus.“ Leer aus geht die Allegorie. Das schlechthin Böse, das als bleibende Tiefe sie hegte, existiert nur in ihr, ist einzig und allein Allegorie, bedeutet etwas anderes als es ist. Und zwar bedeutet es genau das Nichtsein dessen, was es vorstellt. Die absoluten Laster, wie Tyrannen und Intriganten sie vertreten, sind Allegorien. Sie sind nicht wirklich und sie haben das, als was sie dastehn, nur vor dem subjektiven Blick der Melancholie; sind dieser Blick, den seine Ausgeburten vernichten, weil sie nur seine Blindheit bedeuten. Sie weisen auf den schlechthin subjektiven Tiefsinn, als dem sie einzig ihr Bestehn verdanken. Durch seine allegorische Gestalt verrät das schlechthin Böse sich als subjektives Phänomen. Die ungeheure widerkünstlerische Subjektivität in dem Barock schießt hier zusammen mit der theologischen Essenz des Subjektiven. Die Bibel führt das Böse unter dem Begriff des Wissens ein. Zu werden „erkennend Gutes und Böses“ verheißt den ersten Menschen die Schlange. Von Gott aber ist nach der Schöpfung gesagt: „Und Gott sah alles, was er gemacht, und siehe, es war sehr gut.“ Also hat das Wissen von dem Bösen gar keinen Gegenstand. Dies ist nicht in der Welt. Es setzt sich mit der Lust am Wissen erst, vielmehr am Urteil, in dem Menschen selber. Das Wissen vom Guten, als Wissen, ist sekundär. Es erfolgt aus der Praxis. Das Wissen vom Bösen – als Wissen ist es primär. Es erfolgt aus der Kontemplation. Wissen um Gut und Böse ist also Gegensatz zu allem sachlichen Wissen. Bezogen auf die Tiefe des Subjektiven, ist es im Grunde nur Wissen vom Bösen. Es ist ›Geschwätz‹ in dem tiefen Sinne, in welchem Kierkegaard dies Wort gefaßt hat. Als der Triumph der Subjektivität und Anbruch einer Willkürherrschaft über Dinge ist Ursprung aller allegorischen Betrachtung jenes Wissen. Im Sündenfall selbst entspringt die Einheit von Schuld und Bedeuten vor dem Baum der ›Erkenntnis‹ als Abstraktion. In Abstraktionen lebt das Allegorische, als Abstraktion, als ein Vermögen des Sprachgeistes selbst, ist es im Sündenfall zu Hause. Denn Gut und Böse stehen unbenennbar, als

Namenlose, außerhalb der Namensprache, in welcher der paradiesische Mensch die Dinge benannt hat und die er im Abgrund jener Fragestellung verläßt. Der Name ist für Sprachen nur ein Grund, in welchem die konkreten Elemente wurzeln. Die abstrakten Sprachelemente aber wurzeln im richtenden Wort, dem Urteil. Und während mit dem irdischen Gericht sich tief die schwanke Subjektivität des Urteils mit Strafen in der Wirklichkeit verankert, kommt in dem himmlischen der Schein des Bösen ganz zu seinem Recht. Dort kommt die eingestandene Subjektivität zu dem Triumphe über jede trügerische Objektivität des Rechts und fügt als „Werk der höchsten Weisheit und der ersten Liebe", als Hölle, der göttlichen Allmacht sich ein. Sie ist nicht Schein, ebensowenig aber gesättigtes Sein, sondern die wirkliche Spiegelung der leeren Subjektivität im Guten. Im schlechthin Bösen greift die Subjektivität ihr Wirkliches und sieht es als die bloße Spiegelung ihrer selbst in Gott. Im Weltbild der Allegorie also ist die subjektive Perspektive restlos einbezogen in die Ökonomie des Ganzen. So sind die Säulen eines Bamberger Altans aus dem Barock in Wirklichkeit genau so angeordnet, wie sie, bei einer regulären Konstruktion, von unten aus sich präsentieren würden. Und so wird auch die glühende Ekstase, ohne daß von ihr ein Funke verloren ginge, gerettet, säkularisiert im Nüchternen, wie sie's bedarf: Die heilige Therese sieht in einer Halluzination, wie die Madonna Rosen auf ihr Bett legt; sie teilt es ihrem Beichtvater mit. „Ich sehe keine", erwidert der. – „Die Madonna hat sie ja mir gebracht", gibt die Heilige zur Antwort. In diesem Sinn wird die zur Schau getragene eingestandne Subjektivität zum förmlichen Garanten des Wunders, weil sie die göttliche Aktion selbst ankündigt. Und „keine Wendung, die der barocke Stil nicht mit einem Wunder abschlösse". "Es ist die aristotelische Idee des θαυμαστόν, der künstlerische Ausdruck des Wunders (der biblischen σημεῖα), der seit der Gegenreformation und vornehmlich seit dem Tridentinum" auch Architektur und Plastik „beherrscht ... Es ist der Eindruck übernatürlicher Kräfte, der im mächtig sich Ausladenden und wie von selbst Gestützten gerade in den Regionen der Höhe erweckt werden soll, gedolmetscht und akzentuiert durch die gefährlich schwebenden Engel der plastischen Dekoration ... Diesen Eindruck nur noch zu verstärken, wird auf der anderen Seite – in den unteren Regionen – die Wirklichkeit dieser Gesetze wieder übertrieben in Erinnerung gehalten. Was denn anderes wollen die durchgehenden Hinweise auf die Gewalt der tragenden und lastenden Kräfte, die ungeheuren Sockel, die doppelt und dreifach begleiteten vorgeschobenen Säulen und Pilaster, die Verstärkungen und Sicherungen ihres Zusammenhalts, um einen – Balkon zu tragen, was besagen sie, als durch die Stützschwierigkeiten von unten das schwebende Wunder von oben eindringlich zu machen. Die ›Ponderacion mysteriosa‹, das Eingreifen Gottes ins Kunstwerk wird als möglich vorausgesetzt." Subjektivität, die wie ein Engel in die Tiefe niederstürzt, wird von Allegorien eingeholt und wird am Himmel, wird in Gott durch ›Ponderación misteriosa‹ festgehalten. Allein es ist ja die verklärte Apotheose, wie Calderon sie kennen lehrt, mit dem banalen Fundus des Theaters, den Reyen, Zwischenspiel und stille Vorstellung entfaltet, nicht aufzustellen. Sie bildet zwingend sich aus einer sinnvollen Konstellation des Ganzen, das sie nur mehr, auch minder nachhaltig betont, heraus. Die mangelnde Entwicklung der Intrige, die kaum je die des Spaniers auch von ferne nur erreicht, macht die Insuffizienz des deutschen Trauerspiels. Nur die Intrige wäre vermögend gewesen, die Organisation der Szene zu jener allegorischen Totalität zu führen, mit welcher in dem Bilde der Apotheose ein von den Bildern des Verlaufes Artverschiedenes sich erhebt und der Trauer Einsatz und Ausgang zugleich weist. Der gewaltige Entwurf dieser Form ist zu Ende zu denken; von der Idee des deutschen Trauerspiels kann einzig unter dieser Bedingung gehandelt werden. Weil aus den Trümmern großer Bauten die Idee von ihrem Bauplan eindrucksvoller spricht als aus geringen noch so wohl erhaltenen, hat das deutsche Trauerspiel des Barock den Anspruch auf Deutung. Im Geiste der Allegorie ist es als Trümmer, als Bruchstück konzipiert von Anfang an. Wenn andere herrlich wie am ersten Tag erstrahlen, hält diese Form das Bild des Schönen an dem letzten fest.